耒陽文化叢書

耒陽

枞阳文化丛书

“枞阳文化丛书”编委会编 | 丛书主编 钱叶全

方以智传

钱王刚 著

合肥工业大学出版社

图书在版编目(CIP)数据

方以智传/钱王刚著．—合肥：合肥工业大学出版社，2017.2
ISBN 978-7-5650-3262-2

Ⅰ.①方…　Ⅱ.①钱…　Ⅲ.①方以智(1611-1671)—传记
Ⅳ.①B248.93

中国版本图书馆 CIP 数据核字(2017)第 025064 号

方　以　智　传

钱王刚　著　　　　责任编辑　疏利民

出　版	合肥工业大学出版社	版　次	2017 年 2 月第 1 版
地　址	合肥市屯溪路 193 号	印　次	2017 年 5 月第 1 次印刷
邮　编	230009	开　本	710 毫米×1010 毫米　1/16
电　话	总　编　室：0551-62903038	印　张	17.5
	市场营销部：0551-62903198	字　数	211 千字
网　址	www.hfutpress.com.cn	印　刷	合肥现代印务有限公司
E-mail	hfutpress@163.com	发　行	全国新华书店

ISBN 978-7-5650-3262-2　　　　定价：38.00 元

“枞阳文化丛书”组委会名单

顾　　问　刘亚东　张文林　占聆娜　胡海峰

主　　任　罗成圣

副 主 任　李红兵　吴　峰　杨贤招　胡长友
　　　　　周晓娟　李晓勤

成　　员　叶学挺　荣光杰　俞正银　钱利勇
　　　　　吴银明　吴云剑　马满华　汤晓克
　　　　　张马寅　谢虎超　王　松　查乐乐
　　　　　姚望华　钱叶全

“枞阳文化丛书”编辑部名单

主　　编　钱叶全

执行主编　谢思球

分册主编　王乐群　钱王刚　陈　靖　孔令军
　　　　　王建生　谢思球　鲍官明　吴纯生

图片编辑　汪华君　吴保国

编　　务　王　娟　王汉英　伍创新

枞阳要大力加强文化建设，坚持打好文化资源牌，充分发挥名人效应，增强文化自信，将文化底蕴和名人资源转变为发展优势，推动文化大县向文化强县跨越，促进枞阳经济社会全面进步。

切实做到“三个坚持”，一要坚持以人民为中心的创作导向，深入挖掘枞阳文化时代内涵，提升方苞文学奖、朱光潜艺术奖影响力，丰富文化产品供给。二要坚持大力发展文化产业，推动文化与旅游、科技等融合发展，建成一批重大文化产业项目。三要坚持发掘提炼“枞阳精神”，增强全县人民文化素养和文化自觉，努力建设文化强县。

——选摘自中共铜陵市委常委、枞阳县委书记刘亚东在首届“方苞文学奖朱光潜艺术奖”颁奖会议上的讲话

序一

做好枞阳文化创新的时代课题

罗成圣

文化是一个地区的特质和灵魂。枞阳地处吴头楚尾，滨江怀湖，有着五千多年文明史、三千多年建城史、两千多年建县史，独特的区位和悠久的历史，形成了具有枞阳特色的地域文明和文化精神。

枞阳自古就是钟灵毓秀之地，教育发达，人文荟萃，名人辈出，在“安徽百位历史文化名人”中占据11位，先后涌现出“铁骨御史”左光斗，百科全书式的大师方以智，桐城派代表人物方苞、刘大櫆、姚鼐，以及将军、外交家、艺术家黄镇，中国“计算机之父”慈云桂，著名美学家、中国现代美学奠基人朱光潜，“一代大哲”方东美等一批风流人物。当代杰出人物层出不穷，以“两院”院士汪旭光、陆大道、丁汉、王福生等为代表，分布在世界各地的枞阳才俊如大江潮涌，竞展风流。

枞阳是桐城派的发源地，桐城派的代表人物及后起之秀大多生长在这块土地上。他们师徒相传，著书立说，学术宏富，形成了庞大的作家和学术群体，蔚成“何意高文归一县，遂令天下号宗师”的文化奇观。桐城派从枞阳走向全国，影响清代文坛两百余年，南极湘桂，北被燕赵，享有“文章甲天下，冠盖满京华”的盛誉，成为中国文学史上历时最长、参加人数最多、影响最大的文派。

枞阳既是历史悠久的文化大县，又是经济快速发展的新兴地区。枞阳雄踞八百里皖江之中，位居合肥、铜陵、安庆、池州四市之间，“一带一群四区”六大国家战略叠加效应明显，区划调整后经济社会建设得到市委、市政府“五个优先”支持，已经迎来新一轮的大发展、快发展。“十三五”时期，县委、县政府将团结带领全县人民，努力把枞阳建设成为世界铜都江北副中心、合肥都市圈通江达海重要门户、长江经济带重要区域节点、现代旅游休闲养生度假重要基地。

文化包含着兼容、开放和创新。面临枞阳“十三五”发展的大开放格局，枞阳文化迎来了继承弘扬、熔旧铸新的时代课题。如何继承弘扬枞阳优秀传统文化，如何把枞阳的文化名片做大做亮，需要全球视野，需要大开放的战略，需要海纳百川的胸襟，需要枞阳时代文化的吐故纳新。毫无疑问，这需要在历史文化的根基上形成一系列创新文化体系，包括加快现代公共文化服务体系建设，实施一批文化惠民工程，提升公共文化服务供给能力；坚持以人民为中心的创作导向，深入挖掘枞阳文化的时代内涵，提升方苞文学奖、朱光潜艺术奖的影响力，丰富文化产品供给；大力发展文化产业，推动文化与旅游、科技等融合发展，建成一批重大文化产业项目；大力弘扬社会主义核心价值观，发掘提炼“枞阳精神”，增强全县人民文化素养和文化自觉，努力建设“文化强县”等。创新是枞阳文化的灵魂。只有不断创新，才能保证枞阳文化的生生不息，才能将文化优势转变为枞阳的发展优势。

正是在这样的背景下，“枞阳文化丛书”第一次较为系统地梳理出枞阳历史名人、古代诗文选、当代文学及剧本、民俗风情和非物质文化遗产等精粹。这套丛书的出版，既是枞阳文化建设的一大成果，又是继承和发扬枞阳优秀传统文化的重要媒介。希望更多的有识之士参与到发掘、研究和弘扬枞阳文化的行动中来，续写无愧于先贤、无愧于时代、无愧于后世的文化新篇。也希望“枞阳文化丛书”作为一个文化创新品牌，在彰显枞阳文化自信、发展自信上，形成文化创新系列和出版系列，坚持不懈地锻造文化佳作，输出精品力作，传播正能量，引导大潮流，展示枞阳文化永恒的魅力。

枞川文明生生不息，枞阳精神薪火相传。感谢枞阳大地，感谢枞阳人民，让我们共同仰望这片土地上的灿烂星空。

（作者系枞阳县人民政府县长，“枞阳文化丛书”编委会主任）

序二

最孝的子，最忠的臣

罗　炽

20世纪50年代后期，老一辈著名历史学家侯外庐先生在其巨著《中国思想通史》中，曾推评方以智为17世纪“中国的百科全书派大哲学家”。他还在1962年校点出版的方以智的《东西均》序言中说：“方以智在明末社会斗争和抗清斗争中，是一个有力的政派领袖；同样，他在明清之际的学术思潮中，也是一个以自然科学与哲学联盟为特征的学派中坚。他的哲学和王船山的哲学是同时代的大旗，是中国十七世纪时代精神的重要的侧面。”在60年代初哲学界正在批判方以智《东西均》中“合二为一”论的思潮中，能有如此公允的评论，的确是难能可贵的。这不仅要有对方以智其人的深刻认识，更要有一个学者的学术道德和勇气。

可是长期以来，我们的思想史学界在论及明末清初这一社会变革时期的学术思潮时，却惯于用顾（炎武）、黄（宗羲）、王（夫之）作为思潮的代表人物，有意无意地忽略了方以智。这里面的原因是多方面的，主要无非两条：一是方以智百余万字的著作多数未刊，刊出的又多遭禁毁；而晚年所著，因杂有禅语难得其解。二是囿于乾嘉汉学一派的偏见，他们既否定了方以智前期的《通雅》，又贬抑了其中期的《物理小识》，还排斥了其晚年的《炮庄》和《易》等。甚至连同他的名字一并被《清史稿》归入《隐逸传》。这自然是不公平的。

方以智与顾、黄、王都有交游，同为那个特定时代的佼佼者。若论其在同代思想史上的地位，虽各有所专，难分轻重，然而以特点来看，方氏的"质测通几"之学以及对西学的辩证态度，当是超过顾、黄、王之上而无可争议。冒怀辛先生说："他（方以智）在哲学上尤其是在辩证法上的贡献以及学术文化上的成就，在一定角度反映出当时时代的特色，与顾、黄、王等杰出人物并峙而毫无逊色。在这方面，三百年来他被湮没而没有充分和如实地被肯定。""他作为一个杰出的思想家是近代二十余年开始被发现的。"（《方以智的生平与学术贡献》，载《通雅》上）。就我国的研究而言，1998 年，继余英时先生的《方以智晚节考》(1972)、任道斌的《方以智年谱》(1983)、台湾张永堂的《方以智》(1986)、蒋国保的《方以智哲学思想研究》(1987)、台湾刘君灿的《方以智》(1988) 之后，我出版了《方以智评传》。原本想效法方以智"学以收其所集之智""折衷烹炮"，力争比较完善地反映出一个真实的方以智，现在看来，没有能够如愿。一是方以智的晚期著作，特别是他的禅易哲学，会通了儒、释、道三家之学，涉及天人性命范畴，表现了极高的智慧，是他通几之学的极致，而《评传》没有能深刻剖析；二是对方以智逃禅后的行迹没有能深入考察，难免结论失当。前人谓"知人论学"，《评传》在这方面是存在不足的。

好在钱王刚先生的新著《方以智传》着重对方以智的生平事迹进行了深入的考察与研究，为我们展示了一个全面的方以智形象。是书共分 23 章，从"降诞浮渡"到"惶恐殉难"，将其所生活的一个甲子的时代风云以及其在风云中的坎坷行迹和心路历程做了全面的形象的描述。颇有创新之见和会心之论，给人启迪良多。依笔者看，本书的特色在于两点：其一是作者采用了形象思维的方法，赋予了一个有血肉灵性的方以智。全书以孝子忠臣作为主线，力图揭示出处于明末清初社会裂变中的方以智孝亲忠君思想的养成与发展的全过程。作者尤其强调了家庭教育，包括祖父、父亲、外公、姑母的言传身教对以智忠孝思想养成的决定性作用。明季以来，一方面是封建经济内部，正孕育着资本主义的萌芽；另一方面则是西学东渐的规模日涨，正在影响和改变着人们的思维方式。而少年时代便随父宦游，以后一直处在社会变革前沿的方以智，却能始终保持孝子忠臣的传统人格，充分体现传统儒家文化通过“家教师传”在方以智身上打下的深刻烙印。其二是作者循着这条思路，推断方以智是全忠臣之名节而自沉于惶恐滩，从而维护了以余英时先生为代表的“自裁”说。

关于方以智的直接死因，研究方以智的学者中有两说。一说以为，方以智是在押赴岭南舟中，“疽发于背”，野死万安，如冒怀辛、任道斌、蒋国保先生都持此说。我在《方以智评传》中据现存史料也判断方氏是由于背部痈疽不治而亡。又一说则认为，方以智是在押赴岭南途中于惶恐滩“自沉，完节以终”，如余英时、林庆彰、刘君灿诸先生都持此说。不过，余英时先生毕竟留有余地：“密之晚节甚晦，而死节事尤晦。然晚节尚多可考，死节则可据以考证之资料益少，不能不略加推测。故此篇（《方以智晚节考之四〈死节考〉》）所言不能如第一、第二篇之确。但综合各方面记载以观，窃谓余所得之结论当于事实相去不远也。”对方氏之死节，尽管余先生还有续考，然终究考无确据。本书作者正是在这一点上做了艰苦的努力。

按照作者的思路：必孝子而后忠臣。当甲申之变，他逃生南归是为留有用之身，兴兵北伐；20 年前他有所托而逃禅，是情系白发，心志未了；还家以后，又由于避世而不得已于南京天界圆具，闭关高座寺。不巧前来探望的师友钱澄之告诉了他父亲当年战场失机问大辟得以不死的原委，当以智听到崇祯帝感叹“求忠臣必于孝子之门”时，即“伏地通哭失声，向北九叩头谢恩”，从而在他心里种下了以死报效先皇的种子。1655 年 8 月，以智的父亲病逝，他破关奔丧庐墓三年尽孝以后，便四出云游，秘密组织各地抗清力量，因事机失密而被仇家告发，以致全家罹难，故而有被逮押解岭南之事，进而有押赴岭南途中，效法文天祥自沉完节，以尽以死报效先皇的心愿之事。方以智由不死到待死，再到赴死，一切都在逻辑的发展变化之中。为了证实这个逻辑的合理性，作者不仅吸取了余英时对方氏“病背”说的考据诠释，而且还从多处诗文中找来了一些方氏自沉的补充论据。对于方以智自沉而被公布为病死的原因，作者也做了合乎逻辑的诠释。似乎唯有“自沉”，才是逻辑发展的必然的结果，才符合方氏本人的秉性；唯有说成是“病死”，才能拯救方氏家属，并保住地方官差的官阶俸禄。当然，这也只能是逻辑。一个要动用民力于水中打捞自沉的钦犯尸体的惊天大事，居然能遮掩起来，这在逻辑上也有悖理之处。所以方以智的死因仍有探讨、发掘的空间。

本书还有两点值得关注。其一，对方以智的出生地和里籍做了更为具体的论证，论定方以智当属今之枞阳县浮山人氏。其二，对方以智与民间反清复明组织天地会的关系，作者提出了两点新颖的见解。第一点是天地会成立的时间本应是康熙十三年（1674），其时方以智已去世两年有余。但作者为了消除时间上的障碍，提出了天地会的前身名“三点会”，而方以智则是其创始人，故方以智“是天地会的实际领导者和精神领袖”的观点。其实这一见解与论证不无合理之处，只是作为反清复明组织的天地会事实还有待深入研究，从而揭示其真相。第二点是对圆“∴”三点的训释别开生面。作者既认为《东西均》一书之名“含有复明之意”，进而又认为其《三征》一篇之“∴说”是指阴阳、日、月，

“东西均”即是复明。而且把它与天地会之崇三联系起来，断言“三点会名称早于天地会之名”。如此，则《东西均》更主要的是一本反清复明的政治书。这些见解虽一时难被人们认同，但毕竟此说发前人之所未发，当引起重视。庞朴先生在其《东西均注释》的序言中说：“方以智的两部哲学著作（按：指《东西均》和《易余》）碍于政治原因而未能广被，……它们的政治要害，唯一出在署名中所隐含着的民族气节上。”此所谓“民族气节”，是指两书篇末署名都是用谶、偈一样的隐语。据庞朴先生解玄：《东西均》署款是“明人方以智壬辰年（1652）记于庐山五老峰”；《易余》署款是：“大明方以智□□生于辛亥年（1611），已过四十岁。”署款表明，方以智一直以明人自居，一直奉明朝正朔。但仅仅如此吗？如果纯粹是谈哲学，又何必为表明立场而隐其姓名呢？事实上细读一下《东西均·开章》《东西均记》，就知道问题并不简单，内中如“日下狼祸”，“三更日出……此即万世旦暮之霹雳也”等语，盖皆有所指而言。方以智好作隐语、禅语，时人早有定论，然皆不得已而为之。探赜索隐，看来十分必要。

当我读完本书原稿以后，一个鲜明的感觉就是：这本书把对方以智的研究推向了一个新阶段。方以智是我国明末清初那个特定的历史时期所造就的特殊人物。他的奇特而坎坷的经历，他的玩世与经世、遁世与入世，并不是一种孤立的现象。从他的学品与人品而看其在思想史上被赋予的地位，显然是有失公正的。对他的研究还有待于继续深入。对个别史不足证的问题，我以为尽可以见仁见智，开出几朵不同颜色的花儿，以繁荣我们的思想史园地。钱王刚先生的《方以智传》无疑也是这块园地上的一朵新花。是故乐于应嘱而为之序。

丁亥戊子之交

于羡云居

重版说明

钱王刚

方以智，枞阳浮山人，明清之际著名的思想家、科学家、博物学家、考据学家、音韵学家、书画家和诗人，追求政治清明的社会活动家和反抗异族入侵统治的民族英雄，2007 年入选安徽百位文化名人。《方以智传》原由安徽人民出版社于 2008 年出版，面世有些年头。今选入“枞阳文化丛书”首辑，囿于字数，原书 35 万字削去大半，不仅大的章节有变动，许多重要的考证注释及附文也略去。这对读者了解方以智有一定影响。所幸现存内容去枝留干，能较完整地展示传主生平，对人们大致了解一代伟人的事迹、贡献与影响，尚有普及意义，也符合丛书出版的目的。另原著若干考证不确及疏漏处，亦借此重版之际做了修订，特此说明。

2016 年 4 月 8 日

目　录

第一章　降诞浮渡

滚滚长江，奔腾入海，身后留下了无数壮观的山川风物。

从下游的滨江古城安庆乘舟顺流而下，不久便进入桐城（今枞阳）江段。这一带江面宽阔，水势舒缓，波平浪静。在晴朗的天气里，于舟中眺望，数十里外有座小山清晰可见。此山高不过百米，方圆仅二三里，不经意间你会忽略而过；只有知情者，才会深情凝眸，无奈不能亲临而觉遗憾——原来，那远观貌若无奇之山，实则大有名头，乃是古皖地与黄山、天柱山、九华山、琅琊山齐名的五大名山之一的浮山。

浮山为远古时火山喷发所遗，其外观虽无高峻雄伟之姿，但攀临深入却见奇峰迭现，入目皆是怪石突岩，足履处更见无数的洞穴，空幻幽渺，山体窅然；而峰前岩下幽谷中，溪洄涧曲，古树修篁遍掩其间。朝辉夕阳，气象万千，满山奇丽幽幻，苍绀紫碧，使人如置身仙府，大有出尘之感。

浮山玲珑奇秀如此，故虽远都市而处偏僻，仍引得游人不断，而尤为文人雅士所激赏。自唐以降，前来探奇览胜留有诗文碑刻可考者，便有孟郊、白居易、吕岩、王安石、欧阳修、范仲淹、富弼、黄庭坚、赵孟频等众多名士。谢灵运、李白以未能游而为憾，近人王守仁亦诗以述慕："见说浮山胜，心与浮山期。三十六岩内，任选一岩栖。"又有雷鲤、袁宗道、钟惺诸文人或栖身浮山学道修性，或徘徊流连留有趣闻逸事。因浮山与文人骚客如此亲密，故后人有"山水形胜地，文人争霸处"之感叹。

俗谓"天下名山僧占多"，早在南陈太建年间，有僧人智颚便看中了浮山的奇丽脱俗而驻锡建寺，开浮山佛教之始。及至入宋，曹洞宗第七代传人远禄禅师受命住持浮山，这位禅师玄修高深，以至名声渐起而慕者日多，使浮山道场渐扬名于天下。至元明两代，虽几经兴衰却终得领袖香台。所谓名山胜场相得益彰，浮山佛教之盛，使浮山之名更远播海内。

某年某日，有一精堪舆者来游浮山，仔细相看形势后，大是激动，对同伴道："此山南北绵迭，体质空灵，形如蛟潜，乘气得水，生机勃然，吾观势喝形，断此地早晚必育诞一旷代奇人!"此语流传开去，人有信者亦有不信者，时日已久，便为人所淡忘……

寒暑推移，时光如水流逝。

大明万历三十九年（1611）辛亥季秋，一座占地甚广的庄园，在浮山西面的丹丘、墨历岩下落成。因其依山傍水，主人便给它起了个既符合情景又颇雅意的名字：在陆山庄。但附近的乡民呼不惯这文绉绉的名儿，只称它是"御史第"——因这庄园主人现做着朝廷监察御史的官儿。

这御史姓方，名大镇，字君静，号鲁岳。万历十七年进士，授大名府推官，以能平反冤狱而被擢为江西道监察御史，后巡盐浙江。方御史虽入仕有年，但因是家中长子，又天性孝友，故一直与父母诸弟融融而居于浮山西北面的白沙岭下，并未分宅单过。年来因病归养，亦感府中人口渐增颇为不便，又为儿女们计，方在旧宅以西里许之地另建府第。虽如此，新第启居以后他也只是命儿女们搬了过去，自己与妻妾数人仍住旧宅宁澹居中，敬侍年事已迈的父母。

秋阑冬至。在一个阴雨绵绵的日子里，方御史冒着寒风冷雨与妻子姚氏孺人一道去了山庄，原来他们的儿媳怀胎十月，算来在这两日就要临盆。

御史膝下有儿女四人，长次皆女，只有一个独子名孔炤，字潜夫，号仁植，今年二十一岁，是个学行兼优特立不群的诸生，其妻室是附近麻溪吴氏、曾官翰林院编修的吴应宾次女吴令仪，成婚两年始有身孕。因是一脉单传，御史夫妇格外重视，见其临产，一切都早有准备，可他们还是不放心，赶了过来照看。

十月二十六日，一个男婴在亲人们热切的期盼中，降诞在在陆山庄的巘佩园中。心情急切的姚孺人从稳婆手中接过刚诞的孙子，看着那粉红的嫩脸，不禁心花怒放，一迭声吩咐丫鬟快去给老爷少爷报讯。一旁的女儿们也欢喜地给母亲道喜。

消息传至前院中堂，御史不由得额手称庆，笑逐颜开。已过天命之年的他，一直为男丁不旺独子承嗣而有隐忧，他在心中对这个孙儿已是期盼很久，如今他终于可以释怀了。

打这一天起，在一片欢乐喜庆的气氛中，在陆山庄的生活基本上是围绕着那襁褓中的“小公子”而展开，一直到婴儿满月。

新生儿满月，亲友来贺，并给小儿举行隆重的洗儿会。这是自南宋时便流传下来的风俗，一般的官宦与大户人家都很注重讲究。方家因新生儿于这个家庭有着特殊的意义，故早早地就筹划准备。

到了这日，一大早，山庄里的人便开始忙碌起来。辰牌以后，远近的亲友带着贺礼络绎来到，本地的大户殷实人家亦来恭贺。山庄内，笑语喧哗不断。不少宾客尚是第一次至山庄，不免趁机四处浏览观赏。

山庄分为前中后三部分：前面正门进去，花树夹杂的石子路径不远之处，是主人知客议事的小轩及花房守值等处所；曲廊往后则是高敞的中堂，两厢为仆佣房舍；中堂后面是稽古堂书房、庚月亭、荷池花园。穿过花圃，由月洞门进入，里面有参差建筑的溉佩园、纫兰阁、清芳阁等，是主人居住的后院。从整体上看，山庄建筑虽非华丽，却齐整雅致，显透着主人的身份情致。府第新成，又继以添丁得后，可谓双喜临门，令人不由得羡慕。

冬日渐渐升高，随着宾客的增多，山庄益显热闹。约莫巳时，山庄的少主人方孔炤恭敬地陪着一位年过七旬的清癯老人入得庄来，到了客人聚集的中堂。满厅的来客见了这老人，纷纷致礼问候，说一些“祚胤繁昌，瓜瓞绵绵”之类的恭贺语，态度十分敬重。原来这老人乃方府的太翁，御史之父方学渐。老人一边与众人招呼寒暄，一边拉着另一位老者笑呵呵入座，那却是御史的岳父姚希颜，邑中的宿儒。太翁坐下，家族中的子弟便挨次上前叩拜问安，郑重不苟，如同年节一般。这原是方家的家规如此，但在座的宾客却触景感慨，对这位光大方氏家门深孚众望的老人在心中泛起很深的敬意。

数百年前，方氏先祖由休宁迁于池口，其裔名方德益者于宋末再徙桐城凤仪里，为桐城“凤仪方”之始祖。六传至方佑，出仕巡按广西，其族乃大，遂改称“桂林方”。方学渐正是这“桂林方”之后，年少时家道清贫，却酷爱读书。其父方祉为成就儿子，尽典薄产助其学业，使方学渐未冠之年便已成为饱读诗书的诸生。邑内曾任钧州守的乡绅赵锐看重方学渐的人品文章，将膝下唯一爱女嫁给了他。方学渐兄弟二人，其父卒时，家中遗著寥寥无几，方学渐悉推于伯兄，后怜兄贫甚，复割妇家媵田与之，自依岳家而居。岳父去世后，因慕浮山山水之佳，举家迁至浮山北面的白沙岭下，结巢依麓，教授乡中以养家口。他的文才为里中所公认，无奈七试不售，仅以优行入贡。中年以后，眼见长子进仕得官，遂绝了宦念，唯以效法圣贤，传道授业为己任。

桐城位处江淮会衡之地，境内表里江湖，周环山泽，物产丰饶，素为鱼米之乡和商贾发达之地。入明后经两百余年安定发展，居民大增，工商茂盛，文化活跃。一心卫道振儒的方学渐，联络同道，于最繁荣的南乡枞阳镇创立桐川会馆，授业讲学，日偕同志讨论性善良知之说——自嘉靖以后，浙江余姚人王守仁之心学风靡东南，得到了许多守礼卫道之士的拥护，很快传播了开来。方学渐认为心学直接孟子性善之脉，遂热心鼓吹。但他也看出王学末流弃学蹈虚之弊的危害，故在讲性善良知的同时，掊击空幻，倡崇实学，在东南地区学界儒林颇有影响，成为时下理学的著名人物。

方学渐不仅以布衣振教为地方和儒林所崇敬，且以礼教治家，修家乘、建祠庙、订家规家训，按儒礼道德要求维系其家族。在他的教育培养下，三个儿子除了方大镇已出仕显贵，次子方大铉、三子方大钦也皆是学有所养的郡廪生，而其孙辈方若洙、方孔时、方孔炤、方孔一等亦好学不倦才艺不凡，为里中所瞩目。因方学渐这个大家长的经营培育，方家正蔚然崛起，成为一个门才兴盛甲于皖口的理学与士大夫之家。如今，方家长房又有了新的一代，彰显了家族的兴旺。此时聚在中堂里的人们，不论是亲友抑或是一般宾客，思量这个家族的发达兴盛，心羡之际对方学渐老人的钦敬自然且深，非是对一般大家长礼敬之意可比。

且说方学渐老人来到，一番热闹过后，时已近午。洗儿仪式便正式开始——

但见一只围着红缎的大银盆被放在堂心中，女婢将煎热的汤水倒入盆中，撒上红枣彩钱等物事。又有男仆端来燃旺的炭火放置盆旁生暖。

待这一切备妥，身着礼服的姚孺人婆媳抱着小儿由内室出来，将小儿除了包裹小衣，由其母捧持着放入盆中。一旁侍女端过托盘，绸垫上放着一支黄灿灿的金钗——这钗有个名儿，叫“搅盆钗”，以五行金生水且金为贵器，寓示着受洗儿一生旺发富贵之意。孺人取过金钗，口中祷念着，缓缓搅动盆水，之后才挽袖给小儿仔细洗抹。

小儿入得水中，觉得很是惬意，不由得欢快地扭动身躯，手舞足蹈起来。看得祖母眉开眼笑，那十九岁的年轻母亲更是一脸幸福之色——此时此刻，她的骄傲与欣慰自不待言，而一种浓浓的温柔怜喜的母爱之情也正荡漾充溢在她的心房。她托着儿子小小而柔嫩的身子，在婆婆洗忙之际，专注而温情地端详着，似乎要把这个小生命的一切都印记下来。忽然，那婴儿停止乱动，只把一双乌黑漆亮的眼珠儿凝神地望着她，一眨不眨。迎着儿子这目光，且惊且喜的她，脑海里倏然闪现出另一幕情景来：

那时她似在看书，忽闻户外风声激荡，紧接着便见一条龙形怪物闯进室来，那物腾在空中，张牙舞爪，狰狞可怖，绕室盘旋了几匝，停在她面前，两道如电的目光直直地瞪着她，眨也不眨。有顷，虬首点了点，身躯一摆，倏地化作一道冷风不见。她惊得一身冷汗醒来，方知是一梦，之后便开始了产前阵痛。这个奇怪的梦境让她惊悸不安，不知是凶是吉，不敢对人提起，只不时自个儿在心里揣摩，不意此时又回想了起来。

她曾听人说，妇人受孕及生产前若遇有异征，当与新生儿相关，史籍上也有这样的记载。但她却不愿自己的梦与儿子有联系，因梦境不仅诡异，且那龙般的怪物也令她胆战心惊。可她又无法将其从脑海中抹掉。该如何对待呢？惶恐不宁中，她下意识地将视线投向她的亲人们——她的丈夫及其亲戚长辈，还有自己的父母，似乎是欲从他们那里寻得某种启示解答。而当她的目光转到与公公坐在一起的父亲时，心中不由得一动，忽忽似有所感。

她的父亲正当人生盛年仕途一派光明时，便因目疾致仕。后来对佛教产生了兴趣，前两年著名禅师憨山德清至浮山说法，父亲竟皈依其门下，成了一位虔诚的礼佛居士。近来又与云游至此的朗目和尚一道，并力图复浮山祖庭之业。她受父亲影响，对佛家也很礼敬，逢时过节也会令家人给华严寺送去一些香油物事，父亲募资铸佛，她也布了些金。虽然如此，之前“佛”在她心中并未有如此重要的位置，她并不信仰它，不过一个敬字而已。然而此时，因为异梦的困扰，她却由父亲有了一种联想：法力无边的“佛”，或许能庇佑她的儿子一生平安幸福。

此念一出，她便紧紧抓住了再也不放。是的，为了她心爱的儿子，她将从此虔心礼佛，广结善缘，多种福田。她在心里暗暗决定：从此以后，她不但要斋食以敬，且要在家里供立佛像，朝夕以礼，为她的儿子祈福禳灾……

无人知道这位年轻母亲的心理，此时满堂的喜庆气氛，因小儿洗礼将毕，亲友宾客纷纷上前将金钱物事丢入盆中而达到高潮，这是洗儿会一个最热闹的仪式，谓之添盆，也是祝小儿将来富贵之意。热闹之际，也有那年轻尚未开怀的小媳妇趁别人不大注意，红着脸捞取盆中的红枣闪到一旁悄悄吃下，希望自己也能早日得子。小儿浴毕，剃了胎发，穿戴包裹好，他的父母抱着绕堂遍谢众宾，洗儿仪式乃告结束。

太翁方学渐不仅精儒学会医术，也颇擅风水相术，当孙子将受洗后的小儿抱给他看时，老人抱在怀里仔细端详了一番，表情惊讶兴奋而又含着凝重。依据麻相之理，他脑海里对小儿的未来已闪掠过一些似模糊却又清楚的征象，令他激动不已。凝视着方家的这个新一代，遥想将来，他的心中不禁兴起无限的慰藉、爱怜和感慨。

但他却没有明说自己的心里感受，将婴儿交给孙子，捻须开怀地笑道："不错，是一个好孩子！吾家有后如此，也堪足欣慰了……呵呵！"

方孔炤恭敬地道："爷爷，那就请您老人家给取个名字吧。"

老人沉吟一会儿道："名字呢，还是让你父亲他们给起吧。我给他取个小名，这孩子长相不俗，将来或有一番出息作为，我方家以儒为本，以学为尚，就叫他东林吧。盼他日后读书上进，做个忧国忧民的才识忠贞之士，也不枉了今日这许多亲长的祝福。"

堂中亲友宾客，听见老人所取之名及言语，纷纷道好。原来近些年，因忤时政而被削职归里的无锡人顾宪成，联络同道于东林书院讲学，这些人皆卫道守理之辈，痛恶朝政腐败人心不古，讲习之余往往讽议朝政，裁量人物，谓"官辇毂志不在君父，官封疆志不在民生，居水边林下志不在世道，君子无取焉"，倡导治学不忘守道，常怀忧国忧民之思。这种学风精神，颇切中时弊，很快产生影响，一时士大夫抱道忤时之人纷纷响附，而朝士慕其风者也多遥相应和。由是东林之名大著，而响应附丽在这面旗帜下的人皆被称为东林党人。方学渐赞崇东林的宗旨，最近应邀去东林书院讲学才回，此时给重孙儿取名，便联系到这上头来了。这日来祝贺的亲友中，多数也了解东林之事，听小儿取名东林，觉着不仅切合家风，实也寄托着太翁对重孙子的很大期望，意义颇深。

接下来是给小儿取名字。一般人家多是幼时只取一个乳名呼唤，至启蒙入学时方由家中尊长或学中先生给取个正式名字。但方家这样的世家，又极重视这传承血脉的新一代，自不肯马虎延后。方孔炤因祖父说了，便望向父亲。他知道父亲极痛爱这个孙儿，恐怕老早就想好了。但方御史却要请亲家吴应宾来取，这确并非客气，他一直很敬重这个年龄比他小一些的亲家：吴应宾不仅发科入仕比他早，其才学更令他素来钦佩。

吴应宾的祖上世居浮山对面的麻溪河畔，其父吴一介曾任河南右布政使，吴应宾乃布政第四子，幼时便颖敏超群，有神童之称，在学中作文，塾师也称不及。有一次与青山何氏兄弟以及族中吴用先等会文，约定一日之内完成七篇文赋，吴应宾最后到，略加思索，文思泉涌，不但率先完成且辞藻无双，众人俱叹服不如——当日会文的除吴应宾外尚有四人：何如申、何如宠、吴用先和胡瓒。几人皆是邑中的才俊，后来俱出仕显达（吴用先官至蓟辽总督，胡瓒为江西右参政，何如申任浙江右布政使，而何如宠更做到了宰辅之位）——邑中传为美谈。后来吴应宾也早于他们，于二十二岁登万历十四年二甲第三名进士，若非因疾致仕，恐早已位列卿相。他才能如此，又是婴儿外公，故方御史请他来取名字。

但吴应宾却未应承。一来这小儿虽是他的嫡亲外孙，但毕竟是方家后人，现放着其饱学的尊长在此，他不便僭越；二来大户人家取名字向来讲究，既要有意义又要符合心意，他自致仕礼佛后，心胸恬淡，恐怕自己取的名字不合其意。所以他说还是亲家取吧，还开玩笑道："我若给他取名叫作什么优婆塞的，这小伢子将来长大，定然不依，说外公忒糊涂!""优婆塞"是佛家对在家修行的男居士的称呼，众人听了俱笑。

方御史见吴应宾不肯，也知其心意，想了想，禀告父亲："儿子琢磨，给他取名以智，字密之，大人看可好?"

方学渐颔首赞道："唔，不错，这名字好，正适合这孩儿。"

老太爷说好，旁人自也附和着称赞，其实究竟好在哪里，众人多是不甚了了。堂下方家的下人们听说给小主人取名叫什么"以智、密之"的，觉得还不如老太爷取的小名儿好，念着既顺口又响亮。

其实方御史替孙儿所取的名字，极有讲究，源于六经之首的《易经》："蓍之德，圆而神。卦之德，方以智。六爻之义，易以贡。圣人以此洗心，退藏于密，吉凶与民同患。"

大意是：占卜用的蓍草，功能圆融，变化神奇；卦的作用意义方正有则，充满智慧；六爻的意义是以变易告知吉凶祸福，好坏是否。古代的圣贤应用以上这三种功能，洗涤锤炼自己的思想意识，退隐融合于奥秘的天道秩序之中，并与人民患难与共。精擅易理的方御史，给孙子取名以智，字密之，正是希望这个孙儿不仅具有蓍草那样的神奇本领，卦象那样的做人准则智慧，且隐盼他能成为一代洞悉天道而济世惠民的圣贤。这比他父亲给小儿命名东林，寓意更深，实是非常的期望与祝福。只是不熟悉《易经》的人，是一下子不易明白和体会到的。

当下小儿取好了名字，他的父亲随即抱着他去拜家庙，祈望先人庇佑赐福。归后送婴儿至黻佩园居室安顿时，他的妻子却激动而又有忧色地将先前洗浴时的一番心思，细细相告。她已决定自此吃斋礼佛，自须先得到丈夫的理解支持。

方孔炤听了妻子的叙说，震惊不已。沉浸在得子喜悦中的他，想不到妻子产前竟还做有如此骇异之梦。作为读书人，他对自古相传的符命之说素来半信半疑，但事既关己，也不由得疑惑不定。依妻子所叙，梦中所见当是某种毒龙之类。龙是传说中最为神异之物，象征人间贵圣，难道他的儿子竟是由此灵异托生而来？可为何又是狰狞可怖之毒龙？那又当作何解？兴奋、不安同时紧紧地攫住了他的心灵。

妻子见他神色激动沉吟不语，心里不免惶惑，道："夫子，你觉得此梦真与孩儿相关吗？"

方孔炤道："我也不能确定。只是鬼神虽无凭，圣人也只曰敬远。宇宙奥秘，寂感之蕴，玄机天命难知，不可妄加非之。汝今之梦，虽然奇异无凭，但总非没有一点缘由因果，只可宁信其有，而不可自逆。只是礼佛斋食一节，无益身体，长久恐有害，不必非要行之。”

吴令仪见丈夫如此说，心中稍安，道：“夫子所言正合妾身心思。我父亲说，佛前身也是毒龙，为害众生。受戒后，任凭猎人剥皮虫曾啮身而绝，后终成佛。吾儿承世家血脉，太爷又不乐佛事，只能由妾身代儿受戒。但保得儿一生安善，我便折寿损纪，也心甘情愿！”

方孔炤见妻子态度坚定，深为感动。他凝视着一旁正熟睡的婴儿，喃喃道：“孩儿，你若真是受命不凡之人，但愿你不违天意，驱恶扬善，将来造福于世，不负众望，也不枉你母亲这一腔爱怜之心！”

第二章 童真志趣

伴随着华严寺那每日里悠悠响起的钟声，浮山的草木黄了又绿。不觉间，在陆山庄的小主人从牙牙学语到蹒跚学步，逐渐长成了一个活泼的小童。

小东林长得不算健壮，却很精神。和这个年龄的所有孩子一样，他也很好玩，可遗憾的是他几乎没有玩伴，老是孤零零的。三岁那年，母亲虽为他添了个妹妹，可那小丫头现在刚会摇摇晃晃走路，且动不动就哭鼻子，叫他厌烦。至于家佣的小孩呢，又不敢同他嬉戏。无奈的他，只好想法子去找大人们玩。

父母亲是不行的。母亲一天到晚忙忙碌碌的，没有多少时间陪他。父亲呢，据说是要考什么举人，整日待在书房里，他不敢去打扰。家里比较清闲些的是寡居清芬阁的二姑妈，他可以随时到她那里去玩，她会给他讲一些故事，教他猜谜语，有时还教他弹琴画画。只是姑妈经常心情不大好，不是一个人坐在窗前掉眼泪，就是默默地看书作画，只有姨妈、老姑来了，一起诗琴书画，她才会高兴起来。所以比较起来，他经常愿意找的人还是祖父。

他两岁时，祖父去很远的河南做了一阵子官，但很快就回来了。祖父住在太爷爷那边，但时常到山庄来。只要一来，他便缠在祖父身边，而祖父也喜欢跟他在一起。祖父不但给他讲外面的许多事儿，比方什么朝廷皇宫啦，什么北京南京啦，什么黄河运河啦，多得他都记不清，而且还常带他到山庄后面的墨历岩下读书；书读完了，便带他四处散步浏览，他这时就可以尽情地玩一玩，边和祖父讲些感兴趣的事。

他对大自然那无数令他不解的现象十分着迷：那天上的太阳为什么早上升起在东边，傍晚又落到西边？月亮为何一会儿圆，一会儿缺？那云彩是什么做的？雷电是谁放的？天上怎么会有雨落下来？小溪的水流到哪里？还有地上的山是如何长出来的？草木怎么会枯黄了又绿、绿了又枯？小虫儿怎么冬天就不见，一到春天又出来了？……这些问题装满了脑袋，他很想弄个明白。家里学问最大、懂得最多的自然是祖父了，所以他和祖父在一起时，时时就会拿这些问题相问。

祖父自会耐心地为之解说，但也奇怪这个心爱的孙子为何会对这类事情如此上心；起初尚以为小孩子一时好奇随便问问，后来见这情形多了，才意识到他对天地自然有一种明显的爱好兴趣。这既让他高兴，也有点担心，高兴的是孙子小小年纪就肯动脑筋，有一种对事物穷根究源的可贵态度，担心的则是怕他若一天到晚想着这些事儿，会影响读书。可仔细观察之下又很放心，因为玩归玩，对自然现象好奇归好奇，却一点都不影响其读书识字做功课，而且小东林对读书似乎也有一种天生的喜好。

在东林还不到三岁时，家中长辈便着手启蒙教育，教他学习《三字经》《千字文》等。开始他还觉得枯燥无味，坐在那里屁股扭来扭去地不安神。待到识字多了，书中意思也明白了一些，他便发现了一个和玩耍一样有趣的世界。原来什么东西和事情，包括你脑子里想的，都可以用文字来表现，你不会不懂的事情，书本都可以教给你，真是太神奇了！怪不得家里的大人们都那么爱读书呢！从此，他喜欢上了读书写字。每天按要求认真习字读书，字写不好不罢手，课文不背熟不罢休。他那爱动脑筋勤于思考的特点对学习帮助也很大，大凡不懂不解的问题，他绝不会丢过不管，非要弄个明白清楚不可。久而久之，他竟养成了一个好疑的学习习惯，虽书上说的大人讲得已很明白，他还会根据自己的理解提出一些疑问，虽然那些疑问多数都很幼稚。

他这种勤于思考的表现，令长辈们大为兴奋，一致认定东林是个天生的读书胚子，就像老太爷所断言的那样，将来他在学业上定有大成。于是，他们一边让他继续学习小学，一边提前学习经史。先是由乃祖亲自指导督促，到东林五岁那年因方学渐老人去世祖父庐墓后，遂由父母和姑姑来教导。这些长辈个个都是有才学之人，而东林又勤敏，进步很快。六岁时，在别人可能还是一个什么都不知晓的顽童，他却已是一个粗通文史的小书生了——虽然，这个小书生也时常会瞅着机会溜出山庄去，和附近的孩子们混在一起，上山下河，摸鱼捕鸟，打架捉迷藏，玩个不亦乐乎。

万历丙辰，东林家里发生了一个改变家庭生活状况的重大变化。东林父亲会试得捷，二甲进士。喜报传来，阖家欢庆。庐墓中的方大镇也为儿子得捷而欣慰；因儿子馆选不即，估计要外放州县，遂一面致信京中叮嘱儿子观政期间勤勉学习，一面令媳妇携子女入京与丈夫会合。

东林第一次出远门，浮山外面的世界如此之大是他从未想到的，对途中所见闻的一切都觉得很新奇。到了京都，那无比的热闹繁华更令他兴奋入迷。他很想能由大人带着到处看看玩玩，可遗憾的是，到了不久刚过新年，便因父亲任职嘉定知州而随宦入川，越岁又迁移闽之福宁。

州衙公署的建筑比在陆山庄要气派，里面做事的人对知州家人也都很尊重，可东林一开始却并不习惯，甚至很不开心。与故乡抬头望山出门见水的环境相比，他觉得整日待在州衙后院，简直同鸟儿被关在笼子里一样。他非常想念浮山的山水田野，想念那活泼的大自然的一切，希望母亲能带着他回到故乡去，甚至向母亲问过。做母亲的内心里比儿子更想家，却也只能感叹："东林啊，你父在这里为官，这里就是我们的家，我们怎能丢下你父亲自个儿回去呢?"

既知回去不可能，他也只有强迫自己逐渐适应这种新的生活环境。但内心里，故乡的田园生活与环境，尤其是那气象万千令人着迷的自然现象，却始终盘绕心头。这其实已不仅仅是对家乡那熟悉环境的依恋，而是其性情中喜爱自然物理的流露。

他随父母入巴蜀时经栈道、过峨眉，出川入闽时下三峡、过武夷，面对名山大川那巍峨雄壮的景象气势，在深为震撼的同时也有被深深吸引的感觉。他在内心里很想亲近它们，想去深入了解，譬如那奔腾万里的长江，它那生命的源头是在哪里呢？这问题他在船上问过父亲，也想过很久，并且一直存留在他的脑海中，直至数十年后，他尚念念不忘地在著作中对其进行考证作答。

可以说，随父历宦的见闻，愈加激发了他对自然物理的兴趣，而他父亲在这方面也给了他积极的影响。

方孔炤秉承儒教家风，立志经世济民、造福地方，自任州官后，在重视了解域况民情的同时，也颇留心自然物理方面知识技艺的学习掌握。

这时期，西方的一些物理知识技艺已经传教士流入中国。思想开明的方孔炤与那些一味轻视排斥外来文化的保守官僚不同，他对当时接触到的一些西洋知识尤其是物理技艺，以为其长并利于生产民用，故很重视喜爱。他在蜀时便对西洋光学仪器颇有兴趣，至福宁后涉猎更广。他态度如此，知道儿子的兴趣后，自是给予鼓励支持。每当公务出巡，他都尽量带上儿子，让其增长见闻。此外他也找了一些博物自然方面的书籍给儿子看。但他能做的也只是如此，至于学习那就主要是靠儿子自己了。因为他虽然喜爱却主要是偏重实用知识掌握，个中道理却并不大明了，往往儿子提出的问题他能解答清楚的时候并不多。遇到这种情况，便只好去向他人求教。

一次，他带儿子去游太姥山。其山有一峡谷，人称空谷回声处，人但凡于此喊一声，辄会相继有七声和之。父子二人试了试，果然不爽。儿子就很想知道是什么缘故，为何一声能致七声？做父亲的却回答不了。回去后，便将这问题向福建兵备熊明遇请教。

熊明遇这人很好西学，对西学研究颇有心得，曾与徐光启合译《泰西水法》，又为意大利来华教士熊三拔《表度说》作序，是时下热心介绍西学的人物之一。他对方孔炤父子的问题，细为解释：

“此是物理之声学现象，声之传送，遇障而折行，彼峡七曲，故一声播传却折成七响，西学称之为折射。倘若建堵夹墙，连开数窗，效果亦是一样，一声也有数声相和。”

方氏父子听了，释然之际亦觉天地万物奥秘无穷，学无止境。

这事给东林留下了很深印象，对这位熊先生十分敬佩。以后有不明白的物理问题，见到熊明遇总要刨根问底弄个明白。熊明遇很是喜爱，不但耐心为之解说，还向其父夸赞：“仁植兄，令郎小小年纪就好学如此，实在难得，将来必成大器！”

儿子得人称赞，做父亲的当然高兴，但这位早已给儿子前途作了设想安排的父亲，心中却自有打算。他鼓励支持儿子的自然物理兴趣，却并不希望儿子朝这方面发展。他认为儿子还是要以经史文章为主业，这方面的学习才是他关注督促的重点。

自汉武帝采纳董仲舒“罢黜百家，独尊儒术”之伊始，儒家著作遂被奉为经典，而宋以后的科举考试均用以儒家经典为内容的经义。在明代，经义被称为八股，八股文的题目皆出自四书五经。故熟悉掌握这些经典，是所有读书人入仕晋升的阶梯。这些经典内容丰富，涉及宇宙起源、天文地理、物产资源、占卜筮辞、历史文献、民歌诗颂、典章制度、民俗风土、语言文字以及鸟兽草木虫鱼金石等，卷帙浩繁，或文义深奥，或晦涩难读，读完不易，熟解更难。

东林从四岁起，就不间断地诵读这些经典。因其喜爱读书，禀赋聪慧过人，身边又有饱学长辈善加指导，学起来事半功倍，数年间已将这些经典渐次习完。此时又因父亲督促，更下功夫，六经已能背诵。乃父为之欣慰，而他自己也便有了时间去做自己爱做的事，他这时很大的兴趣是在习诗作文上。

因八股取士的影响，一般学子热心科举，重经义而轻诗赋。但方家却重视人才的全面培养，诗词歌赋作为优秀的文化传统是被肯定提倡的，故方家即使是妇女，也人人会吟诗作赋。东林的姑姑方孟式、方维仪、方维则更有诗名，与吴令仪及其姊吴令则等时常在闺中诗赋唱和。受这种家庭氛围的熏陶，东林喜欢诗赋便很自然。他的年龄见识与文章功底尚不能够写作长篇宏文，而短小的诗歌正符合他宣泄思想情感之需要，故他对习诗十分来劲，研习文字音韵之余，凡是感兴趣的事物都拿来作个诗题，苦思冥想地哼几句。时间长了，那些平仄押韵的知识门道弄熟了，加上聪慧过人，竟也能作出一些像模像样诗句来。

在下三峡过武汉时，他和父母游览了黄鹤楼。唐代诗人崔颢曾在黄鹤楼题过一首著名的诗：“昔人已乘黄鹤去，此地空余黄鹤楼。黄鹤一去不复返，白云千载空悠悠。晴川历历汉阳树，芳草萋萋鹦鹉洲。日暮乡关何处是，烟波江上使人愁。”后来大诗人李白过黄鹤楼时，本也欲赋诗，看见崔颢的题诗后遂打消了念头，叹道：“眼前有景道不得，崔颢题诗在上头。”

九岁的东林听说这个典故后，不以为然。回到官船上写了首诗，反驳道：“谁谓眼前道不得，白云千载何能狂？烟波日暮偶然作，仙人果否乘黄鹤？”这诗作得如何不说，却于发笔间透出少年人的勇气和自负，流露出一种凌云志气。他父母看了，虽教育儿子说“少年人要知谦虚，不可肤浅张狂”，却也暗自嘉许。到福宁后几年，随着年龄增长，他更是讽诵不辍，家里人也便戏送他一个“诗人”称号。

习诗之外，他也苦练作文。这方面他父亲自是给了他不少指导，并要他多从《春秋》《左传》《史记》以及诸子的文章中体会揣摩写作技艺。可少年人心性上偏爱汉赋那种辞藻华美、结构排比繁复、富有韵律节奏、读来朗朗上口气势绵延的文体，而在汉赋中，他又专好师法扬雄，着力模仿。

对于一个十岁的孩童来说，既要习经史，又要作诗文，已够忙乎的了，但东林还不感到满足。随着年龄增长，他的学习欲望越来越强烈，大凡是他能学的，他都想学会。他幼年时，见家中长辈以琴棋书画相娱，便觉有趣。现在当他觉得学有余力的时候，他就决计要把这些技艺都学会。他那超越常人的才智，为他的学习打开了通途，十一二岁时，他已诸艺皆会，尤其是写得一手法二王的好字，拿与人看，人决不信是出自一少年之手。

东林好学及才艺如此，渐渐便为外界人所知，人皆称羡方父台有一个才俊公子。福建提学副使郑三俊的家乡池州建德与桐城只一江之隔，与方孔炤又同是为官清正之人，关系亲密。他有一次来州里督学，公务之暇特意到州衙内一探，欲观方公子果否真如人称的那样有才艺。

他不让方孔炤去唤儿子，而是由其陪着径往东林的书房而来。房内无人，但见摆满书籍字画及功课作业。方孔炤取儿子的诗文作业给郑阅览。郑三俊细细看了一会，问公子今年多大了，答曰："未满十二岁。"郑三俊瞪眼看着方孔炤，半晌方惊叹道："奇才，奇才！不说这诗文风采有致，单这一手字儿，秀丽潇洒就令人爱煞，真是少年才子，人间奇葩呀！"他决定要见见这小才子，方孔炤便陪着去了后花园。

花园里有个读书亭，亭边有一块空草地。远远瞧去有一少年在那里练剑，一旁有两个小女孩和一个三四岁的男童坐在草地上看热闹。二人走近观看，见阳光下那少年正引诀展开一套剑法，削撩挑刺旋跃翻腾，演至疾处，但见衣袂飘飘、剑光闪熠。郑三俊不懂武功，只觉少年舞得好看。转首问方孔炤那少年是谁家子弟，方孔炤说是犬子，一边招呼儿子过来见礼。

郑三俊诧异道："仁植兄有几位公子？"

方孔炤道："两个。这是长子以智，那边那个小的名叫其义。"

郑三俊道："府上叫东林的又是谁呢？"

方孔炤道："正是此子，他小名儿叫东林。"

原来东林束发后，家里人都改呼以智了，但外面人还多只知其小名，因此郑公也弄岔了。加上他仅知方以智是个小才子书生，见眼前少年习武，联想不到一块去，这时不觉便道："他怎么又习剑练武呢？"

方孔炤禀告说："这孩子好奇心强，看见什么都想学。卑职故里东乡一带，尚武成风，所以里人练武的很多，这孩子见了眼热要学，我想练武总对身体有好处，就让他在功课之暇练练。"

他说得很简单，实际上他支持儿子习武还有更深的原因，只是当着上司的面不便说罢了。

方家自方学渐始，秉承祖风，立下要求子孙在政治上必须尽忠报国的家训，为此提倡子孙后辈蹈文习武，故方以智六七岁时便开始习武，待年龄稍长渐立大志，欲有作为于世，更坚持不懈地习武练剑。而他的父亲支持儿子习武，还有更深一些的考虑，那却是关系到国家运势的。

大明自正统以来，由于宦官擅权、政治腐败，国势渐弱。神宗即位之初，用名臣张居正为相，多方改良补救，形势一度有所好转。但不久皇帝便为立储之事与朝臣怄气对立，长达三十余年不临朝，以致朝政混乱，纲纪废弛，朝廷间党争激烈，相互倾轧，官僚们或附丽以保，或闭门缄守，或纷纷挂印退隐林下。在民间，土地兼并日趋严重，良田腴地多向皇亲国戚之门集中，导致失去土地的流民大增。与此同时，朝廷课赋有增无减，百姓不堪重负大量逃亡，饥民遍地，骚乱时起。国内形势如此，而边事也日告紧急。万历四十四年，关外女真建州部首领努尔哈赤统一了女真各部，建立后金国，并以七大恨告天，起兵伐明，辽东战火从此大炽。综而观之，大明国家已在内忧外患交集中呈现出一种危象。

方孔炤虽官职卑微，却是关注国事的有识之士。他看到了这种国家形势的危机，预感到今后天下很难太平。所以他很赞成儿子练武，有武艺在身，将来若遇变故，大，可救国难驰骋战场，小，则能在兵荒马乱中保身以全。他这想法此时不好对上司明言，便只以风习好奇应答。

其实郑三俊也没关心这些，惊讶的是方孔炤这个儿子不仅文采风流，才华过人，却居然还习武事，这是他未料到的。

郑三俊为人端庄严肃，向来不苟言笑，此时因怜爱这个束发不久的少年，笑逐颜开，乐呵呵地问了方以智一些学习情况，勉励他要努力用功更求上进。又很真诚地对方孔炤道："我生平阅人无数，天下英才也见过不少，但似令郎这般少年敏学、文武兼修的奇才，实是未尝闻睹。这孩子将来前途未可限量，仁植兄当为国家培育人才计，珍重爱惜之！"

第三章　家教师传

天启二年深秋，青春盛年的吴令仪因长年斋食及劳累病卒，年仅三十一岁。方孔炤悲痛之余，只得将子女分寄姊妹处照顾，方以智与大妹方子跃、二妹方子瑛回故里浮山，由仲姑方维仪抚养。

方维仪十七岁出阁，嫁于同邑曾任按察司副使的姚之兰长子姚孙棨。可谓婚姻美满，不想其夫因苦读治学久已成疾，婚后次年便不治身亡。青春丧夫的她，悲苦中把一切希望寄托于遗腹子，岂知孩子生下数月便夭折了。丧夫复继丧子，令她几乎失去了生活下去的勇气。父母不忍其苦难，将她接回娘家长住。大归之时，她才芳龄十九，本可再嫁，邑内外求婚者也不少，但她却立志于清芬阁中守节至终，深为邑中赞叹。

当年吴令仪过门时，方维仪已回娘家。吴令仪对守寡的姑娘很敬爱，不仅生活上照应无差，且师事其以学诗画。方维仪也爱其慧娴，二人情感十分亲密。方维仪自己无所出，对弟媳的孩子自幼便很疼爱。此时孤儿归依，她伤痛之余，思念弟媳往昔的情分，觉唯有尽心力抚育这几个孩子，方对得起弟弟和亡故的弟媳。故方以智兄妹回到在陆山庄后，方维仪怜爱有加，视若己出，使侄儿女们渐渐从丧母哀伤和凄惶无依中解脱出来。

这位姑母不仅悉心照料侄儿女们的生活，给予母爱的温暖，还负起了几个孩子尤其是侄儿的教育重责。

方维仪是远近闻名的才女。受家风熏陶，她同其姊方孟式自幼便从父祖习文读书，广览博学，积年不辍。虽是闺中女儿，却不输于馆中坐读的秀才相公，经史诗文样样精通。曾和堂妹方维则、弟媳吴令仪及其姊吴令则，于闺中结社唱咏，人称诗坛五姐妹。方维仪大归后，又与方维则、吴令仪广集古今女子诗作，编为《宫闱诗史》二卷。方孟式著有诗文集《纫兰阁集》，方维仪则有《清芬阁集》。此外，姊妹俩还皆工于绘事，同有画名，是时人公认的诗画双姝，而比较起来，其妹妹造诣影响更大——方维仪之诗，笔势横绝峻冷，古朴苍凉，如其《从军行》云：“玉门关外雪风寒，万里辞家马上看。哪得沙场还醉卧，前军已报破楼兰。”不知情者读之，绝不信是出自闺中。其画艺则法于李龙眠，而尤工白描，所作《观音大士图》形神兼备，人多争求以珍藏。说她是有明一代杰出的女诗人和画家而毫不过誉。方维仪如此才学，课教侄儿，对少年方以智裨益很大。

方维仪为了侄儿的学习，颇费了一番心事。方以智有一定的经史诗文基础，求知欲强，但他正处于少年成长期，又有少年人的偏好。她的授教既要帮助侄儿增长知识，又要注意其心性思想的培养，还要适合其兴趣。衡量之下，她遂重点给侄儿教授《礼记》和《离骚》——学《礼记》为的是让侄儿了解熟悉礼仪典制，这是读书人所必要掌握好的基本知识，而对于成长期的少年人来说，以之固养心性，使其知礼守规而不违教，自是很重要；而开讲《离骚》也用心良苦：《离骚》上承诗风，下启赋体，学之对于提高诗赋认识和诗文技巧有很大帮助，同时，《离骚》所含蕴的忧国忧民意识也极有益于品性培养。而侄儿此时正喜好诗赋习作，这种教授也正合其趣。

除了这些典籍文章方面的传授，这位一心希望侄儿日后众艺皆通各方面都出类拔萃的女先生，还尽其所能地辅导方以智提高学习琴棋书画的技艺。方以智这些年随父母习过诸艺，基本功夫已有，学起来既有兴趣，也进步很快。当然姑母最擅长的是绘事，故这方面得益尤多。

这一段姑侄教学的时间虽不长，但方维仪在亲授学业过程中，更清楚地发现少年侄儿那非常的天赋和智慧——任何课程问题，她只要略加点拨，方以智便即能明白要旨，甚至举一反三，体悟出其他的道理，这令她兴奋不已。她知道这个侄儿出生时弟媳所做的异梦，家中长辈皆谓其将来定然能成大器，她此时更加深信不疑，益发爱惜，倍加注重侄儿品格性情的培养教育。除了授学上教导陶冶，在生活中也管束要求甚严，哪怕是细小的苗头，她也决不忽视。

方以智乃官宦之后，又是长子，家中长辈固然疼爱，就是外面人对他也很重视奉承，至于府中的奴仆佣人更不用说，对这位少主人平常多是曲意逢迎的。这样的环境，对品性尚未定型的少年人来说，极易产生一些有害影响，不少大户人家的子弟便是于此环境时期，缺乏应有的管教，在溺爱放纵中沾染不良习气，养成不端品性。方以智虽幼承家教，无明显恶习，但公子哥的毛病还是有的，如好猎奇游玩、风流自喜、喜爱杯中之物等，若不善加劝诫引导，也对其成长不利。但因姑母的严格管束，使之终不敢任性忘情。

对于方以智的教育成长，家中其他的尊长尤其祖父，也是时刻关注的。

方以智随父宦时的己未年，因丈夫入计京师，吴令仪携子女候于九江，方大镇赶去相见，特将九岁的方以智携至庐山唐代王勃读书处白鹿洞游览，以古人的故事激励其努力读书求上进。当媳妇病殁，方大镇适逢起按京畿，远赴京都，对不能将孙儿带在身边教导，一直念叨不已。

方以智回浮山后的次年，方大镇因儿子以部荐迁兵部职方郎中，便要其带方以智一同进京，使之增长见闻开阔眼界。方孔炤也存此心思，与姐姐商量后，遂携方以智同去。

北上途中，他不急着赶路，着意领儿子去浏览一些名山大川，希望以自然之宏丽壮其胸襟，这办法果然见效。一日父子二人登齐鲁岱宗，立于孔子观山而小天下之处，方孔炤见儿子神情激动而有凝思之状，便问其感想。儿子豪情万丈地道："孩儿觉得名山犹如人才，甚不多见。我当奋发努力，追赶古人!"

到京城后，这类无声的教育更不断地进行。这时，方大镇以台资二十年已陞大理寺臣，再晋左少卿。父子二人同供职朝中，交游接触甚广。俩人一般心思，不论是谁有什么活动应酬，只要场合适宜，都带上方以智，让其领略帝京的繁华，见识天子辇下的大世面和各种人物，以增其见闻，冶情励志。此外，还特意安排一些机会让少年方以智去观阅感受。

一日鸡鸣时分，方以智在梦中被家人唤醒，说是老爷召呼。方以智不知何事，盥洗了去见父亲，方孔炤已朝服整齐地等在那里。他见了儿子也未言语，只挥挥手示意同行，方以智知父亲要上早朝去，却不知为何带着自己。

家人提着灯笼，趁着夜色出门而去，穿街过巷，迤逦来到一片宽旷的广场。此时天刚拂晓，晨曦微露。景色朦胧中，依稀可见高大耸立的门楼城墙以及纷然而至的骑马乘舆者的身影灯光。过了会天色渐明，门楼上的"午门"二字已清晰可见，广场上遍是或悄立等候或三两轻语闲谈的官员。方孔炤嘱咐儿子仔细观看，便自行去了。

方以智这才理会得父亲带他来是看上朝情形。他早听祖父和父亲描述过，此际能亲临目睹，也不由得兴奋。这时已至点卯时刻，只听静寂中几声净鞭响过，午门开启，云集等候的文武官员各按班序，排着长长的队列，肃然入朝，气势庄严。方以智虽年少，也深觉震撼。

让一个十几岁的少年来观瞻百官早朝的国家威仪，是为见识世面，而方孔炤深心也明显不过：他要儿子以之激励自己，树立大志，他日将来也能如此这般荣耀地出仕入朝，成为国之干臣！

这些是拿眼睛看的教育，当然还有更多的耳提面命诲之不倦的言语教导——由于方大镇父子的身份和所处环境，这种教育并不限于一般意义的说教，而是往往同国家大事和朝廷风云相联系，给少年方以智留下了很深印象。

泰昌元年九月，十六岁的朱由校继承大宝，是为熹宗。这少年皇帝与其数十年不上朝的乃祖差不多，对国事毫无兴趣，专只喜爱与宫中太监宫女嬉戏玩乐。此外还有一种令人不可理解之奇特嗜好：爱做木匠活。与宫女们玩累了，他就一头钻进匠房里，琢磨那些木头什件，而不理会任何人事。只有当他的活计做得顺手开心时，才愿听近侍太监奏报事情，在转呈上来的奏章上批几个字。若逢他木匠活儿做得极专注之时，干脆连御批也省了，一声“照准”便由太监瞧着去办了。太监中他又宠信一个奸恶之徒魏忠贤，魏忠贤勾结皇帝乳娘客氏，仗着皇帝的信任，矫旨行事，逐渐把持了朝政，顺昌逆亡，残害忠良，施行特务暴政，使大明政治进入了一个空前黑暗残暴的时期。

方以智随父祖于京城生活的年余时间，正是魏忠贤及其党羽开始横行，朝廷局势发生重大变化之时。一些趋炎附势和奸佞之徒纷纷投靠到魏忠贤门下，助纣为虐，而朝廷中的正直清望大臣，尤其是敢于同阉党作斗争的东林党人，如赵南星、高攀龙、杨涟、左光斗、魏大中等相继被罢黜。方大镇父子既是忠直之士亦是东林党人，对朝局变化自是痛心疾首忧愤无已，在家中所谈以及对家人晚辈教育的，总不离阉党的卑鄙残暴和东林党人的高风亮节忠国英勇事迹——其中，便关涉到两个同在朝廷为官的家乡人：左光斗和阮大铖。

左光斗生性耿介勇烈，万历末至天启初任御史，以清直敢言闻名。神宗三十余年不临朝，他犯颜直谏："皇上御朝则天下安，不御朝则天下亡。"光宗驾崩，所宠侍寝宫女李选侍占据乾清宫，欲挟持太子垂帘决事。左光斗联合给事中杨涟上疏，力主移宫，终于挫败其野心。迨至魏忠贤把持国柄，逆党横行，时任左佥都御史的左光斗，奋起抗争，与副都御史杨涟以及吏部给事中魏大忠分别疏劾魏忠贤及其死党魏广微，被魏忠贤深恨而削籍归乡。

阮大铖与方孔炤同年进士，很有些才藻，但为人却极狡猾阴毒，睚眦必报。天启初年，东林正盛，阮大铖为在朝中获得依靠，依附东林党人，对同乡左光斗更友善恭敬。后来，因在吏科都给事中的职位争取中，没有得到东林党魁赵南星、高攀龙等人的支持，遂对东林诸人包括左光斗怀恨在心，转而投入魏忠贤门下，向其进《百官图》以报复东林，借魏阉之手将东林诸臣罢的罢、关的关、杀的杀，镇压殆尽。

两个同乡，一忠一奸，一正一邪，人格表现截然相反，皂白分明。这样活生生的教材，使少年方以智晓得了许多做人的道理，知道了忠奸善恶之区别。同时，他也从长辈那里接受了这样一个认识：世道不稳，天下将乱。这种认识在大人那里，多少显得一种忧愤的无奈，而对于他却更激发了自励向上、以天下为己任的雄心壮志。这种心志，之后随着他祖父辞官、父亲被削籍以及左光斗的被捕而更加坚定。

天启四年，使蜀归来的方大镇眼见朝政已为阉党所完全控制，东林党人被迫害得四处逃散，他曾经讲学的首善书院也被阉党所毁，知事已不可为，忧愤不已。他是信《易》之人，遇有非常之情难决之事，总求以卦问。此时他卜了一卦，筮得“同人于野”，遂决心致仕归隐。不久，方孔炤也因忤魏阉死党崔呈秀而被参劾，削夺官诰——方氏父子既是东林党人，且与左光斗是同乡姻亲，交情深厚，阉党是决不容其留在朝中的。

在父亲尚未到家之前，已随祖父回到故里的方以智，最后一次见到了他深为敬仰的左光斗伯伯，目睹了一幕永难忘记的悲壮场景——

左光斗上年被夺职回乡后，阉党并未罢休死心，必欲除之而后快。经过密谋，以受贿罪矫旨逮捕。缇骑至桐城东乡，家人环泣生祭，父老拥道哭泣，乡中数十壮士自发护送，欲至阙鸣冤。方以智随祖父赶去送别，睹此悲壮情景，不由得热泪盈眶。他在心里发誓：他要以家乡这位前辈为榜样，做一个铁骨铮铮顶天立地的男儿，干一番轰轰烈烈留名青史的事业！

这是天启五年的夏天，方以智十五岁。

炎暑过去，天气刚凉一点，方以智第一次参加县学童子试。

浮山距县城有八九十里，像方以智这样年少的官宦子弟出门，路程又较远，本当乘马仆从前往。但他却安步当车，只身前去赴试。人问他为何，他道：“今天下将乱，士君子当习劳苦，将来方可担当大任！”

不久后，他遵父命从师学习。

桐城怀宁两县交界处，有山巍峨绵延，曰大龙山。大龙山下，有一个碧波荡漾的石塘湖，湖岸弯凸处住着一位饱学的儒生，姓白名瑜。这白瑜因数考不中，为生业计，在家中设帷课塾，教一些学生。他博学广记，精通经史，崇实好古，为人清和有才识，谨言慎行，自开馆授学以来，教出的学生个个品学优良，故虽非积年名师，但大户人家有子弟还是愿送来就学，重视白瑜人品学识的方孔炤，便将儿子送到彼处从学。

在年余时间里，白瑜悉心教导方以智，将其所学倾箧相授，而方以智作为其得意弟子，短短时间不仅将其师的学问、文风、治学态度统统继承了去，甚至连先生的若干生活特点也学习过来。白夫子爱饮善饮，数斗不醉不乱，令方以智很是敬佩。他也是喜饮之人，只是以往每饮不敢多，自目睹先生豪饮，心中既羡且佩，此后便不觉放了开来，久了便也练得好酒量；只是先生那数斗不醉不乱的本事，无论如何也学不来，未免有点遗憾。

白瑜极爱惜这个弟子，一日专程去了浮山，对方孔炤言道："令郎敏慧不凡，乃天纵奇才，非一人一师所能胜任其教。学生浅薄，已无再多传授。公当再择名师以使其深造，莫要耽搁。"

自来坐馆，先生只恐学生不来，没有自家往外推的。方孔炤知其是真心为儿子好，既敬重感激，也深以其言为然。斟酌之下，为儿子又觅了一位老师。

这位先生是一个宿儒，世居江西金溪而迁于桐，姓王名宣，字化卿。他博览群书，少时以诗出名，中年沉心于学，晚年好《易》，著《风姬易溯》，又精医学，好穷物理。因他一身的学问，邑内后起之秀争相北面事之。只是王宣年已七十，不愿多带学生，但方孔炤请他为儿子授业，他却毫不推辞地应允了，因他与方家颇有渊源。

王宣中年时，曾从方学渐问学。此后数十年中，又常和方大镇、吴应宾等切磋论学，来往颇多。此时方家要他带一个学生，他怎能不答应？况且他听说方孔炤这个儿子聪慧超群，心中也有些好奇，欲看个究竟。

这日行了礼，方以智便随王老夫子到了馆中。这馆在城东郊，有个名字叫慧业堂。王宣不善经营，也无心管理，馆中有些寒碜零乱。王宣带新学生见了几个同学，问了问学业情况，指了几本书让学生读，便自个儿去了。

方以智看了半天书，不见老师踪影。问同学，同学笑曰老师肯定是去研究他那些物事去了。方以智不免好奇，央求那同学带他去看看。同学领他到了学堂后一间大房子前指指里面，便转身走了，既怕先生责怪，也无兴趣进去。

方以智自己进屋，果见老师在里面。他仔细观看，那房间很大，里面零乱地堆放着各种各样的物事：有草木根块，虫兽标本，形形色色的石头，木铁材料及加工用具，装有东西的瓶罐缸盂，还有一些自己不识的奇奇怪怪物事。那情景，既像人家堆杂物的处所，又像是工坊，而王宣正聚精会神地蹲在那里鼓捣些什么。

方以智走近，王宣见是新学生，也未言语，仍做他的活儿。方以智见先生似乎是制作什么，问道："先生欲作何物？"

王宣头也不抬："你小伢子不懂，问什么？读书去吧。"方以智却未离去，反是四周转动，饶有兴趣地摆弄相看屋里那些不知晓的物事。

王宣过了半天，见方以智未走，不由得奇怪——他所有的学生是从不愿在这间屋子里多待一会儿的，遂招呼方以智过来，问："你为何不去读书，却留在这里？"

方以智回道："学生性好猎奇，见此有不识之物，便欲瞧瞧。"

王宣不觉有些兴奋，却故意道："这些物事有什么好瞧的？老夫不过是闲着无事摆弄摆弄，你少年人应该专心读书研学，怎能在此上头分心？"

方以智见先生虽责备，却并无厉色，遂大着胆子道："先生教导虽是，但天下之物，莫不有理，故朱子曰格物致知，教人即物穷理。吾父也常教诲学生，读书当重实学，物理关涉日用民养，须当了解知悉。"

王宣初以为这少年不过是好奇而已，料不到他竟说出这般有意思的话来。他满心欢喜地看着方以智，不由得眉开眼笑。他嗜好物理研究，经年不改，可向来儒林风气只重性理经史治学和制义之功，对他的物理爱好人多不屑，甚至讥笑，就是他的学生也从没有人产生过兴趣。不想现在却有了一个少年知音，他觉得这学生的确不同一般，大可承他的衣钵。

他高兴地一拍手，赞赏道："好孩子，你说的不错！读书人瞧不起物理，全都是那些只知性理八股的腐儒们弄出来的弊病！不识物理，不懂生民利民之道，拿什么去惠世济民？汝今后切莫上他们的当，要发扬光大门风，像你太爷爷明善先生那样，崇尚实学，批挞空幻，做个有真知灼见于国于民有益的真儒……你记住了吗？"

方以智点头："记住了。"

王宣意犹未尽，暮年得到一个中意的传人，让他极为兴奋，恨不得这个少年一下子就完全继承他的衣钵，思索了一会，复道："治学尚实，自是要努力学习经史经济物理各种有用之知识。但各种学问也只是基础，掌握了它们，也不过称之为有些知识而已，若止步如此，终也只是小家子而难有大成。故自古以来，学者多而通者少，为万世立言之大家圣贤更是稀少……"

他停了停，看学生如何反应。方以智若有所思，继而追问："先生，如何才能学以通达而致大成呢？"

王宣暗自赞许，知此子胸有志向，吾道可传。遂道："学有深浅通偏，乃因理有具体与根本。具体之理便是平常可知可见之理，万事万物之理，诸子百家之理；而根本之理则是理之纲者、王者、本者，是万事万物所以生所以然之理，此理虽隐不可见，但古之圣人俯仰天地万物之生变，察其微几而画之以象书之以数，即《易》与河洛也。宇宙天人之道，世间一切事物现象之理，莫不可征于彼。学者惟得窥象数之秘，方能明白知晓万象之由来变化、宇宙之奥妙，使学致通达而贯天人。仲尼六十尚习易，可见其重要。吾从汝祖明善公习易，潜心十数载，微有心得于河洛之书，汝愿学否？"

方以智兴奋而神往，躬身道："谢先生栽培！小子愿学。"

第四章　同学少年

“咚、咚、咚……”

一通长长而沉闷的鼓声从深宇高墙中隐隐透了出来。大街上不知情的行人听了，不免有些好奇，驻足张望。只住在附近的人家，早已熟悉，知道那是县学里坐堂例鼓，不当回事。

县学总负一方人才教育管理之责，除了考试选举、稽查生员品行，还承担着平时社学指导以及督促弟子员学习、负责廪生日常教学的职责。后面这项教管工作有三种做法：一是平时的廪生督学，教谕坐堂鸣鼓，诸生升堂受训后即退舍自行诵读，学官时临辅导；二是每月三六九日学官进诸生于堂读书作文，是正式教学；三是于约定之月的朔望两日，学官以确定的课目进行重点讲学，这讲学不但要求非廪生员也参加，邑令也亲临现场，仪式较隆，这日桐城县学里的升堂鼓便是为此讲学活动而擂响。

隆隆的鼓声中，但见不同服饰年龄的诸生鱼贯进入明伦堂，参见县令及教官。见罢，知县下堂，率学官诸生列队，肃然前谒文庙，献香礼敬。仪式结束，教谕训导又领着诸生们揖送知县离去，方才入讲堂正式讲学。

这日课由训导主讲。这训导是位老教官，学问也是有的，只是有一种偏见：以为课读的学子唯沉心举业方为正务，他者皆不足取。这年又届乡试大比，故他这次课讲，名义上是串讲《大学》《中庸》，但立足点不是阐发微言要旨，而是由经义出发，归结于如何做好八股文上来。他为此做了不少准备，将时下名家的选文找了一大堆，一篇又一篇地评点了起来。

训导在台上讲，学生们在底下听着，因着各人的口味爱好做出了不同的反应。那有兴趣的聚精会神地听讲，没有兴趣的便把讲授当耳边风，做自己的事儿。更有甚者，有几个年少的在一起嘀咕，摇头晃脑，似乎是在分韵吟诗，自得其乐。训导不看则已，看了不由得心头冒火。

他把手中文章放下，拿教鞭指着那几个少年道："方以智，尔等不听讲课，在那干什么？"

方以智站起来，道："回老师，没干什么，在听讲呢。"

训导道："狡辩！吾分明看见尔等交头接耳，颠首摆躯在作风人，却来胡说！"

方以智道："学生听了许多美文，不禁喜而默诵，故有是状，想老师误会了。"不听讲，是对教官不尊，他可不便承认。

训导知他强辩，教训道："我朝以文章为重，身为学子生员，尔等切莫要迷了志向，整日将心思放在举业之外的那些杂学风雅上，误了自身前途，枉了国家培养！"

他欲借机教育一下，不想不说则罢，这一说适得其反。但见方以智身边一个少年举手道："听老师适才之言，学生颇有迷惑，不知可容禀告？"

这种讲学，本是允许研讨质疑的。训导勉强点点头道："尔姑言之。”

那少年道：“适才老师言，举业之外皆为杂学不可取，然则门外卧碑训文有道：‘凡利国爱民之事更宜留心，生员居心忠厚，正直读书方有实用，出仕必作良吏’这倒叫学生糊涂，不知如何所从？”

洪武十三年，朝廷颁示榜文于天下儒学，对生员学品行为进行戒饬，勒石于明伦堂外，谓之卧碑。这少年调皮，拿这碑文来驳教官。

训导被他难住，一下子不知如何答复。正踌躇着，又一个眉清目秀的少年起身言道：“老师，学生也有疑惑。诗言志，怡性情，美教化，敦风尚，千载以来，《诗》为六经之典，正是我辈儒生必学之艺。如何迷了风雅，就误己愧国呢？请老师明示。”

训导听了，愈加窘迫。可未容他思想，又有一个风仪秀美潇洒的少年言道：“学生也有不解。吾等学习读书，是为明道报国。而今关外虏势日增，边患益重，令人忧愤不已。学生年来为热血所激，研读孙吴之学，欲他日能横槊赋诗，疆场杀敌卫国。可依老师之训，学生此为竟也是荒谬不务正业了？学生愚钝不明白，尚祈老师开导。”

几个少年轮番一阵质难，把训导弄得甚是尴尬无措。他知这几个少年个个才气横溢，能言善辩，他委实难撄其锋，何况又被彼占了理去，他是无法“明示”“开导”的。不但说不过他们，他也不能拿学官的身份去威压，因这几人俱是名门子弟，是不含糊他这个小小的县学训导的：那拿卧碑说事的是方以智的舅氏、吴应宾的公子吴道凝，辩诗的是户部主事方大铉之子方文，末了一个说话的则是在外任县令的孙晋胞弟孙临。这几家不仅是官宦之门，且又都连着亲，平时都是同来同往的。他如何惹得起这些人？他懊悔不该一时兴起说了那几句话，惹得这伙少年群起发难。

主持讲学的教谕也觉得训导之言偏过，然见训导呆呆地下不了台，赶紧说了几句转圜之语，又申令诸生认真听课。训导才继续讲下去，只是先前的兴致一点也没有了。

散学后，方以智同诸友回到东郊慧业堂，还谈论着学中之事。王宣听后道：“那训导人倒不坏，只是迂腐了些。而今学宫儒林也差不多全都是那副腔调，除了举业制业，不知有其他，委实可悲可叹！尔等将来若要入仕，免不了也还要拿这制义作敲门砖。只是记住无论何时，都不要悖了圣贤学问之教。须知只有真才实学，才能成就事业，遗泽于世。”

众少年唯唯受教。方以智道：“弟子因今日之事而有感想，意欲结同志学友为文社，既砥砺品行，又相互切磋，先生看可行？”

王宣道：“此乃雅善之事，如何不可！以汝等才学，结社不仅于彼此有益，就在外面，也不输于他人。”

见先生赞同，方以智等大受鼓舞。当下便一起兴奋地商议结社事宜，给这个新文社取名永社，以永字兼有流长及诵咏之意。又确定社事由周岐、方以智及方文三人共同负责。周岐在众人中年纪最大，虽家境贫寒，但读书刻苦，为学友们所敬重，平日即以周大呼之，此刻结社，自也尊其为首。

自有了这个永社，多了兴趣相投又善文采的友侣，方以智们从此便热情高炽地投身其中，忙个不亦乐乎。文社自以研讨文章学问为主，但永社这些年轻人多为风流倜傥之士，岂会少了诗酒唱酬、临流觞咏等风雅之事？尤其方以智、方文等俱都自幼喜诗，希望诗坛有名，有了这文社与相当的诗友，但凡聚在一起，总要变着法子，模拟各种诗体分韵作诗，磨炼自己。除了讲学诗会之外，这些人还有一项经常性的活动：伴游览胜。

桐城多风景名胜，县内有著名的八景：桐梓晴岚、练潭夜月、投子晓钟，孔城暮雪、浮山夕照、枞川夜雨、竹湖落雁、获埠归帆。境内还有巢城、枞阳城、鲁镇城、六儿城、龙眠庄、望湖石、试剑石、惜阴亭、射蛟台、马踏石、青山石屋等多处古迹。至于浮山、龙眠山、大小龙山、投子山、柳峰山、青山、松山、幕旗山、白云岩以及桐溪、独山湖、古湖、白荡湖、源子港、铁板洲这些山水之间可供泛足浏览的秀色美景更是不少。对于永社这一班文友来说，邑内这些古迹名胜风景，大凡没有去过的，那都是要去游览一番的。

这一日，方以智方文要去枞阳探望先生白瑜，便约了吴道凝、孙临一道，顺便去游枞阳古城。几人天未亮便在城南石河叫了只小舟，顺流而下。

枞阳在县治东南百二十里，路程虽不短，但得水道便迅。几个少年友侣兴高采烈，一路玩赏景色，谈诗论赋，不觉中坐舟已由古湖出口进入枞阳河。

这枞阳河，受水于上游潜怀桐舒四境，逶迤三十余里，东绕枞阳古城而直下大江，乃是皖中通向长江的门户咽喉，自古以来便是水上要道，一年四季漕运商船行舟不断，两岸也多有人家依堤傍柳以居。

小舟轻便顺水，不久即驶至古城边。沿城这一段河道两旁，北面是临水而建的河街码头，各式店铺客栈酒肆，鳞次栉比，做着往来商旅的生意，十分热闹繁荣。下游靠近江边也多有栈铺人家，但上游岸畔却生着密密的芦苇，连排成片，面积甚广。此时是暮春季节，那芦苇正蓬勃生长，青葱一片。众少年于那北岸的街店热闹倒不在意，却对这苇林指点议论不住，兴趣盎然。原来这片芦苇正是桐城八景之一的枞川夜雨之所由来：当夏秋之季，夜晚寂静之时，茂密的芦苇被风吹动，摇摆不已，发出阵阵声响，闻之宛如夜雨之声，或轻轻飘洒淅淅沥沥，或哗哗惊耳如暴雨倾盆。

几人在城南近外江边离舟上岸，径去白瑜处。这枞阳是交通便利、商业兴旺之所在，故不仅是府邑重镇，也是文化繁荣之所。桐川三老方学渐、赵鸿赐、童自澄皆曾在此构馆讲学。城中不单有好几处规模较大的会馆、书舍，在人家里教授子弟的散馆先生也不少。方以智方文的老师白瑜上年也来此设馆授徒，同时在其先生钱志立主持的辅仁会馆讲学。

自方以智二人不随白瑜学习后，师生已有一段时间未见面了。这日见学生带着朋友来探望，白瑜很是高兴。他心中常挂念着这两个聪慧而才华出众的弟子，此时见其身量增长，俱已出落成儒雅少年，又于谈论中看出俩人学业有长进，甚觉欣慰。午饭后方以智等辞了白瑜，入城游览。

来至街口前，迎面便见一座长形石碑竖在那里，上镌着“古枞阳”三个擘窠大字，十分醒目，提示着这座城镇的古老：枞阳为上古巢国都城，汉初易名枞阳，其后长期为县治甚至郡治所在，南宋一度也为桐城县治所在，历史悠久。

古城背山沿河而建，东西走向，从南向北逐渐展开。街市南北相向而布。沿东大街而上至城中，街面渐宽，大街之后复有后街；再往西，城区更为宽广，形成了南面河街，中间主街，北面后街的街市布局。街上人家店肆栈铺相杂，百业齐备，人来人往，生意兴隆，寺庙牌坊楼台亭阁遍布城中。那种兴旺繁华非是一般市镇所能比拟，即有些邑治所在也有所不及，显示出古城重镇之不同景象。

四人或有未来过，或虽来过而未细览城市景观，此时专为浏览而来，又好友相伴，不由得走街串巷，趣闹寻胜，四处观瞻了一番。四人边览边议此城历史变革兴衰，感叹之际，思忆家中先人尊长亦为古城而今的繁荣作过贡献，又不免感到荣耀。

原来这古城经历沧桑屡遭兴废，尤其元末天下纷乱，枞阳以咽喉要地为各家所争，几毁于兵火，入明以后才慢慢恢复起来。万历年间，方以智祖父方大镇，以枞阳为皖中门户及漕运之便，上疏朝廷，于下枞阳古吕蒙城设立漕米盐仓，以给附近州邑之食用，又请于当事准允枞阳在盐禁中例外以南北盐兼行。这两项举措，不仅惠于安庆及邻近府县，更对枞阳的航远、商业和民生产生了重大影响，促进了枞阳的繁荣。而方以智的曾祖方学渐、外祖吴应宾以理学大家和学子领袖的身份，常于枞阳联络大江南北和邑内儒学同道，结为社会，讲学辩论，在推动县邑理学崛起的同时，也影响了邑内，尤其是枞阳一带人民的风习，稍有身份条件的人家皆重视子弟入学受教，习文读书，文风蔚然，枞阳遂以文化昌盛闻名遐迩。

观览了街市，几人又兴致勃勃穿过后街去登山。枞阳既是古城，古迹自然不少，现存著名之处皆在城北的达观山上。他们由城西的城隍庙东侧上山，幽径不远，便见峭壁下一方丈余大小的泉池，水浅清碧，旁边有一座祠堂建筑与重檐六角青石栏杆的亭子。几个少年见了这几处景物，不由得肃然起敬。

东晋时，鄱阳人陶侃以督邮领枞阳令。其胸怀大志，欲致力于中原，常朝运甓于外而暮取于内以自惕自励，后来果为一代名宦。后人仰为楷模典范，建惜阴亭和陶公祠以纪，那方泉池因陶侃时至濡墨洗砚，被命名洗墨池而同为观瞻追缅之遗迹。千载以来，无数游人到此，莫不流连崇怀。眼前这数人正是少年豪情风发之时，对这位古时英杰钦慕深深，入祠奉香礼敬，徘徊于惜阴亭，感慨良久才继续上山。

这达观山并不算高，但山势却很陡峭，不易攀登。不知何时，人于岩壁间凿了百十步石阶通道，才便利了攀山之客。方以智几人拾阶而上，上得岭来，但见达观山、凤凰山、北山诸山首尾相接，北屏古城，而满山遍谷皆是松叶柏身之枞树，青翠葱郁，他们此时才明白，枞阳之古名竟本于此，而非是缘于枞阳河。几人边谈论边攀登上了山之西巅。

峰顶并不广，却有一巨石平卧，四少年跃身其上，眼观山阴湖水澄碧漫漫，西北龙山苍然高耸，滔滔大江自西南滚滚直抵城下，个个赞叹山水佳胜之际，胸中皆泛起阵阵豪壮之情：为着一千七百多年前，一位华夏伟人也曾登临此处，留下一段载入史册千古传颂的故事。

汉元封五年，武帝南巡，礼天柱而下浔阳，舳舻千里而至枞阳，登临达观以眺山川。忽见大江之上乌云翻滚，浊浪排空，直扑江岸人家。随臣告以江蛟作祟，帝怒奋神勇，弯弓搭箭，遥射一支击杀恶蛟，风浪乃息。帝大悦，乃作《盛唐枞阳之歌》：

赤蛟绥，黄华盖。露夜零，昼晻濭。

百君礼，六龙位。勺椒浆，灵已醉。

灵既享，锡吉祥。芒芒极，降嘉觞。

灵殷殷，烂扬光。延寿命，永未央。

杳冥冥，塞六合，泽汪涉，辑万国。

灵禗禗，象舆轪。票然逝，旗逶蛇。

礼乐成，灵将归。讫玄德，长无衰。

自此以后，这达观之顶的射蛟台便名闻天下，吸引无数豪杰英雄和词人骚客前来凭吊感怀。宋人苏轼诗咏《射蛟浦》道：“万骑巡游遍，千帆破浪轻。射蛟江水赤，教战越人惊。”

几个少年悠悠怀古，浮想联翩，个个赋诗以纪。方以智忆及父亲也有《射蛟台》七律一首：“南狩元封汉五年，舳舻千里薄枞川。浔阳日照朱旗动，天柱云开翠盖悬。远望楚中祠古帝，作歌海上返甘泉。射蛟惟有空台在，秋色东来起暮烟。”遂将这诗诵了出来，几个朋友俱为称善。

方文道："仁植兄这诗写得雍容大气，格律工整，铿锵有力，三、四句尤其对得妙。"吴道凝却道："尾联最好。这种怀古之作最难收，姐夫这两句诗却收得自然，将故事、景物、抒情融为一体。胜迹犹在，英雄何觅？令人不由得怅惘！"

方以智道："东坡《射蛟浦》虽有气概，却乏意蕴，更无吾父襟怀。而今朝廷昏昧，国势衰微，边危日重，吾父常为之惆怅不已，彼时登这射蛟台，大人心中所思定是深叹不能起一代雄主天骄于地下，复我大汉强盛国威！"

众人皆为颔首。孙临素好击剑谈兵，此时听方以智言语，不由得激昂道："今日虽无雄才英主，但我大明人才济济，不乏卫、霍。只要朝政得清，奸佞得肃，又何愁不能扫除积弊，靖宁边氛，强盛国家？"

众人为其慷慨所感，不禁热血沸腾，放声而歌：

天马来兮从西极，经万里兮归有德。

承灵威兮障外国，涉流沙兮四夷服。

清风将他们的歌声送得很远。山下城中的人听了，遥遥指点。方以智们也不顾，自唱了个才下射蛟台，沿着岭脊到了东侧的达观亭。这亭虽建筑普通，却因与一个名人相关也很闻名。

原来宋代著名诗人和书家黄庭坚路过枞阳，爱达观山风景优美，流连数日，读书作文于达观亭中。黄庭坚虽很有名头，但方以智等人却不大瞧得起他的诗，尤其是受老师白瑜的影响，作诗追慕秦汉古风，对以黄庭坚为代表的江西派诗人那种注重诗词形式，写诗强调字有出处追求奇拗的做法很不以为然，说他讲究"夺胎换骨，点铁成金"简直是倡导抄袭。不过，这几个眼高少年，对黄庭坚的书法还是钦佩的：黄是宋书坛四大家之一，行楷草书皆有独特的风格而为世人所赞。四人便依着各自的书法爱好议论了一番。

这几人中方以智与吴道凝以才气兼多年苦练，书法已有小成。方以智取法钟王而变化于北魏，对张旭、怀素也有所继承，以行草和楷书见长。而吴道凝则偏爱草书，有李北海之风。他们虽然不过是十六七岁少年，但在邑内已有书名。这时俩人讨论便最为热烈，方以智说山谷行楷，结字内紧外松，笔法浑圆，出笔长而遒劲有力，一波三折，气势开张，昂藏有态。吴道凝却更欣赏黄庭坚草书，并举其《诸座上帖》为例，说其如何运笔圆润，奔放不羁，恣肆纵横。

争到后来，不单方文、孙临在一旁觉得有趣，方以智自己也觉得好笑，道："山谷言：作书要须年高手硬，心意闲澹，乃入微耳。作书如此，评书也该当如是，以吾二人之年轻识浅，如何评得古人大家？山谷先生若知道了，说你们这些小鬼头，适才批评吾诗，而今又胡评吾书，真是岂有此理，简直该打板子！"

几人听了，不由得哈哈大笑。眼见夕阳西下，天色已晚，方由东面觅路下山。山下有一湖，因湖中多植莲，人便称为莲湖。湖在古城东北，南通江河，被达观、凤凰、白鹤、松茂、金字诸山所环抱，水碧山青，乃古城风景最佳处。湖中除了植莲，又产鲢鱼，肥美异常，地方列为进贡上品。湖边岸畔不仅有渔家居住生活，也有供游人过客食住的客栈及饮宴游乐的台榭。一些大户人家也在湖边依山傍水建有楼阁。故其景美之外，热闹也不亚于城中，尤其夜晚，湖中游船与渔艇之灯光与岸边人家灯火相互映照，崇楼倒影，波光迷蒙，给人以如梦似幻的感觉。

十几年前方以智曾祖父去世，葬于莲湖北岸之烈马攀鞍山。为保护墓地，方家购下湖西区域为家族之产，故湖边有方家自己的船只。这晚几个少年泛舟湖中，吃着鲜鱼，饮酒赋诗，观赏景色，尽情游玩。直至夜深，那漂在湖心的船上还传出阵阵歌声。

一段时间里，方以智与其一班朋友，出游十分频繁。县内的名胜古迹游过了，朋友访过了，便浮舟过江至池阳，观九华、齐山、南溪、太子矶之胜，交朋会友，访道问学。暑夏过后入了凉秋，方以智仍乐此不疲，家里已难得见到他的身影。

孩子大了，自有他的世界，且交游对于读书人来说也是有益之事，而方以智的尊长更知其素来抱负远大，故对其喜欢交游除了诫其慎以外，并不过多干涉。但现在眼见方以智越来越热衷于此，家中便不免有些担忧，恐其沉迷其间影响学业，觉得该想想办法约束这个日益长大却心思在外的少年人。这种想法，随着一个重大变故的出现，很快便付诸了实施。

八月仲秋后，一个令人震撼的消息，由各地府州县迅速传布至乡里：是月乙卯，熹宗皇帝崩于乾清宫。丁巳，信王朱由检即位，大赦天下，以明年为崇祯元年。

这种国事的大变故，对一般民众而言，影响并不大，但对方孔炤这样因朝廷斗争而被罢官的人来说，它却是个令人振奋的政治信号：随着新帝的登基，朝廷的形势必将发生重大变化。他早闻信王素对魏忠贤及其党羽不满，而今登极定会有所行动——他猜得一点不错，甚至比他预想中还要来得快。仅仅两个月后，魏忠贤便被谪至凤阳畏罪自杀——魏阉一倒，方孔炤迟早会复出。形势如此，他须对家事作好安排，而其中主要的一件，便是方以智婚事。

虽说儿子年纪尚轻，本也可等上两年再说，但一来他希望趁自己在家把这件事办了；二来他也希望通过婚娶约束一下儿子心性。好在方以智早定有一门亲事，要办也很容易。

桐城自万历以来，仕族发达鼎盛，相互之间子弟通婚亦多。方家要娶的这位媳妇也是邑内官宦之后，原兵部侍郎潘汝桢之子潘映娄的长女，单名一个翟字，今年芳龄十五。

方以智正和一班同学少年交游很兴头，实不愿此时便有个室累。但不情愿归不情愿，他却不能违背亲长安排。于是，在他十六周岁举行冠礼之后，新娘也就在热热闹闹的婚礼中进了在陆山庄。

红烛高照的洞房内，挑开了喜盖，方以智第一次看清了他的新娘：容颜娇美，体态纤柔，坐在那里羞色满面，柔媚动人。他听说过她的一些情况，知她也颇晓诗文，品性贤淑，此时见其美丽可人，心中不由得欣喜。而那位潘小姐，闺阁中早闻将来的夫婿是个风流倜傥的才子，芳心久倾，眼前又见郎君相貌英俊，暗自欢喜不禁。两情相悦，虽说不免有些少年羞涩，新房内还是春意融融……

婚后，这对才子佳人的少年夫妻虽人前还不大好意思，但形容间却很亲密。正如家中长辈所预料的，初尝情味的方以智新婚之初，心专注在小妻子身上，果然少了学友间的应酬游玩，且言谈举止也显得比婚前稳重。这令尊长们看在眼里自是高兴。然而，也只是过了那么一阵子，他们便发觉，欲以婚姻来绾住这个年轻人的心而使其安静地待在家里，实在很难。

在新婚的好奇和情爱冲动过去之后，方以智在家里又渐渐坐不住了。他虽然还很迷恋小妻子，可又向往着外面的世界，思念着他的那些朋友们。越来越自负的他，有一种日益滋长的成就大业的欲望，令他无法安坐家中，陪伴妻子家人，他需要在家之外，寻求更多的东西……

第五章　天下狂生

水是眼波横，山是眉峰聚。欲问行人去哪边，眉眼盈盈处。
才始送春归，又送君归去。若到江南赶上春，千万和春住。

方以智正捧着一卷书，沿着花径边走边看，忽听有吟咏声，隔着树丛望去，见是自己的三个妹妹和妻子在庚月亭中。

他正欲过去，却听妻子潘翟在那里笑道："哎哟，方大小姐，爱春惜春也不至于这样吧？何苦呢，把那词儿都念烂了！况且，行人不远，郎君才走了不几日呢。"说罢，朝二姑娘方子瑛直挤眼睛。

方子瑛悟了过来，扳着指头道："待我算算。四……五，是呀，姐！孙哥哥离去才只有五天呢。"

方子跃指着妹妹喝道："你这小鬼头，也跟着乱嚼舌头！"又脸红红地看着潘翟，"本姑娘才不会那般缠绵呢。倒是有人呀，怕不是整日在肚中念首词呢。"

方子瑛调皮又好奇，忙接过姐姐的话问道："嫂嫂成大念哪首词？姐快道来听听！"

方子跃道："你小丫头不合听这词，我只念给嫂嫂一人听。"她见潘翟紧张地望着自己，不禁得意，假意对着手中书看了看，然后朗声诵了起来。“春日宴。绿酒一杯歌一遍。再拜陈三愿……”她丢掉手中的书，做出祈祷的样子，拉着腔调：“一愿郎君千岁——二愿妾身常健——三愿如同梁上燕，岁岁长相见！”

潘翟羞急，要过去拧她，俩人笑闹成一团。

方以智见状，不由得欣然，走过去道：“好词啊，好词！唱作俱佳，好得很，妙极了！”

他这般说，显是听了去。潘翟不禁羞红了脸。方子跃笑嘻嘻的，却也有点不好意思，不知哥哥可曾听见前面的。正想着，不想那小妹过来拉着哥哥：“大哥，这首词也没什么好，大姐头里念的王观词才好听呢！”

方子跃狠狠地瞪了小妹一眼，惹得潘翟和二姑娘齐声笑了起来。

方以智连连点头，道：“小妹说得对，那首更好！不然你大姐如何会反复吟咏呢。”

王观的《卜算子》写得生动新颖，念来朗朗上口，确是词中一篇佳作，历来为人喜爱。但这词只是送友兼惜春之作，非关男女情爱，为何先是潘翟继而方以智却都来打趣方子跃呢？其中却有一段缘故，事关方以智的好友孙临。

孙临不但人物俊秀，风度翩翩，且才藻美赡，善言谈，晓声伎，吹箫度曲。他少有壮志，好习武谈兵，是一个文武兼修豪迈不群的年轻人。他常到在陆山庄来，与方家大小姐方子跃相识后互生爱意。方以智知晓后，在父亲姑母面前全力替他们撮合，两个长辈俱应允了。前几日孙临来庄盘桓后，动身去兄孙晋处央其出面提亲。走了几日，方子跃心中挂念，当此暮春之景情有所感，不觉将王观《卜算子》反复吟咏，而为兄嫂发觉。

方子跃见兄长也来开玩笑，有些难为情。一跺莲足，佯怒娇嗔道：“做兄嫂的合起来欺负妹妹，我告诉姑妈去。”嘴上虽这样说，足却未挪半步。

方以智大笑，走到妹妹身旁悄声道：“我知你心事，你不用担心，为兄敢保不久孙家就会来下聘，就拿这话赔礼如何？”

方子跃不由得扑哧一笑，心中只觉暖暖甜甜的。

这时却听有人叫着“大哥”，随即跑来一个十岁左右的披发少年。瞥见众人都在，嘟着嘴道：“你们都在这里，有么好玩事儿，也不喊我？”

最小的姑娘告诉他：“小弟，我们在看书呢，没有玩。”

这少年乃是随大姑方孟式生活的方其义，他随姑妈返乡参加哥哥的婚礼后，便未再回去。这时听说哥姐没有撇下他玩儿，才想起事来：“来了几位哥哥，在前厅候着呢。”

方以智到了前面，见是学中友人赵相如、范世鉴、陈焯。三人皆是力学之人，在年轻一辈中俱有声名，因素来钦佩方以智博学多艺，敬为益友，这日又来访谈。

几人就新近学习中的问题讲论了一阵，时已近午。潘翟命家人送来了酒菜，方其义也来陪几个哥哥。他今年才十岁，但席间持箸举杯让客，很有礼数。范世鉴等不由得赞叹，又知其与乃兄一样习文练武，志趣不凡，愈羡方家多有英才。感触之际，不由得慨然酬酒论起平生志向来。

范世鉴告诉大家，其生平最大心愿是能穿穴六经，对汉宋诸儒曲解圣贤之旨、混淆儒学本来面目的谬论予以驳正，为免治学误人歧途尽份心力。这自是一种极有意义且任重道远的工作，众人深为敬佩。赵、陈二人则豪情风发，欲凭胸中所学，像邑中名宦先贤一样，报效国家，建功立业。

方以智才学最丰，素有远志，这是大家知道的，但此刻的想法却有些出乎众人意料。

他表示：他要勉力著述，传道授业，追踪大家名儒而为一代学者。这一点，朋友们毫无讶异且以为必然——事实上，方以智已在撰写一部注释《周礼》的著作。弱冠之年便已著述，将来之成就又有何疑？但他的另一种思想表露，却令大家惊讶：方以智虽不乏豪杰之志，有意天下，却不愿入仕，欲效善谋划建奇策而又高蹈持节的战国齐人鲁仲连，智慧用世而无意于富贵功名场中。

以方以智之才能家世，在朋友们的感觉里，其将来必蹈父祖之踵出仕入宦，展奇志而为一代名臣，却想不到他竟将鲁仲连作了人生的楷模！这令朋友们敬重感叹之余，对其胸襟志节也有了新认识。

春过夏至，天渐渐热了起来，不久便进入了盛夏。这个时候，一般人尽量都呆在家中避暑不外出，可为着著述勉强捺在家中数月的方以智，却还是忍不住，约着方文去了枞阳。

六月的枞阳，有一道很靓丽的风景，便是那莲湖里满湖盛开的荷花。为此而来的二方也不进城，舟由河湖相通处直入湖中。放眼瞩望，但见碧水澄波之上，团叶亭亭漫遮湖面，绿水翠叶之间，千千万万朵粉红雪白的荷花，随风摇曳，娇艳地绽放，空气中充溢浮荡着阵阵沁人心脾的花叶清香。俩人置身其中，心情倍感愉悦，连那袭舟的暑热也浑未感觉。反是舟子苦热，熬了一阵，便将船划至突入湖中的山脚下，寻那岩影树荫处避热。不想天公作美，不久黑云遮了天空，一会便下起雨来。那雨不大不小，洋洋洒洒，打在湖面的荷叶上，发出叮咚之声，宛如弦拨。

二方齐呼大妙，要船家将舟撑至湖中央去听“琴”。听了一会儿，那雨也渐渐停了。此时，暑热尽除，空气极是凉爽清新。湖中的花叶经那雨水洗浴，更加明净精神，翠绿红白，洁润如玉，连那倘叶上的雨珠也分外晶莹可爱。俩人目观丽景，呼吸清香，气爽神怡，只觉俗念全消，靠在船边谈论些王冕为何专爱画没骨朵之画、周敦颐为何钟情于莲的感悟，久久不舍离去。

次日，在枞川会馆歇了一晚的他们，游兴未尽，又轻舟直下金陵，在六朝古都一游数月，直到晚秋时才恋恋不舍地返棹归乡，途中还去采石矶李白祠墓前凭吊了一番。

此后至年底，方以智倒是没有怎么再出门。刚在外面游了一圈，当然不好意思再往外跑，此外也还有原因：一是他年轻的妻子已有身孕，希望丈夫能守在身边；二是他的父亲已被朝廷重新起用为兵部职方郎中，赴京任职。他不但要照料家事，还要给幼弟授课，同时还有自己的著述工作，实是有些忙碌。

除夕夜晚，忙完了诸事，他在书房整理文稿，见与文友们会酬的诗赋文章写了不少，而拖了一年的《周礼》注释却没有完成，颇觉惭愧，写诗自警自励道：“十八年来经未明，年年作赋慕虚名。长江杖策惭孙子，宣室奇才让贾生。垂暮寒风吹故岁，调箫午夜动春生。明朝愁饮屠苏酒，元旦携书郭外行。”决心要安下心来读书治学，但仅仅隔了几个时辰，他就变卦了。初一与朋友们饮酒赋诗，他又这样宣称：“少壮儿时能起舞，何为空坐食胶牙?”

他生有异禀，少有大志，又在家传师教中学得一身本事，诸凡经史百家、文章辞赋、阴阳象数、天官望气、律吕兵法无一不通，可谓文武双全，常以孙策、贯谊自比，才入十九岁，便有建功立业的紧迫感。他从未放弃治学目标，却又不甘于守在乡里默默读书，而是希望在广泛的交游中历练自己，结交奇人异士。他诗中所谓“男儿贵结交”“安居岂能成豪杰”，便是这意思。故他年前年后的思想反复，也可理解。但遗憾的是，他这时身边的情况，让心关“起舞”的他，还只能“空坐”：先是女儿方御出世，接着曾祖母病殁祖父庐墓，这些事务牵累令内心骚动不宁欲远出交游的他，不得不仍守在故里。无奈之际，他也只好继续在家里“食胶牙”，完成已让他惭愧不好意思的《周礼注》及另一部著述《史汉释诂》。

对于史书，方以智最推崇《史记》《汉书》。他认为司马迁“善序事理，辨而不华，质而不俚，其文直，其事核”；而《汉书》“洽通典重，议论颇不诡于圣人”。“六经下有左国，而史汉遂为高古绝伦。下此自不逮矣。”既这般推重，个人文风章法受其影响不说，他也不满历代诸家对两书的注释，以为多有杂厝不当、偏离古义之误。故他汇集《史记》《汉书》章句，重新注释而成著，名为《史汉释诂》。这书是去年冬季开始撰写的，有一个大概的草稿，上半年他在继续注《周礼》的同时对之加以修改完善。

秋天里，方以智还完成了另一件令所有人都为之好奇而又钦佩不已的工作。

还是酷暑的时候，一段时间里，家里人发觉方以智整日几乎什么事儿都不干，除了偶尔去家中藏书房找出几本书来翻翻，总是独自在那儿静思默想。大家都不免奇怪，因他是爱热闹之人，平常无事总要找家里人去谈论谈论，说说话，不愿一个人独处闷坐；再者，因为嗜学，他是每天手不释卷的。现在是怎么回事呢？去问他，他也不肯说，还要人不要打扰他。这样过了一些天，大家又见他成天在那里笔画尺算着什么，瞧瞧像工匠师在画设计图。问他还是不说，让大家越发纳闷好奇。

暑天一过，他让管家找来了木铁匠师，在庄里开了个工场，每日里炉火熊熊，乒乒乓乓打造。他除了一天三顿饭，其余时间都在工场上督造。家里人至此方知这方大公子竟是欲制造什么。那一边工场里忙忙碌碌，这一边家人都在猜测那究竟是在制作什么——几乎人人都去工场里看过，对着那些奇奇怪怪的零件和组装，谁也说不上来个道道儿，只好耐心等待。

终于有一天，制作完成了，庄里的人也终于见识了那制作物的庐山面目：却是一只体形硕大的木制物事，有首有足，状似牛马而不太像，威风凛凛地立在那里。众人围观议论，大是新奇。

方其义兴奋地将那物看看摸摸，问道："大哥，这木畜叫甚名字，造来何用?"

哥哥并未回答，姐姐方子瑛道："小弟傻呢，这还要问，观此物状如牛马，想必是大哥见庄中牲口不够用，造来驮物运货的。"言罢不禁格格娇笑。众人也都笑了起来。

不想那设计者却一脸嘚瑟地道："二妹猜得一点不差，此物正是用来运送东西的，称作'木牛流马'"。

众人听了迷惑。姑母方维仪猛然醒悟："难道是当年诸葛孔明所造之木牛流马?"

方以智自豪地颔首："姑妈说的正是。"

他吩咐众人让开，在那木畜身上搬弄了几下，只听那木畜体内一阵吱吱响动，接着便四足迈动，行走了起来。瞧得众人目眩神移，口张了合不起来，直到那木兽走了一会儿停了下来，才纷纷叫起好来，对这位设计者敬佩如神。

三国之时，诸葛亮曾造木牛流马运送粮草。千载以下，心慕而欲复制者无数，却无一人能仿造出。不想方以智自随老师王宣学习物理后，不但颇有心得，且自此对物理钻研益发癖好，平日除随时搜集资料，也喜欢动手做些实验。今年暑中偶尔阅及诸葛木牛流马之事，遂生复制之念，终凭着他的物理知识和绝顶的聪明智慧，制作了出来。令家人大开眼界，叫绝赞叹不已——实在说来，在这样神奇匪夷所思的制作面前，世人谁不为之惊叹钦佩？

这年十月份前后，方以智之父接连从京中寄回数封家书，言处境困窘，意欲乞求告归。不久之后方以智去府中查看邸报，果见有“十月十七日奉旨，方孔炤准给候补，该部知道”则讯。全家人为之喜忧参半。

方孔炤起官不过年余，为何就要告假归乡呢？其中自有缘故。

自万历以来，朝政久乱，国势日衰，边氛不宁。崇祯帝即位后，力图拨乱整治，维新振兴，而整肃军务即是一个重要方面。

方孔炤是忠国之臣，又感戴皇帝起用之恩，上任伊始便肆力整顿，以清债帅汰冗员、肃风纪振士心、荐举真材良将戍边卫塞为己任。恰逢堂官王洽也是伉直大臣，方孔炤在其支持下，半年时间内，清查张令等三十位依附阉党和贿赂买官的总兵将领，处以革职勘问。又汰除百余名冗员武官，并呈文奏请将魏忠贤借军功之赏，而给世袭锦衣百户七十余人以及明军宁锦大捷时，京中文武百官被赏军功者，尽行裁革追夺。牵涉之广，力度之大，固于整军影响极大，也因此树了很大对立面，招致怨谤日多。崇祯是个耳软多疑的皇帝，听了些谗言，对方孔炤的看法便有改变。这时又发生了蓟辽总督袁崇焕要起用昔日在蓟称病告退的将领王威之事，作为具体负责的官员，方孔炤因不满王威人品而不愿题注。这令崇祯甚是不满，以“大将关系封疆还当专论才略”令兵部确议具奏，将他晾在一边。

上有日益不满的皇帝，下有众多的怨恨者，方孔炤的处境自是窘迫困难，思来想去，只好上疏要求补外任。朝廷马上同意，面子上还让他优陞京秩，任南京候补尚宝司卿，实际是让他靠边赋闲了。

不能为革除时弊再出力，方孔炤郁闷之际，只好把效国希望放在向来期望极大的长子身上，盼其能尽快应举入仕。但自视很高的方以智虽有多种爱好追求，独偏偏对应举入仕没有兴趣，因为他既讨厌八股制义的枯燥，又不愿入宦途，所选择的是依自己的性情自负，广结豪士侠客以奇人异士之行遇时以沛天下的道路。

不过，经过父子二人一番谈话后，结果还是儿子遵从了父亲的意愿。方以智对父亲极敬重，天性又极孝顺，自不会在任何事情上违拗父亲。但他答应父亲，也有受其言语心情影响的缘故。

他父亲在希望他应举出仕时，并未说什么功名富贵光宗耀祖之类话，只是感慨朝廷国家的弊乱积重难返、边患日趋危重，急需更多的有识忠贞之士挺身而出，为国分忧。而他们方家忠孝立身，又世受国恩，任何时候都应以社稷苍生为念，尽忠报国。这些言语在他的心中激起了波澜，也引起了共鸣——他们父子身上流淌着一样的忠国忧民之血：不久前，他在南京听到大清兵入关掳掠地方京城告警的消息时，也是忧愤不已，恨不能勒马疆场挥戈杀敌！因而他能理解父亲的心情，并接受了这样的观点：经世报国虽途径众多，但以入仕干政更为现实便捷。

虽答应了父亲，但他还有自己的想法条件，要乃父允准："从此以往，以五年毕辞赋之堂奥，以十年建事功于朝，再以十五年穷经论史，考察古今，年五十，则专心学《易》。"

入仕前，他要用若干时间，先在文坛占有一席地位；宦途事功以十年为限，此后他要努力成为一个治学有成的学者；而晚年则要追比圣贤，研发弥纶天地的大道理。

面对这般豪情壮志的儿子，除了满心爱怜，方孔炤也实在说不出什么。为了让儿子有一个更好的学习生活环境，他在县城城南河畔，建造了一处新宅第，作为其家居读书之所。

这新第构思别致，内有天然土岗池塘，楼台亭阁便傍绕岗池而建，杂以花木，颇有园林之趣，因临河取名“泽园”。

泽园环境如此，方以智携妻小入住，初时自也高高兴兴。可时间一长，他就觉得不快活了——他是奉父命闭关读书准备应举的，闭门谢客虽做不到，却不能常往外跑，至于远足出行那更是被禁了。没有交游的日子，有何乐趣？何况还要整日面对那些面目可憎的制义八股！

幸好，还有周岐、孙临、方文、吴道凝、白瑀（白瑜子）等一班社中好友，不时能来泽园相聚，使他枯闷的闭关生活有些调剂，心情得到些改善。此外，此时还有一位关系亲密者钱秉镫，只要到县城，也必至泽园看望。

这钱秉镫，非但才学丰盈，且少有志节，胆识过人。他素慕方氏家学门风，一日径去白鹿山庄拜谒。方孔炤见其才识卓莹，甚为赏识爱惜，待如子侄。钱秉镫小方以智一岁，自此敬方以智为兄。

每当这些关系亲密的好友来到泽园，平日寂静的泽园便如过节般热闹起来。众人赋诗讲学谈古论今，连日竟夜。酒酣耳热之际，这些抱负不凡的才子豪杰，往往感慨悲歌至半夜。有时聚饮城中意气风发，也照样歌于酒楼之上和街市之中，旁若无人，闻见者皆谓之狂生。他们也不以为忤，受之忻然。方以智十五岁登府城南楼，便赋诗“独我狂生衣敝褐，登楼空抱仲宣怀”，以狂生自居，今听人呼之，非但有迟闻之憾，抑且有不足之感，故有一次与诸人月夜游龙眠，谈到别人不理解他们的狂放时，他还是对之作了充实更正。

他对众友道：“李青莲云：‘天生我材必有用’，想古来伟人才杰俱是这般心理。奇器英才，必生大志而有异行。然其志未申，人不解而有燕雀之见，以为骄狂自大不知自克——其实那般小人俗者又如何能入得其眼，而肯与之虚委？而当其志已达，处高俯瞰，愈觉难有匹敌知音，不免寂寞孤伤。至于生不逢时，其志难申，更不免愤郁悲凉纠纠难去。

要之，真才子大英雄，以才高天下而志在天下，又以才鲜天下而小天下，小天下则必自异于天下，以致我自寂悲，而世亦讽讽。即如我等，虽各抱才志愿济天下，然乡间孤陋如何知晓？且被目为狂生。狂者，狷也、介也、才也、志也，吾觉这称谓实在宜妙！想当年嵇康、阮籍、米南宫谁不被世人目为狂者？不过彼辈才也不过尔尔，博个‘狂生’也可意足。但以吾等而论，这仅仅‘狂生’二字便不算妥切。吾意须当再添上两个字儿方为准确。”

众人被他一番言语说得如同连浮大白般热乎兴奋，道：“哪两个字儿？快快说来！”

方以智转过身去，目注月色中的茫茫苍穹和大地，意气风发地道：“须当加上‘天下’二字，吾等乃天下狂生！”

众人听了，不由得热血沸腾，豪情万丈，一齐向着山林举臂呼喊：

“吾乃天下狂生！天下狂生！天下狂生……”

第六章 游历东南

崇祯四年初秋，以古稀之年哀毁庐墓的方大镇，因孺泣伤心过度，未及禫而卒，葬于小龙山，其子方孔炤亦服丧庐墓于侧。那一段时间，作为家中唯一成年的男子，方以智于哀伤之中，处理丧事，慰藉祖母父亲，极是忙碌了一阵子。

九月中，他家中来了一位远客，此人乃昔日在福宁时结识的福安人刘中藻。这人倜傥有大志，又雅好山水，尝浪游燕齐吴越。方以智对他很钦羡，称为“远游才子”，同时也被他勾起了远游之思，甚至想干脆与刘中藻外出同游，在诗中说“我欲从君披褐游江湖，何为乡里徒蹉跎?”

想是这样想，但这时祖父新丧，父亲庐墓哀伤不禁，他怎敢轻易离家？故送走刘中藻后，捺着心思遵父嘱抄录整理祖父的著作手稿，以便后来刊刻。

自方学渐以理学立世，开启家门学风后，方家几代人均致力于学，多有成果著述。方学渐自己著有《性善绎》《桐川语》《桐彝迩训》《心学宗》《易蠡》《孝经绎》《崇实会纪》等十数种书。迨至方大镇荷承父志学绪，于居官之闲及致仕后，著述《宁澹语》《宁澹居文集》《荷薪义》《诗书礼说》《易意》《荷薪别集》《居敬论》《野同语》等理学易学文集数十卷，除小部分已刊印外，多稿尚存箧中。

这次抄录整理，对方以智来说是一次很重要的了解家学的学习过程。他发现祖父在继承曾祖学问学风的同时，更偏重于以朱熹的理论来纠王阳明心学之弊，故其对于读书明理倡导实学的态度尤为鲜明坚定。此外，祖父著作中关于本体与功夫、道与器、道与艺这些重要问题的见解认识，尤其是在人生修养读书治学上所显示的“中和”“好学”“求实”的思想态度，“费隐”“虚实”“博约”“统细”等辩证认识方法，也给了方以智很深印象和很大启发，坚定了他以实学考究为治学目标的想法。

这项工作自不是短期能完成。所以，到冬十一月里，不知是因故还是一年多未出邑门闷不过，方以智不顾雨雪天寒，竟乘船下江至太平府芜湖，拜望在南都结识的南京户部主事周镳后，又由旧识张明弼陪同着，去造访一个早已慕名的人物。

这人乃当地诸生，姓沈名士柱，在皖南一带颇有才名，与宣城沈寿民、贵池吴应箕以及泾县万应隆等人倡导文会，结为南社，联络同道，会文励志。方以智近年出游邑外，曾结识沈寿民、吴应箕，闻沈士柱之名，既来芜湖焉能不访？

沈士柱也早听说上江方以智卓越不凡，又见其不矜身份雪天远道相访，甚是感佩。及至留饮酬谈，方以智的才情风度更让他心折。

沈士柱这人有个特点，平常与人交际恭恭谦谦，话也不太多，表现并不突出。但一旦饮酒之后，情绪高炽，则议论风发。这日也是如此，起先三人漫谈些文学之事，他的话尚不多，后来转到文坛社会这个题目上来，这时他已酒酣便纵谈起来。方、张二人虽偶尔插言，但大部分时间作了热心听众，听他谈论。

万历末至天启间，受东林结会讲学的影响，文坛儒林结社成风。较著名的有江北南社、中州端社、莱阳邑社、浙东超社、浙西庄社、武林读书社、黄州质社、江南应社等。这些文社虽有一定的影响，但对外封闭，与其他社会之间没有联系，只是各自风行一方。到了天启末崇祯初，情形开始变化，先是贵池人吴应箕联络七郡十三子会文，成立了一个跨地域的文会匡社，继而太仓儒生张溥张采凭借出色的协调能力，联结上江之徽宁池太、淮扬之庐凤、越之宁绍金等地名士，将匡社南社等一些有名文社皆纳入到应社之中。及至今岁，又出现了重大变化，二张举应社而并入刚创不久的吴中复社，使复社之名陡然高扬起来。

原来，复社是在吴江县令熊开元的倡议下，由儒生孙淳等四人所创，主张尊经复古学，反对文坛儒林中的诋经弃学的流弊及浅薄艰涩的文风。有见识的张溥张采既看重复社为地方官所支持，又因其宗旨主张很有号召力，易吸引人附丽，遂毅然将二社合并，擎起了复社的旗帜，而他们自也成了复社的领袖……

沈士柱滔滔不绝叙论会社的始末变化，方以智和张明弼听得皆是入神。社、会之事本就为文士儒生所重视，而沈士柱因是南社负责人之一，参与了这会社集合中的一些活动，对内部情况很了解，说来具体而清楚，方张二人也愿听爱听，兴趣盎然。几人饮谈至夜不倦，也不觉严冬寒冷。

方以智早有志于文坛，在听了沈士柱详说后，颇多感思。回家后，尚不时想起沈士柱所言的一些社事情形，因之愈有远出游历之思。待至次年夏，长子中德出世，庐墓的父亲也从哀伤中恢复过来，开始撰写酝酿多年的《周易时论》。于是他不再迟疑，将家事略作安排后便载籍出游。

夏末之时，泛舟而下的方以智到了金陵，与寓居在那里的友人沈寿民相会。沈寿民与吴越浙等地的社团颇有交往，方以智从他那里了解有关情况后，于新秋时入吴至苏州。

苏州乃春秋时吴国都城，历史悠久，但其繁华则始于五代吴越国时期。自明嘉靖以来，不仅工商百业兴旺，也是文化发达之乡。近数十年间名士辈出，文徵明、唐寅、祝允明、徐祯卿等才子名家，文章书画享誉海内。方以智至苏州后第一个拜访对象，即是文徵明的曾孙文震孟。

文震孟弱冠之年便以《春秋》举于乡，天启二年殿试第一，崇祯初为经筵日讲官，因忤权臣而归隐乡里。他素日在朝中与方孔炤声气相通，关系很好，此时其子来拜谒，自是高兴，接触后又见其才华超群，年纪轻轻便已学有所成表现不凡，惊叹爱敬之下，人前人后对方以智极是赞叹。他名重一方，如此赞许推重一个青年，遂引得一些怀着爱才、好奇、不服气诸般心理的人纷来相访。

这吴会之人自江南四大才子名扬海内后，极是敬重才学之人。但同时也有了一个毛病：以为天下文章才子只在吾处，把他方的文人不大放在眼里。听说上江来的方以智才学如何如何，人多有不相信不服气的，欲来看看比比。不想这次却受了一番教育：这方以智虽才二十出头，却六艺皆能，博学多才，风雅无双，令来访的文士学子惭愧叹服不已。回去转与朋友熟人议论，一时间方以智之名在苏州不胫而走，前来拜会者络绎不绝。文震孟在给方以智的诗歌集《博依集》题序中状叹道："……吴会诸名人咸延颈愿交，长老先生亦皆折行辈称小友，唯恐不当也，名噪吴会间籍甚。"

方以智在苏州出名，与文震孟的推重不无关系，但主要还是靠自己的才学折服了吴会文坛。当他在长洲向另一位父执、儒林名宿陈仁锡问学求教时，陈仁锡在为方以智文集《稽古堂初集》题序中这样赞颂道：

“天生才不易，以吾所见，妙年博洽，深通古今者未有也。今见皖江方密之是其人也！余读所著诗古文辞，已累数百万言。志在经史，言论古雅，诚廓庙之重器乎！及语及当世之务，则又慷慨激烈，切于事情……”

陈仁锡是经史名家，讲求经济实学，著述丰富，四方从学者甚众，在文坛儒林声名很大。以他之学识眼光，如此推许方以智，固有奖励后进之意，也实是爱敬其才而由衷赞叹。

这是才华横溢学识渊博二十二岁的方以智第一次在邑外文化发达之域得到肯定和赞扬。他为之兴奋不已，感到了一种久已渴望的成名喜悦和激动。怀着这种心情，他又赴府北的常熟虞山，拜谒前礼部侍郎钱谦益，在得到这位虞山宗伯的谆谆嘉勉后，接着又至谢桥拜会了复社核心人物之一的杨廷枢。

杨廷枢对方以智的才名早有所闻，也听到了其名动吴会的消息，这样的才俊他不仅愿结交，也颇欲其能成为复社同道——以方以智之能及其日渐崛起的声名，若加入复社，日后必会成为复社有影响的中坚力量。然而，方以智虽表现出对复社很有兴趣，交谈中对社中人事活动也多所询问，可当日直至返回借宿的寺中之前，却并没有流露愿入社的意思。

杨廷枢锲而不舍，次日又招饮方以智。这天他没邀其他人，只有几个门人于席作陪。席间谈论文学之际，他便直接征询方以智的意见，问道：“密之兄英姿高才，不知可有意与我等一道，奋力复兴古学？”

方以智少年时颇有交结豪客以乘会建功之念，近年觉其不现实，遂转向寻求志同道合的同志以结党干政，复社这样影响日益扩大的团体对他而言，自是越来越感兴趣的对象，而且复社作为文社，其复兴古学的治学宗旨，也与他受之白瑜的师门文风相合。只因他思想上还有所顾虑，故目前尚在犹豫，此刻听了杨廷枢之言，沉吟一会儿，便坦诚以告。

“附丽名流大家而兴古学，固末学之所愿耳。只是弟尚有狂愚之见，以为聚会结社不可止重会文倡学而不讲求品修。所谓道不同不相为谋。更有重者，吾辈读书治学，本为的是修身明道济世，即如东林诸前辈所倡那样，治学不忘国家，唯此方能砥砺人心，实践圣贤教诲而有益于天下。”

杨廷枢闻言大喜，推杯鼓掌道：“妙哉钦哉！密之果识志不凡之豪杰也！所谓英雄所见略同，君之所言，正吾社当下所思所拟行之事，只是酝酿不久，知者不多。”当下，便把一些内里情况向方以智介绍。

原来复社几个核心人物张溥、张采、杨廷枢、吴昌时等人眼见复社规模影响日益扩大，雄心渐勃。几人去年上京会试，朝中一些官员见复社已有气候，也很关注拉拢他们。张杨诸人至此愈加觉得必须要改造复社，使这个文会组织继承东林传统，成为能影响朝政和国家政治的党派团体，其具体措施正如方以智所期望的那样，对内重视成员品修声气，新制盟戒：“毋蹈匪彝，毋读非圣书，毋违老成人，毋矜己长，毋形彼短，毋巧言乱政，毋干进辱身。嗣今以往，犯者小用谏，大则摈，既布天下皆遵而守之。”定各郡邑选一人负责，专司纠弹要约；而对外则承东林精神，主持清议，讽谏朝政，品评人物，以扩大影响于世。

叙完这些，他接着道：“方今国家弊乱丛生，内忧外患难除，而朝廷中不仅有奸佞当权，往昔阉党也欲东山再起，朝中已数次出现疏荐阉党余孽之事。当此之际，正需像兄台这样才识之士，高举复社大旗，接武东林，号召士子同仁掊击时弊，批挞不道，鼓吹清明之治，以为朝廷直士忠臣之声援！兄台尚欲推辞乎？”

方以智本东林之后，听杨廷枢细说社情朝势，心情昂奋，再无犹豫，道："若如斯，弟虽浅薄不才，今而后也定当追随诸君为复社事业摇旗呐喊，执戟操戈，一往无悔！"

金风送爽，桂子飘香。仲秋时节，方以智飘然而至杭州。

杭州是名都会，文坛风雅之事自也不后于人。多年前，会社之风始起，杭城士人便成立了一个读书社。复社崛起后，读书社也投其麾下。这读书社内聚集着一群在武林一带有影响的文士儒生，名声较著的有闻启祥、陈梁、吴思穆、张元、冯延年诸人。方以智自在常熟同杨廷枢畅谈后，已俨然以复社干将自居，故到杭州后，相交游的主要便是读书社这一班人，与之讲学论文，品议世事，览胜怡情，很是欢畅。

这日陈梁与读书社十数儒生集于西湖画舫之上，相伴方以智游湖。西湖秀美，天下无双，众人随那画舫于断桥苏堤各处泛游观赏。时值仲秋，湖中红绿莲荷尚未尽谢，游艇画舫载仕女游人荡漾其间，衬以湖畔青山绿柳，甚是悦目。之后众人驻足孤山，游孤山寺，拜和靖墓，登放鹤亭。

宋时有处士林逋隐居孤山，植梅养鹤为伴，后人因建放鹤亭以纪念。那亭因年久失修斑驳不堪，陈梁诸人乃议集资修缮，方以智慨然出金相助。一干人迷于西湖景色，又欲使方以智浏览尽兴，久久未归，夜晚尚在孤山下的水边眺望月夜湖景，谈论古今，饮酒赋诗。

方以智酒酣情兴，适值一艘红灯挑悬的画舫载着琴歌声从一旁悠悠而过，窗口中露出一二螓首娇恣的美人身影，他不觉心动，遂口咏一绝："露冷芙蓉色不红，孤山无限老梧桐。当时油壁车前路，犹在西陵风雨中。"

他是由那舫上美人联想到昔日名伎苏小小，兴起感触。苏小小是南齐时钱塘乐伎，能诗善曲，才色倾动一时。后在西陵相遇一骑马少年阮郁，二人钟情相誓，结为伴侣。后人因感其才情，遂于西泠桥畔为之建墓。苏小小事乃才女名伎追求爱情之著名故实，方以智既神往当年西泠相誓，怅佳人不再，复也有沧桑变幻之叹。

他这里方才吟罢，便听不远处有人赞道："好诗，好诗！情景交融，情真意切，意味幽远……是哪位风雅朋友在此?"一头说着一头已走近来，一行却是四众。

陈梁看清最前面的人，兴奋地招呼："卧子兄，是我等在此！"

微明的月光下，方以智见那被呼作卧子兄的年轻儒生，宽袖飘飘，面带爽朗的笑容，眉宇间颇有一股英豪之气。

陈梁拉着方以智道："密之，我来给你引见几位有名的朋友。这位卧子兄，姓陈名子龙，松江名士，这几位是周立勋、徐孚远、顾开雍，皆是云间才学之士。"又对陈子龙诸人介绍，"这位是上江桐城方密之，博学奇才，便是适才吟咏者。"

陈子龙闻言甚为惊喜。道："原来是密之兄！弟素日在南京即闻兄高才大名，不胜仰慕，岂意在此幸会！来来，让我先敬你几杯！"不由分说，拉着方以智干起杯来。

方以智在杨廷枢介绍各地会社人物时听说过陈子龙，知他才识不凡，有经世大志，喜纵横之术，与同郡夏允彝、杜麟徵、彭宾、李雯以及此刻在场的徐孚远、周立勋、顾开雍等人共创响应复社的几社，在云间一带颇有影响，此时又见陈子龙为人豪爽，极对自己脾胃，不由得欣喜。俩人一边谈论，一边豪情对饮放杯，直至夜深有了醉意方作别。

次日，陈子龙独自来会方以智。他比方以智大四岁，但俩人相近之处颇多：一样地性格豪放，喜爱交友；一样地富有才华，志向不凡；治学文章的态度风格也差不多地重视实学经济，崇朴尚古。因此二人在湖中一见即十分投缘，互有交结之心，约了次日再聚。

昨夜湖上，限于环境时间而无法酣谈，此时在方以智下榻处，二人品茗漫话，从生平友好、治学文章、天下之事以及各自的志向抱负，莫不细叙纵谈，不仅加深了彼此了解，也从对方言论中多所获益，惺惜爱敬之际，视对方为人生难得之良朋益友，自此订交。

他们都很重视这份珍贵的友情，不舍分别。陈子龙希望方以智能到他的故乡去，以图再聚。方以智此时刚得家信，因明年科考，年前督学使者要至府中考试各县诸生，选文学优异者进为乡试生员，父亲嘱他早归以免耽误。故他原拟再走访山阴藏书丰富的祁氏淡生堂后即束装归去，然此时却为着刚订交的盟兄而放弃了原先计划，准备去松江。

菊花盛开时，怀着“湖海秋同知己深”的心情，离开杭州的方以智，经嘉兴结识陈恂、沈嗣选、钱棻、魏学濂、徐天麟、蔡士奎等一班籍在复社的嘉禾文士后，行车径抵云间，陈子龙早已扫径以待，见其如约而至极是高兴。这一番相会光景自不同于前番杭州客中，俩人绸缪亲密，情感益深。陈子龙还带方以智至华亭上海等处，将其介绍给夏允彝、李雯等人。

夏允彝在松江一带与陈子龙齐名，为人果敢沉毅有识见。而李雯善诗文，好古负才。方以智在与他们的接触中发现，以陈子龙、夏允彝为核心的几社，有一些显著不同于其他文社的特点：几社取友甚严，非师生子弟不准入社，门户甚紧；而其创立者陈子龙、夏允彝、李雯、顾开雍、徐孚远、周立勋、杜麟趾等，俱是真才实学者。他看了几社这年所选的六子之文，不但古文辞精妙，其中的制策更可看出作者精通经史，对经济民生以及国家治理颇有研究见识，是平日所见只知雕词琢句无病呻吟的八股文章之士所无法相比的。

他对此颇有感受。他不太赞成几社这种门户紧严的做法，觉得它过于封闭保守；但对于几社诸子的才学，却很敬佩。故眼界极高的他，一路游来，只是到了此际，才由衷地发出赞叹：

尝言天下无才子，唯向云间见古人。
家挟风霜开汉魏，策成草野叹齐秦。
知音高调惊沧海，作客虚名劳暮尘。
慷慨只今正多事，岂徒白虎校书臣。

而在被赞叹的诸子那边，感受也差不多。云间这一班才子，平日甚为自负，很少信服于人。但现在面对年轻而博学多才的方以智，他们不能不真心佩服，感其英才不凡。其中李雯负才好古，向来意气傲岸不可一世。方以智初访之夜，他随便地披着衣，将客人领至厨房，一面命家人打火做饭，一面在那油烟满屋中靠着梁柱与方以智论说《离骚》。看上去不拘礼俗，实也显着对对方并不重视。一篇《离骚》谈下来，他见对方见解精妙，态度才稍有转变；随后进一步接触，眼见方以智于诸艺无所不通无所不能，这才收起狂傲之态，生出敬意。

一次方以智与陈子龙谈论，为陈子龙衍解河图洛书之秘，又传授木牛制作之法。李雯在一旁听了，不由得震愕。《易》是中华文化中思想智慧最为高深的学问，学者非有数十年的治学功力不敢轻易涉足，更遑论有所得了，连孔子也是到了五六十岁方《学易》《传易》。想不到弱冠之年的方以智非但浸润其中，且已窥其门径。至于诸葛孔明的木牛制法更是绝世之艺，这个方以智竟也能复制出来！在这样的人面前，李雯再自负狂傲，也不能不为其所折服。方以智离开时他赠诗道："知君桂楫下钱塘，赠我骊珠青玉厢。洛下玄谭辅嗣少，诸刘文章孝标长。驱车千里来求友，杖策三秋不自凉。顾盼英雄饶壮思，庐江不得有周郎！"表达了他对这位年青朋友的由衷崇敬。

方以智在云间呆了旬余，已是西风萧萧落叶纷纷的暮秋，这才告别众友，经苏州至镇江，会诗人潘一桂，然后溯江而上。

大江之上，客舟之中，返棹归乡的方以智，回思这次吴越之行，心情仍是那样兴奋激动。为时数月的游历，不单使他结识众多名流，交云间诸友，引同志于复社，问学于宿儒，满载而归。更重要的是，他于一路交游中，检验了自己的实力，发现邑外文化发达之地的所谓俊杰名士，也不过尔尔，堪与他相匹敌者鲜乎其见，这使他对自己的才学更为自信，兴奋的心情中，更有着抑制不住的自豪与骄傲。

浪花在船边欢唱，他的心也如浪花般欢快激扬：

繁霜如雪南孤征，莫道能无故国情。
斥鷃抢榆方大笑，牵牛负轭总虚名。
凌云久动江湖气，仗剑时成风雨声。
海内只今信寥落，龙眠山下有狂生！

是的，大雅寂寥，黄钟让瓦缶，放眼海内，仗剑江湖，领袖风骚，舍我其谁?!

他是那样的自信。

第七章　主盟复社

浮山以南数十里处，有一山巍然拔峙于原野间，名曰青山。此山虽不如浮山名声大，却也颇有名气，尤以各式各样的奇形怪石令人瞩目。其山腰有一巨大平石，横空伸展，其下石柱相擎如筑广厅，人呼之为石屋，晋时便有僧人藉之为寺，香火不断。

青山脚下，散居着一些百姓人家。其中有一何姓家族，其祖上自元末由新安迁来此处定居繁衍。至嘉靖年间，有何思鳌者出仕为山东栖霞知县，颇有声名，家族始显。万历时何思鳌仲季二子何如申、何如宠相继中举，并于二十六年同科进士，兄何如申为官勤廉洁介，由户部主事累迁至浙江右布政使。其弟何如宠，操行纯雅，为人博大坦夷，在朝甚有清誉声望，崇祯二年以礼部尚书兼东阁大学士，入阁辅政，秉钧谋国，累加少保、户部尚书、武英殿大学士。以不相容于权奸周延儒、温体仁，于前年乞休归里。何氏兄弟居家孝友，仕宦并至显贵，青山何氏遂由之声闻海内。

初夏的一日，青山何家庄来了位衣着朴素的年轻书生，身旁还有一个束发少年。俩人路径颇熟，径至故方伯何布政宅。家人连忙去禀告，男女老少出来拥着客人欣喜不已。相互见礼之际，两位中年妇人拉着访客之手，口中呼着“智儿”“义儿”，更是慈爱满面，欢喜非常。

原来这年轻书生与少年正是方以智兄弟。两位妇人却分别是他们嫡亲的姑母、姨母。

方以智兄弟的这位姨母吴令则，姊妹中居长，嫁了何布政长子何应琼，而他们的季姑所适却是布政次子何应璇。何应琼、何应璇兄弟本来就很友爱，加上吴氏、方氏这两位妻室少时就是要好的亲戚姊妹，故两家关系更是亲密无间。布政去世后，这两家人也不愿分开，仍居住在一起，如一家子一样，里人视为友悌之楷模。当年吴令仪病卒，方孔炤将幼女寄养于这里，肯定也与这两家的亲睦情形有关，知这两家可共同抚育。

方以智很喜欢这儿那迥乎寻常的和睦亲情气氛，过去来这里总爱待上一段时间，和几乎形影不离的姑父姨父，以及姨姑母表姊妹们聊天谈文，觉得十分亲切愉快。近年他在外交游多，长辈们都有很长时间未见到他了。故此时见面问长问短问个不停，又见其已长成英武少年，很是欣慰。

之后方以智离开，去邻舍拜谒何老相国。何相国致仕后，家虽安在南京，但为避嫌议麻烦，多数时间隐居乡里。方以智此次来既为探望姨姑家，也是奉父命将他自己的《稽古堂初集》求正于相国。方孔炤这样安排，自是希望儿子能得到有益的指教，但也还有另一番用心：方以智上年游历后，自喜于江湖成名，对科考更不热心，大比之年已至，他却并不积极温习迎考，心里想的还是和文友们的交游唱酬。乃父不免有些忧虑，思来想去，欲借相国之口教诲儿子一番，使其转意归心。他晓得儿子虽自负，但阁老的话还是会听的。

果然，见面后很高兴的老相国，在问了家中情况后，便问起了应试之事。

“密之呀，听闻你准备今科应试，是吗?”

方以智道：“是的，爷爷。家父希望孙儿尽早入闱。”

听他的口吻，相国便知这年轻人对科举并不热心。遂道：“汝父对你期望殷殷，他要你入闱出仕，既为你前途功名着想，亦是盼你发扬家风，报国济世。”

方以智道：“孙儿晓得，只是孙儿愚志在读书著述，不喜制义文章与官场习俗。”

他是率真之人，又在关系亲密的祖辈面前，有什么想法自是实说，但这背后的另一层意思，即他厌恶反感八股取士，认为它造成的结果往往使庸俗无知之辈显达，真正的才学之士被拒之门外甚至遭到蔑视，故参加科举对他而言不过是博点虚名。这想法不便道出，遂只以不喜制义含糊表达。

相国当然不知他还有另外的意思。昔年方以智随父祖在京生活时两家来往密切，他对这孩子很了解，但其后这些年的情况却多只是听说，对其思想不很清楚。此时见其着意治学而轻仕宦，既暗敬其志又不免有些遗憾——他深知方家几代之才节，若出仕必皆是治世之名宦，忠国之良臣，所以他于夸赞之际不免要劝勉一下。

“当年你曾祖明善公以理学立世，东南推为旗帜，今尔绍续祖业浸淫于学，诚为可喜可贺。但丈夫立于世，睿智著说，固万世不朽之功；然负才奋志而用于世，尧吾君，舜吾民，偶周、召，比稷、契，却也是泽慧于世、千古流芳之事。汝之才智吾素知闻，虽性有所偏好，但不可执一端而迷误，辜负了家国之望与胸中才学!”

相国这番言语，令方以智既震撼又兴奋。他躬身道：“爷爷教诲，孙儿定当铭记。孙儿非无经世之念，也不敢忘门风家训，只是觉得制义枯索无味，八股取材极是谬病，志士报国用世，也非惟科举一途。”

相国至此方明白这年轻人心思：非但鄙斥八股取士之制，且负才志高，不屑于以科举博取功名。他心里暗赞且爱惜。道：“八股取士，确非选才之佳方，其弊甚多，故我朝开国之初尚有荐举之途并用。惜其后来久弃，取士主要靠了科举。虽没才屈才无数，然国家制度如此，却也无奈！故才识志士欲效国经世一展怀抱，非有特遇则舍科举而无径。如今国势衰微，海内纷乱，亟须人才治理，所以孩子，你当以国家需要为勉，静摄心性，积极备考，以早日入仕为国家出力。”

相国的提醒与规劝，正对着方以智的思想，又充满着长辈的关爱，使他触动很大，不由得敬懔受教。

何如宠心情愉快，因着话题思绪，又与方以智谈起了当前的国家形势和经济民生问题。一场漫谈下来，相国惊喜地发现，这个早负才名的后生，非但知识广博，对当世的形势、弊乱及政务经济问题也有一定的研究认识。这令他大为激动，对眼前这个青年愈加爱重。嘱咐陪坐一侧的孙子何亮功：“你密之哥哥无论品学才识，都堪为你们小一辈的楷模，汝以后要多随他交游学习。”

晚上，相国在灯下细细阅读方以智的《稽古堂初集》，深为赞叹，也加深了对方以智的才学了解。转思日间与彼谈论，那孩子对天下事亦颇究悉，决非一般文章之士的识见。老人更是兴奋，欣然濡墨题序道：

癸酉夏，方玺卿公仁植命其子密之以诗赋古文辞来示。密之年甫弱冠也，倜傥雅骏，负大才，著书好古，志在千秋。岂积德累仁之致与？夫何长发其祥也！密之曾王父明善先生修濂洛之教，讲学桐川，大江南北无不响德而问业者；廷尉公缵绪其业而彰明其教，凡刑于家，训于后，皆以笃行文学为兢之，故仁植丕承克艰，垣墉而涂茨，罔不获考，绍文衣德，言固渊渊矣。余固久闻密之籍甚，而其人恂恂如不自胜，一切才士之习，鲜衣饰容，皆所不屑也。度量过人，岂不远与？余雅爱重之，令吾孙从之游。恒与言当世务而经济娓娓，所陈说皆深悉一时之故，诚不下汉室贾生也！夫世所谓贤豪者何限？密之之志行如此，诒谋讵可忽哉！近见玺卿公执亲之丧，寝苫枕块，不即内，不茹荤，庐于墓侧日且读古人书，寒暑不易。密之博学好古，良有以也。方今国家需才，以密之所怀经济，诏金马、陈治安，可旦暮遇之矣。玺卿为职方，当官而行，不畏强御，来圣明天子之梦寐，为一时名臣。密之洵当不负家训哉！吾不为其一家庆而更为天下庆也！

略加思索，一口气便写完了这篇序文。以他的眼光和对方家几代人的了解，他深信：绍续三代智慧才学志行的密之，将来必是个了不起的杰出人物。他为此而感到激动、欣慰。然而，搁笔沉思的他，也有一种隐隐的忧虑和憾惜之感萦泛在心头：这个奇才大志的孩子并不遇时，赶上的已是一个前景令人担忧的危乱之世！

他是一个资深的政坛耆宿，曾位于显赫的权力高端，洞悉朝廷国务的一切，对国势之衰微、朝政之庸乱、吏治之腐败、边关危警、民生凋敝以及人心之乱移，有着极深切的感受。透过种种的危象，他隐隐地看到了一个日益衰败的末世光景。当此之世，无数的人才会壮志难酬，叹恨终天，他已见识过太多这样的事例，所以他在赞许方以智时，竟不自觉地将其比作了汉时那抱才屈志的贾谊。但是，作为一个深受国恩而忧切国家前途的老臣，他又那样地不愿意、不甘心看到国家政治形势的更加恶化，他希望有更多像方以智这样年轻的有才之士挺身而出，砥柱中流，革除时弊，挽救危机。是以白天他勉励方以智科举入仕，而适才在序文结尾又发出了“为天下庆”的非常感慨。

“世事兴衰有定数，孩子，只看你自身的造化和努力了。”

老人喃喃道。

每逢三年一届的乡试，陪都南京总显得特别热闹。

每年具体时间是在仲秋八月，为了从容准备，赴考的举子一般都提前至京，甚至有开春不久便到的。随着南直十四郡的考生渐次汇聚金陵，古老的都会便为着满城晃动着的襕衫身影而日益兴奋忙碌起来：官府忙着考试大典的各项准备；店铺商家热情提供各种服务，趁机多赚点银子；达官贵人则盘算如何招揽风流名士、博点雅誉；而自四面八方来的士子们，则依着各自的情形心事，投亲歇店，逛街访朋，找关系探消息，或单独活动，或结伴聚游，高谈阔论，征歌引伎，把整个金陵城弄得热火朝天。

方以智四月末赶到南京，在离贡院不远的秦淮河畔，赁了两间清静客房住下。

离家前，父亲嘱咐他，到南京后要利用考前时间静心温习，多揣摩一些大家时文，熟悉制义要领，并特别告诫不可多事交游，以免浪费精力躁乱了心境。他自己也觉得年来用功太少，这时应补补功课。故一开始，倒是遵从父亲意思，去书坊里挑了些选文，在寓所看了一阵子书。

但这情形很快便有了改变。随着他的朋友们陆续到来，他便无论如何也无法安静地待在寓舍用功了。

他本是爱交游之人，上年又结识了复社、几社的众多朋友同志，萌发了参与文坛活动的念头，眼下这些人中不少人包括他颇思念的陈子龙等俱来应试，他自是要与之好好聚聚，那临阵之枪，焉有心思再磨？故此后他在南都的生活，就变成了与朋友们的频繁聚会。在此过程中，他又结识了陈贞慧、刘诚、陈名夏、张自烈等一批新朋友。

陈贞慧是宜兴人，都御史陈于庭之子，留心自然名物，知识广博。刘诚则是贵池人，以善治诗古文与乡友吴应箕齐名。其余陈名夏、张自烈等皆是才学青年。这些人不仅有才华，且俱是复社同志，其中刘诚前些年与吴应箕、沈寿民、沈士柱等共同创立江北南社，连同常熟杨廷枢，被称为复社五秀才。

有这些日逐增多的友人同志相与来往，酬酢不断，方以智甚是兴奋欢畅。眼看炎热天气转凉，考期临近，也浑不在意。

这日用了早膳，又拟出门，不想却有陈子龙、陈贞慧、沈寿民、吴应箕、刘诚等一班友人来访。同来的，还有一位身着官服之人，方以智见了甚是欢喜。

原来这人也是方以智的一位好友，姓杨名文骢，字龙友，现任江宁知县。杨文骢薄有文藻，且善绘事，为人豪侠好结客，虽入仕途，却喜与文士学者交往，以热心推荐名士而为文坛所称道。他虽比方以智大十多岁，却很信服方以智才华，而方以智也敬其文采胸襟而友之。

家童送上茶来。众人边品茗边谈了会儿今科南闱主考同考品学情况，称赞上科主裁姜曰广正直求才，复社名士杨廷枢、张溥、吴伟业等皆魅选，复社在朝中有了影响，俱觉兴奋。

吴应箕这时说了来访的目的："密之啊，今日我等来，实有一事与你相商。南都秋闱，学子云集，每有文会风雅。上届秋试，吾党便有十百人雅集为广业文社。而今复社既立，大家商量，借此难得之机，邀约复社同仁及其他志趣相投者，再举广业盛事，以扩大复社影响，联络更多同道。"

方以智道："这事很有必要，我也同眉生、卧子等人谈过，完全赞成。"

吴应箕道："但蛇无首不行，须得有影响之人出来邀集主持。大伙儿商量，觉得由龙友与你二人主盟最为合适。龙友已然慨允，望密之你也能俯顺众意，成此佳会。"

方以智有些意外，未料到众人推他主盟。他踌躇一会儿推辞道：

“诸兄抬爱谬举，弟不胜感激。但广业盛会，号召南直学子及诸藩省名士，非儒林文坛素望先进者而不克当。弟才疏学薄年轻阅浅，不足众望，何敢登高振袖以为领导？尚请另荐，弟当附骥一力襄助。”

他非虚伪之人，领袖文坛也是宿志，但此时对众人拥推却真有些顾虑：他近年虽已扬名，但毕竟年龄太轻。尤其在复社内，他还只是一个新人，比起吴应箕、沈寿民这些早就结社的元老来，资历太浅，恐不能服众。

见他推辞，沈寿民道：“我等集社，以文会友，以学养才情品志为论。贤弟虽然青春年少，但博学多才，交游广阔，名动四方，且又是东林之后，品志高洁，正是极具影响号召的主盟人选，何须顾虑推辞！”

陈子龙道：“密之才学超迈不群，去岁游吴越，诸社同仁名流莫不钦服。此际主盟，正是众望所归，最最恰当！”

刘诚、陈贞慧、沈士柱等人也皆劝说。

杨文骢道：“密之无须犹豫，汝才压当今，四方折服，故次尾（应箕字次尾）先生他们这些社中元宿也甘愿追随尾骥，你不可拂了众人心意。吾以末学蒙众位抬爱忝列于会，定当鼎力襄助于你，办好这一届社事，使之圆满而遗美于文坛。”

众人之言皆很真诚。实际说来，以方以智的家世人品、才学声望以及交游的广泛，他确也是主盟此次广业社会的合适人选。吴应箕、陈贞慧、陈子龙等人虽说在文坛儒生中虽各有一定影响，却不如方以智具备多方面的条件。此时，复社中最有影响力的人物张溥、杨廷枢等也不在南都，故方以智也就成了各方能接受的主盟人，被这些友人一致推举。

方以智本非矫情之人，见众人如此态度，遂不再坚持，道：“诸兄既如此信任鼓励，小弟相从即是。只是弟性向来疏放，不谙人情世故，尚望诸兄从旁多多指点相助，共举盛事。”

诸人皆慨然应允，接着便商定一些具体事宜：社址场所会费酒资自由杨文骢去安排落实；开社的日期定在考试结束后；入社之人，由吴应箕、沈寿民、陈子龙及方以智等共同拟定。

此后数日，两位主盟同吴应箕陈子龙等邀请相关会社负责人，依据平日了解，按府分县，对此次来应试的举子循名考实，品判学行，确定是否被邀。虽然开社主旨是以文会友，但与复社主张相悖者皆一概摒除。待名单斟酌确定后，以两位主盟名义发帖。这些事儿忙完，科举日期已近，各人便先去应付考试。

乡试大比，共考三场。八月九日为第一场，其后每隔三日考一场。初场考《四书》义一道，经义四道；第二场考试论一道，判五道，诏、诰、表、内科各一道；第三场是试经史时务策五道。

对于多年寒窗苦读的秀才们来说，这九日之内的三场考试是人生至关重要的一道关口：倘若中举，则功名在握，仕途在望，飞黄腾达出人头地可期，人生将从此是另一番光明景象，所谓鲤跃龙门是也；若名落孙山，便只有怅叹着回家再去苦熬，等三年后再来一搏。南闱每科应试者数千人，但额定只取百三十余名，故绝大多数儒生虽然一战再战，却终是功名无望，许多人甚至从少年直考到两鬓霜雪，还挣不到那一个举人身份。面对这样残酷无情的考试，一般人想想也都害怕，进那考场十个便有八个觉着如进了刑场一般。

方以智初次秋试，又自信满满，倒是轻松镇定地入了贡院，之后也同样轻松镇定地走出了考场。他有什么好怕的呢？他少小博览群书，满腹经纶，难道会被几场考试几篇文章难住？事实上，考试中他也没有觉着有什么棘手的，只不过那死板机械的八股段式让他不能尽情发挥罢了。

于是，走出考场的他，在让疲惫的身子略作休息后，便心情振奋地去主持广业社会了。

仲秋时节，天高气爽，阳光灿烂。

时令宜人，卸掉了考试的沉重包袱，盛大社事的吸引，这一切都使赴江宁县学参加广业社会的士子们，心情轻松而欣悦。

这届广业社会，不仅人数比上届多，且由于严格遴选，入会者既是一方有影响的才学之士，也是复社成员或志趣声气相通者。同道相投相亲，使社会的气氛热烈而和谐。会员们平日虽身处四方，但对文坛动态人物或多或少总有些了解，彼此相互之间或有熟识交往的，也有虽不认识却早已慕名的，此刻相聚一堂，相互引见，互道仰慕，甚是热闹。直到典礼开始，人群才安静下来。

开社的仪式简单而隆重，庄严悦耳的弦管鼓乐声中，主盟者带领众人齐至文庙献香礼敬。礼毕聚于会场，由主盟者杨文骢介绍社会发起缘起、筹备情况，宣布各地入社者的名单及大会活动具体事宜安排。之后便是另一主盟者方以智致辞。

方以智的致辞是围绕广业社的宗旨，讲论它的目的意义：

文社是以文会友，相互交流切磋学问，这也是广业社的一般宗旨。但是，在当前儒林文坛存在弃经废学文风萎靡的情形下，广业社还有更为现实重要的宗旨，那就是要反对空幻不学之风，倡扬经史实务之学。士以读书明理为业，以务世治国为归，不学经史，不懂经术，不知兴废，空言掠虚以诡逃，是自欺欺人而害世。因此，广业社会当高举复兴绝学之大旗，以纠挽时弊为己任，崇经尚古，注重经济实学，树儒林之正风。

为达此目的，应在尊经的前提下，以尊疑去伪的态度，对汉宋诸儒意解删述六经，扭曲经义混淆学林思想，遗患于世以致虚窃泛滥的做法情形，给予检讨批判，以复经学本来面目。要做到这点，文坛社会需有一个很好的学风，破除门户之见，尊重对方，善于向别人学习，以人各有所长、学各有所长的治学态度，相互学习借鉴，得到有益的收获。

文会是为促进治学，但治学的目的则是济世报国。故对读书士子而言，还有一个最根本的为学态度，即任何时候都不能关起门来课读研学，两耳不闻天下事。而应像东林前辈那样，读书不忘民生，治学不忘国事。尤其是面对如今民生凋敝国势衰乱的形势，吾辈学人同志更应关切时事，指陈利弊，献计献策，以尽读书人之责……

这番讲话表明了方以智的政治立场和治学态度，体现了他作为一个年轻的学者和社会活动家在治学上的勇气见识和开明态度、政治上明确坚定的东林主张，给所有与会者留下了很深的印象。

广业社的这些会员皆为一时才学俊彦，不少人对方以智的才识虽有耳闻，但真正认识和了解却始于眼下。他们想不到这个文坛奇才竟是这样的年轻，更想不到这个年轻人非但才学惊人，更有着非常的见识。他们为他的才华学识而折服，在内心中接受了这位年轻的文坛领袖……

江宁县学里举行的这届社会，在南都引起了不小的轰动。这不仅因为它是南直十四郡及诸藩省的一次文坛精英的盛会，更因为它在社事活动中弘扬东林传统，表现出对于经济民生与国家形势的关注探讨，带有明显的政治色彩，而这种活动又发生在南都这样的政治文化中心，自为各方所瞩目并造成影响。而它的发起领导者，尤其是年轻一辈的方以智、陈子龙等人，作为文坛与政治上冉冉升起绽放异彩的新星，也给时人留下了很深刻的印象，并长久保存在人们的记忆中——数十年后，文苑著名人物王士祯，遥忆当年英姿勃发活动在社会政治舞台上的方以智、陈子龙等人，尚不忘这样赞叹评价他们：

"接武东林，主盟复社!"

第八章 流寓南京

八月二十三日夜晚，桐城乡民在首领汪国华、黄文鼎的率领下，突然于县城内举火起事，杀乡宦恶仆，焚豪宅，之后移之北门外结寨，一时震惊四方。

这是崇祯七年甲戌之事。是时，方以智正游于金陵，得讯惊忧不已，一夕白发数茎。

三四月间，乡里便有风声流传：由于不堪沉重的税赋及怨恨地方官横行乡里欺压百姓，民众反抗情绪日甚，一些人在公开责骂和串联中，已露出将铤而走险、除恶泄愤之意。方家也听到了这些风声，作为乡邑世家巨族之一，自是关注忧虑。

为防不测，家中长辈命方以智离桐出游。方以智自上年乡试落第后，心情亦颇抑郁，不想待在乡里，遂不顾暑热泛舟东游，一路访朋问友至南京。数月后，邑中变乱果然发生。

不久，乡民暴动被官府镇压下去。方以智单骑赶回桐城，见家中长辈皆有惊无险，弟弟方其义民变时护着嫂侄逃出城去，虽一时不知下落，谅也无事，这才略觉心安。

这次乡民起事，一个重要的原因便是愤恨乡宦纵容子弟奴仆欺压百姓，故事变中乡绅大户受冲击者甚众。独方孔炤家因平日注意影响为善乡里，未受侵害。照理说，变后不应再有担心。但实际情形却非如此：暴动的惊恐尚未消失，新的忧愁又笼罩在他们的心头。

原来，民变爆发后，安、池兵备副使王公弼率部将潘可大进次练潭，因慑于起事势炽而不敢战。方孔炤遂为献计，建议以招抚名义诱杀起事首领，然后乘暴动队伍群龙无首而一举剿灭，官府依计行之而获成功。变后这内情外泄，起事死难者亲属对方孔炤深怀怨恨。方孔炤出于他的立场不愿坐视民变不管，却给自己与家庭招来了无法消除的仇恨。为防报复，家中商量后，决定举家迁移南京，邑内的几处产业包括城内的泽园、龙眠山中的别业、浮山的在陆山庄、小龙山的白鹿山庄只着下人看守。

九月上旬，方以智仆仆返回金陵，为全家迁居先作准备。其后仲姑方维仪奉祖母、弟弟方其义护送嫂侄先后到达。潘翟随小叔逃难，途中虽未遇多大惊险，但怀着八九个月的身孕，却是备尝艰辛，到了长干便临盆分娩，生下次子方中通。一家人又惊又喜，搬进了新居。

这新居位于城西，昔为达贵所有，号为铁狮子宅，辗转为方以智友人茅元仪之产。茅因迁职移居，遂售于方家。方以智给新居起名“膝寓”，意其逼窄不过容膝。实际上，这宅子也并不算小，他在《膝寓信笔》中描写道：“轩堂洒落，复道逶迤。旁有曲径，叠石为陇，有花树扶疏其间……”，可见也是有相当规模的。只不过与他家在故乡占地十数亩的庄园相比，确是显得狭小局促了。

其后不久，他的妹婿孙临、同窗好友周岐以及堂房六叔方文，也先后迁来南都，比邻而居。

年底，方以智归桐省父——民变后，邑守心有余悸，坚邀方孔炤协助防务——面对“瓦砾遍地”的乱后景象，他的心情沉重而凄怆。后来祭拜于外祖父灵前，益添难过哀伤：民变时，吴应宾避至南弯别墅，伤叹“天下自此不太平”，趺坐而逝。思及年来山陕大旱流民遍地、农民造反军由陕入豫、后金兵入侵关内等天灾兵祸，正验证了外公的哀叹。他伤感之际，愈感世事危乱国家多难，而乱世中个人前途难卜才志难售，心情更加沉郁忧惶。

第二年正月，明廷以洪承畴统揽军务督师东下，欲一举剿灭集据于宛洛间的农民军。而高迎祥则邀集十三家起义队伍首领，大会于荥阳，共商应敌之策。会议接纳了李自成分路发展以疲官军的建议，李自成与张献忠即挥师东破霍邱、颍州，于正月攻克凤阳，烧毁皇陵。之后李自成回兵西走，张献忠则率部南攻庐州、舒城、巢县、无为，二月间西围桐城，破潜山、太湖、宿松等处，皖地大江之北，已然战火一片。

南京城中的方以智，过年之后因弟弟方其义去芜阴入赘大姑母家，既伤兄弟分离又感家境困窘，本就心情郁郁，闻听皇陵被焚，不由得悲愤，深恨官军无能。继而又闻江北各地被破，乡邑被围，愈发惊急。可看看金陵城内，达贵豪客们罔顾时局动荡，照样的歌舞不休醉生梦死，令他深感悲哀愤恨。友人侯峒曾过访，见他心情恶劣不堪，劝他游以释怀。

方以智遂独游吴越。途中于洞庭西山，遇着结识不久的宛平友人于司直，结伴而游。他们徜徉各处，随兴而至，往往夜半始归。这一番遇合，友情更增。回到金陵后，还相约秋天再共游西湖。不想人事难料，于司直竟染病不起，不久即卒于寄舍。

方以智不胜伤感惜悼，颇有人生无常之叹。由于心情过分抑郁，秋末与好友陈名夏游次苏州，竟病了一场。病中闻农民军又入皖境，益发感愤，恨自己空怀壮志，却不能赴危报国，驰驱沙场……

一年的时间，便在这般悲忧激叹中过去。次年新正未出，他忧虑时局纷乱而母柩一直厝于城南未归山，遂回桐城葬母。沿途看到战乱中的田地荒无人烟稀少的凄凉景象，极是感伤。待扶母柩至浮山，见在陆山庄于去年兵火中大部分被焚毁，唯此藏轩中堂等少数房屋残存下来，入目一片破败景象，心中更是凄凉。

负土栽松，葬罢母亲，他的心情伤感而又复杂：

归葬先妣宜人吴太君于浮山。浮山皆岩洞，而北麓为面，土同环绕，曲尺峰下，暗迎湖水，盖廷尉公所卜者也。小子十二丧母，今二十五，头颅如许，未有寸进。愿留封碑，以待异日。每捧黻佩遗集，泪沾襟袖。先外祖恢复浮山道场，吾母布金为多。今归于此，当得读书岩上，谨栖一冬。业已流寓白门，安得不往返仆仆乎！修丹丘之三洞，连野同于海岛，是异日之志也。

天气转暖之时，方孟式从山东署中寄书浮山。信中道："汝父向为名职方，顷年靖变退贼，不忧不起官，正恐谈兵是沙场耳。吾侄读书，讲求实学，何徒苦吟痛饮耶！天分无限，正当尘务经心。"

方以智接到姑母书信，颇为感怀。他本是志向远大之人，年来以野游吟饮遣闷消愁，打发日子，既为感愤时事，也是亟于用世而志不得售之故。他自己对这种状况也是不满的，现在得姑母警诫，益觉不该空自迷惘，蹉跎时光。而姑母关于父亲可能复出之语，也燃起了他的希望：倘若他父亲抚军统兵，他即可以随营效力，建功业于危乱之中。

除了姑母来信，这时还有一件轰动士林之事，也让方以智为之振奋心动，那就是皇帝下诏于全国征士。方以智的友人刘诚、沈寿民、梅朗中等，俱以一时名士而被征。桐城县也有六人被举荐，其中有方以智的先生白瑜、学友周岐和姚家亲戚姚孙森。

朝廷重新开启人才荐举之途，这自然给他带来了不仅由科举而入仕途，使他能一展怀抱效命国家的希望。同时，征举之事也使他对皇帝用贤求才的开明之举，抱有很大幻想，对自己今后的出路平添了信心。

思想精神亦有变化，先前认为“衣冠难争达”，准备要依岩读书的他，又改变计划，于夏季里结束庐墓回到南京，并遵从姑母所嘱，减少与朋友的野游聚饮，多待在书房里读读写写，潜心研习其父的著作《全边纪略》。

《全边纪略》是方孔炤于崇祯元年任兵部职方郎中时所著，共十二卷，分述洪武至天启间九边守备情况，山川形胜，攻守得失，并列《师中表》《神势图》。职方执掌舆图、军制、镇戍、简练、征讨诸事，对全国军事布防情况最为熟悉，而方孔炤既忠于职守，又有见识眼光，其悉心研究而成的《全边纪略》，实是一本难得的边防军事教科书。

方以智素来以文武兼修自傲，别人也如斯敬视之——然而客观地说，他也不过是读过些兵书且会武艺，能跃马横槊上阵杀敌而已，对于兵战攻守中的章法道理，其实并没有多少深刻认识，尚谈不上善武知兵。但至此时，他在认真钻研《全边纪略》后，不仅于九边戍守情况悉然于心，且从历年的边事战例研究中，于兵战的规律方法也有了实际认识和较深感悟。自此他才真的算得上知武善兵，可以实际参与军事报效国家了。

研习兵事之外，这一段时间，方以智也依据自己素来的理想主张，研究思考一些君臣治国及民生之道，探讨如何革除弊政与腐败，建立开明惟公的政治。

生于清华之族而志于经世惠民的他，素来的理想是希望政治清明、国家太平而人民安乐。然而，自少年时代起，他所看到的却是朝廷政治的昏庸腐败、国家实力的日趋衰弱、内忧外患的日益严重、民生凋敝与人民苦难的深重至极。这令他于忧悲激愤中不能不对之进行强烈的批判：他批挞“贪婪竞进”之徒充斥于朝，腐败害国；他攻击宦官干政，“用耳目以为察察，而彼乃得从中窃其权”，祸国殃民；他揭露世道之不平等，“倬有昊之吊灵兮，何参差以界不均?”；他忧愤天下无道，“天几日而不黄兮，人何日而不匡惧?”

但批判归批判，出身世家幼承忠国家训的他，却并不希望看到这个糜烂至极的王朝崩溃灭亡，也不赞成为生活而逼的流民用造反起义来推翻它。他的选择与希望，是用加强道德约束、正名定分的法治以及文化修养的手段，对国家政治进行改造变革。他认为：现实政治的最大弊病是朝臣官吏只知追求个人私利享乐，不以朝政民生为重，以致贿赂不禁，吏治腐败朝纲尽弃而丧失人心。而导致腐败产生的根源，则是主宰朝政的权臣昏昧营私，在用人行政上是非不明不一，甚至黑白颠倒。因此，芟今日之弊，关键的是权臣须有学问道德，忠心体国，行政惟公开明，“重廉让以禁贿赂，释私意以正是非”，如此“则赏罚名实自不混淆，奸宄顾化，贤良气奋”，腐败才能得到铲除，吏治才能得到刷新，而国家振兴方有希望。

为此，他对万乘之尊的皇帝也给予批评和谏议。他认为：“天下所以不治者，上下之情不通也”，情不通则弊乱生。要做到上下情通，则君主应“求直言”，而臣子则应“敢直言”。但要臣子敢直言，君主须要放下南面之尊，努力做到“多读书多见人”。多读书方知求直言之急，而多见人方能了解真实下情，使“宫中府中事为一体，壅蔽不生，奸邪之计无所施矣”。而要多见人，皇帝便不能深宫简出，“壅蔽以成其尊严如神”，也不要总是高高在上，召对平台，而应该走出深宫，屈尊“与士君子亲”，“至于日与士君子亲而天下之事得上闻，则尧舜治天下之要道不越此矣”。

他对现实的批判，是比较大胆而尖锐的，而他在治国救时方面所表现的思想见识，也是一般只知舞文论墨的文章之士所无法相比的，甚至一些久宦之人，也自觉弗如。至于他的一班才识同志友人，也由衷敬服。

是年又逢乡试，友人陈子龙、夏允彝、李雯、沈士柱、陈贞慧、梅郎中、魏学濂等又都陆续来到南都，方以智与他们久别重逢，自是聚会不断。这些人既是一时才俊，又是心忧天下之士，聚在一起，论学之外便是关注议论时政，探讨革弊救危的方策。这中间，又发生了魏学濂发起的东林后人及复社同道的聚集大会，更为这些热血志气青年，提供了一个活动展现的舞台。

魏学濂是天启死难六君子之一的魏大中之子，他到南京后得到消息：居住在金陵的阉党余孽、仇人阮大铖欲对他不利。他遂在如皋才子冒襄的大力支持下，在桃叶渡河房置酒高会四方同仁。当年东林被难诸君子的后人此时在南都者皆参与，此外尚有像方以智这样的东林后嗣及复社成员共百余人。这次聚会，初衷是批挞阉党罪恶，震慑阮大铖。其后随着议论的深入，关切国家的现实问题，臧否朝政人物，为挽救时局危乱建言献策，便成了这些继承东林精神的士子们，在慷慨激昂中的主题。

因这次活动是复社所为，又是当年东林诸君子后人的一次集会。他们同阮大铖的叫板对抗，不仅唤起人们对往昔阉党横行暴虐的回忆，也呼应和声援了此时朝中直臣反对，在权奸温体仁的支持下，逆党企图翻案复出的斗争，而其挽救时局的建言献策，也颇切中时弊，故在南都仕宦中引起了很大反响，其中一些人特别是冒襄、方以智、魏学濂三人，作为有影响的突出人物，受到人们的大力推崇。与会的陈名夏评论说：“即吾党称辟疆与密之、子一，鼎足文苑，感目其为天下才也。”

这是说，冒襄方以智与魏学濂这三人，鼎足文坛，被复社同仁和文坛精英们公认为海内仅见的英才。这种看法也许是事实，但未必准确。显然，魏学濂和冒襄所以为人所推崇，在其才识，更在其是此次活动的倡议组织者，是这次大会使本来声名不大的他们扩大了影响，一举成名于南都。说他们是文苑升起的新星可以，目为天下才则有牵强夸张。三人中，唯方以智可受此殊誉。他所以被众人所推崇，成为此时几个有影响的文坛人物之一，固与他一直以来是复社的年轻领袖有关，更与他群英的才识分不开——当他与一班才学皆很突出的友人同志在一起时，他丰溢的才华、博学知识和文武兼修令人敬慕，对现实的关注思考以及在革弊救时上所表现的思想与见解，亦令他的同党深为折服敬畏。“密之才锋颖出，熟视天下久矣”，友人李雯的这个评论，正为此作了明确注解。以拔贡入南雍而参加是年乡试的余姚人黄宗羲，素来恃才傲物目无余子，在这次活动中与方以智结识后，也不得不承认：方以智是其束发出游以来，能让他为之敬畏的少数几人之一。此亦可见方以智在朋友们中的印象与影响。

可以说，此时在南都，方以智的名声是越来越响。他昔日向父亲表明的扬名文坛的目标已实现。对于才二十六岁的他来说，照理他应为之欣慰而精神昂奋。可实际却非如此：他的心情非但没有愉悦，相反随着日子一天天过去，随着他在外界赢得的赞誉越多，他思想精神上的躁动不安和抑郁便越发趋于强烈。名器不凡的自信，自觉对天下的使命责任以及对时局的忧虑，令他愈来愈不安心书斋聚会间的笔议言谈坐而论道，欲一展雄才实践他的报国经世宏志。但现实并没有给他这样的机会，仍是壮志难酬的布衣一个。在这种亟欲用世和报国无门的矛盾冲突中，他的心情日益焦虑苦闷。

一日，他去赴原南京兵部尚书范景文的府宴。席间，大司马向他索诗，酒后愁怀更浓的他，挥笔直抒心臆："南北烽烟日夕闻，可怜被褐议功勋。华筵借箸壶堪碎，小舍篝灯稿易焚……"这样的诗句并不合眼前情景气氛，旁人多为惊诧。但范大司马并未嗔怪，他与方以智父祖皆熟识，又素重方以智才志，多少理会得方以智此时感时不遇的心情，遂温言劝慰了一番，然方以智此时的心情，又岂是言语所能慰藉？

这年秋闱，方以智的两位很要好的朋友陈子龙、夏允彝一同中举。方以智为友人久战得捷报国有望而高兴，个个赋诗以勉。但反照自己，他心中的愁郁痛苦也就更深。"江湖徒有扁舟在，欲载多情何处归？"心无所系，情无所归，愁肠郁结而无法排遣的他，在不知不觉间又回到了长辈们所箴诫的"苦吟痛饮"的狂生状态，日夕与人聚饮不休，借酒浇愁。"莫好弹琴莫佩弧，莫言披褐在江湖。病来楼上难朝卧，醉后城头畏夜呼。"

他欲学阮步兵，企图在醉乡中寻得安慰。但酒虽能麻醉身体神经，却又如何能浇除心中郁结的块垒？——"与君焚却伤时策，结尽长干旧酒徒""日暮途穷反不愁，霜侵颜厚岂知羞"，在这些酒后的呻吟中，有着他多少的伤感与无奈、自责与痛苦！

第九章　秦淮彷徨

崇祯十年盛夏，方以智连续收到了李雯从上海寄来的两封信，询问他学业及隐居之事。原来去年李雯来南京，俩人聚谈，心意颇为消沉的方以智告诉朋友，他欲归隐故乡龙山之中，避世著述为娱。这种著述为志的想法，数年前他与李雯初识时便表露过，李雯自然相信，故此时致书相询。

得信后，方以智十分感慨，心情久久不能平静：既为感念友人的关怀，和前言未践而愧无以答，亦因他此时正处于用武无地佯狂不可而又避世不能的矛盾彷徨之中，李雯的来信便如风推波澜，越发搅动了他的心事。

盖方以智之心志，虽久抱经世济民之宏愿，但其中却有一个心结和矛盾：即是以文章著述惠世，还是入仕干政以泽天下。他少年时睥睨一切，淡泊功名，认为文章学业乃千秋事，冀望追比圣贤而为一代学者大家。后来年纪大点，又受家中长辈的影响，出将入相、经略天下的庙堂之志渐萌。虽然如此，他也未改宿志，放弃著述不朽的理想，只是将两种志向的履践作了时间先后的调整：即先建功于朝，尔后再治学著述。

这两个人生目标，一般才学之士欲达其一也很不容易，他却欲齐收并举，鱼与熊掌兼得，可见其自视与雄心——实在说，以他的绝世才智，要实现目标也并非是不可做到之事，以之而论，他的人生设计并非矛盾。可问题是每个人实际的人生道路因为外部世界诸多原因的影响，往往与主观设计的目标难相统一，或者偏离既定的方向，或者漫长曲折难期。这便是现实与理想的矛盾，而这种矛盾又必然对人的精神思想产生影响。眼下方以智的情形便是如此。

自二十几岁扬名文坛后，他拟按照既定的设计先于仕途发展以匡世，近年因感时事纷乱，干政报国之心愈切，然而数年的努力，包括应举、社团活动、希望被征举或为大员重臣所提携等等，均无结果。时至今日，仍是一介布衣的他，只能对着日益严重危乱的时事空怀激叹，作一些无人理会的建策之言和著后即焚，怕为人知的伤时之论。不仅如此，一事无成而行为放荡不羁的他，还不时遭到外界的“屑屑讥垢”，令他倍感痛苦。他从未怀疑过自己的才华，可现实中的失望，不仅使他心情苦闷难遣，思想上也很迷茫困惑变化不定。

去岁腊底，歙县友人汪沐日来访，并携来新酿一坛。方以智甚喜，与之畅饮而谈，竟日讨论学问不休，还在诗中向汪沐日宣示：“岁著新书雄才壮，空持痛哭有何才。”似乎表明他不欲再无谓的因怀才不遇而空自伤感，此后要励志著述治学。汪沐日见他不似之前郁郁，于伤时感怀，也替他高兴。可隔不多久，汪就发现方以智的思想，实际上还是相当的复杂矛盾。

那是新年之后，方以智邀汪沐日去看望摄山陈丹衷。陈丹衷才华丰赡，名理精深，又精绘事，与方以智交往颇深。他近来皈依博山热心禅学，见了方汪二人，一时技痒便大谈起禅来。他素敬方以智博学多艺，又知其受家中外祖及母亲影响，对禅佛教有一定研究，欲与方以智讨论一下。可很快他就意兴阑珊，因为他发觉方以智很少接话，总是默默地在想着什么。

他不由得发问："密之兄为何缄默如是？莫非以为弟论肤浅不足与闻？抑或根本不信欤？"

方以智微微一叹，摇头道："非不信也，是不能耳！"他怕朋友误会，一笑而起，径至案前，伸纸蘸墨，挥洒了一首诗。

陈汪二人上前观望，那诗题为《听陈丹衷谈禅赋赠》：

尘沙匆向市中行，薄暮匈奴早闭城。
剑欲报仇惟有死，梦能从汝说无生。
鸡楼墙下乌争宿，牛饭车前马夜鸣。
莫道讲经人不信，西来今日亦谈兵。

看了这诗，他们方知方以智之心于谈禅之际，已悠悠飞向万里边关，情系沙场御敌，谈兵报国。俩人不由得感叹连连，深敬方以智的忧国之情。而汪沐日也知道，方以智未必能如他自己所宣称的那样，闭户沉心治学。

事实也是如此。从春至夏，欲潜心治学的方以智其实心情根本没有平静过。新春不久，故乡被张献忠部农民起义军围攻，他为之忧心不已。待围桐两月的农民军撤兵北去，他又激动于监军史可法以弱兵坚守桐城之苦功。他尊崇史可法的英勇忠贞，自己也很想能如史可法那样，统兵御敌浴血沙场。数日后他送友人刘用潜入皖讨"贼"，更是抵掌相互共勉："杀贼方需异勋，着鞭可报明主。"

这时，又有乡人告曰：家乡因兵火之故，农事尽废，田家流亡，死丧在道，百里几无人烟。他听后十分悲怆，杀"贼"报君的情怀又化作对百姓农家的深深哀悯，作长歌《田家荒》伤叹悲恤农家之不幸。

初夏，他接到陈子龙、夏允彝自北京寄来的信，得知二人皆成进士，从此可望一展救时报国的抱负。欣羡之际，他又不免情思怏怏，落寞难慰。回寄的诗中说："市井得官争伏阙，公卿持论亦从时。贵来蒿目随人苦，枕上葵心向主悲。"对朝政腐败恨恨有声，而忠国报主之心也不能自遏。

一边反省自己，希望忘掉烦恼苦闷自励于治学著述，一边却又深切地关注着国事、民生，忧思不断壮怀激烈，可见他思想心境之混乱。这情形，他自己也晓得。故李雯此时的来信，便在他的心中如投石水中激起层层波浪一样，使他觉得确实应该好好地反省一番，今后自己究竟该走怎样的人生道路。

他将自己关在家中思考了数日，终于有了选择和决定，并将其以寓言的手法写成了一篇文章：《七解》。在文中，他将自己化名为"抱蜀子"，这抱蜀子希望"遇时以泽天下"，可偏偏时不遇，面临着严峻的人生抉择。这时，有不同的人为他设计了七条人生道路供其选择：

一是"因便以取青紫"，即依靠科举获取功名爵禄，这是读书人的一般做法。对此，抱蜀子以性不喜好，且诵读制义文章应付考试是难堪之苦而予以否决。

二是"讲计研之术"，经商致富。抱蜀子认为他没有这方面的本事，也不任其烦劳，不愿采纳。

三是广交"轻侠慷慨之士"，"哗于公卿以取厚利"。抱蜀子觉得：他虽然仰慕行侠仗义之士，但厚颜取悦公卿，那是他根本做不到的。

四是"著为一书，极陈利弊，以效忠于国家"，走伏阙上书的干政之路。抱蜀子认为这条路虽不错，但现实中很难行得通。

五是"避世长遄，入山而隐，蝉蜕埃土盍"，先隐而后相时再出。抱蜀子认为自己病且文弱，不能躬耕，儿女婚嫁之事未毕，又不耐孤寂，故也不能行之。

六是炼“黄白之术”，修“清静之道”，祛病延年，求长生不老做神仙。抱蜀子根本不相信这些，认为是虚无缥缈不可求之事。

七是“研细席，同食啖，温古昔，考当世，暮必稽其所得，间数日可出寻少年一纵乐焉，又明日以为常”。这是读书著述与逸乐相结合之路，只有这条路，抱蜀子才觉得符合他的思想和兴趣，愿意接受。

瞻前顾后，左思右想，方以智还是选择了以治学著述为事业追求的人生目标——其实这也是他在时不遇下的必然选择，因为著述惠世是他自少年时便已确立的人生理想。这理想植根于家风传统、深厚的学养根基和济世惠民的人生志向，是将永远伴随着他的生命生活而不会改变的——虽然它有时也会受到影响，就像近几年，他的思想偏向于建功立业报效国家，但总的来说是没有什么变化的。

他十九岁那年，便撰著《尔雅》注释三卷。后来有感于学林弃学蹈虚贬低文字功用的现象，遂产生了以《尔雅》注为基础，再广泛搜集古今声音文字天文地舆制度名物的资料、考而著为一书的想法（即后来的博物巨著《通雅》）。同时他受老师王宣研究物理，著《物理所》一书的影响和启发，癖好极物穷理之际，拟汇古今中外物理知识技艺而撰物理专著《物理小识》。这两方面的努力一直没有间断，他出门总随身带着书籍阅读，即使和朋友们游玩之际，他也注意采搜见闻，随时记录下来，然后加以考究或请朋友帮忙考证后再告诉他。

他的治学不倦，还表现在对西学的兴趣与研究上。

少时随父宦游，他便接触了一些西学知识，产生了兴趣。长大后，因为眼界渐宽，更因对物理的喜好，他益加留意西学这方面的内容。近年他阅读了西方传教士利玛窦所著《天学初函》，虽觉其宣扬天主的内容浅谬无聊，但对其中涉及的天文历算奇器的知识技术却很感兴趣。去年他结识了在南京活动的意大利传教士毕方济，向其求教学习，二人并成为要好的异国朋友。在这种努力求学的过程中，他加深了对西学的认识理解，觉得西学自然物理的知识技术在整体上确要胜中国一筹，值得国人认真学习与借鉴，也更坚定了他研究自然物理的信念。

现在，经过数年的彷徨，当他重新将治学著述明确为人生奋斗的坐标时，心情既平静又兴奋的他，检讨自己的努力，对将来的治学不仅充满信心，且有了一个更大的目标、更雄心勃勃的计划——他在复李雯的信中宣称：他要下帷山中，合古今俯仰，著为一书。具体说来就是“备天地万物，古今之数，明经论史，核世故之变，求名山而藏之”，简要言之，就是他要尽他的才力，完成一部囊括古今所有学问知识的百科全书式的鸿篇巨著。

这是一个前无古人的惊人设想，他在对李雯说着这个伟大的计划时充满着自信，并未感到完成这个目标有多大的困难——他还要“间数日可出寻少年一纵乐焉”。

告知远处友人的这个郑重决定，他自然也告诉了身边的亲友。众人有赞成的，也有不赞成的。即使不赞成的，也觉他生活有目标精神振奋有寄托，总比一天到晚因郁不得志借酒浇愁要好，何况他要下帷山中去治学亦非是眼前之事——他期望的避世著述之地在故乡龙山，此时正战火不断，是无法履言践志回去的。

最赞成他归隐故里去过读书著述生涯的，是他的妻子潘氏。她因世事危乱，并不热心丈夫入仕。此外南京这地方有天下第一等的风花雪月场所，她女人家的心理也不愿丈夫久居于此。故丈夫现在决定要避世著述，她不但赞成支持，且盼其早付诸行动：因她晓得彼虽非热衷富贵之人，却因心怀济世宏志，加上素来性情放逸，此刻虽说要避世，心里却未必真个将那建功立业之心，还有豪放逸乐之习全放下了，不定哪天又会反复。

潘氏这揣测担心不无道理，半年之后方以智果又有了变化。

是年十二月十四日，朝旨颁下，方以智的父亲复任南都尚宝司卿。赋闲多年之后被起用，虽原职未迁，但毕竟好过无权势的乡绅，一家人皆为之欣喜。这件事对方以智的影响，很快就表现了出来：一方面，他从这次父亲的起官，联系上年姑母说过的话，看到了父亲或将被朝廷重用的信号。那一度被冷却的用世热情又重新燃起。另一方面，父亲重入仕途，使他恢复了贵公子身份，这种社会地位的改变，让本好交游的他，益发趋于各种风雅游乐，做派上也益发的豪逸，以致远处的友人陈子龙都听说他“在金陵甚豪顿，跃马饮酒，壮士满座，或引红妆，曼歌长啸，殊自快也”。此外，他也越来越沉迷于声色，时常寻春于秦淮河畔，放浪于旧院之中。

一日晚上，天已黑了，方以智仍要出门，还带了佩剑，不要仆人跟随。娘子潘氏以为这晚他又眠宿在外，不想夜里却回来了，脸上还挂着一片兴奋得意之色。

潘翟怪而问之，才知底里。原来莱阳才子姜垓游学金陵，迷上了旧院名伎李十娘的美色，在其处匿不出户多时。方以智与姜垓交好，与十娘也有露水之缘。听说二人之事后，思量闹一出恶作剧戏戏这对鸳鸯。这晚上他约了妹婿孙临一道，悄然潜至李十娘住所寒秀斋。待夜略静，俩人以绢帕蒙面，逾墙入宅后扮强盗状，喊杀着直奔十娘卧房，破门而入。吓得床上那一对“鸳鸯”男的下床跪喊“大王饶命，毋伤十娘”，女的花容失色，裹在被子里抖个不停。俩“强盗”这才扯掉蒙面，掷刀大笑，在那对笑恼不禁的情人陪着下，喝了几盅酒方才兴尽转回。

潘氏听他乐呵呵叙罢，厉声冷色道：“妓院荒唐，妾不知有何可乐？夫子以官宦子弟、文坛名士而不知自重，行此孟浪轻狂之事，不怕为人鄙夷诟议么?”

本以为会博妻子一笑，不想却遭妻子奚落抢白，方以智不免兴阑意沮。口中尚自嘟囔辩说：“吾行虽诞，意在劝诫，他人又岂会短之!”

潘氏接道：“夫子若言劝诫，是否也劝诫劝诫自己？迩来郎君益发豪顿纵乐，烟花巷里多有流连，比之那姜某又正过多少？岂不亦应病而砭之?”

这几句话甚为尖锐，说得方以智顿时面红脸烧。欲待发作，却不免心虚，毕竟理亏。又见妻子望着他，一副欲罢不休还待再言的样子，他既恼且畏，拂袖赌气自去书房里睡。

次日潘翟去书房察看。她心中也有些忐忑，不知昨夜丈夫气恼如何。书房里无人，估计方以智早早便出去了。

她在书案前坐下，欲待整理几上凌乱的书纸，却见一页稿纸上赫然书有一首题为《赠内》诗。诗云：“少年挟剑走江湖，近在秦淮傍酒垆。难道读书千万卷，只宜努力作狂夫?”她猜想这是昨夜争执后，丈夫写给自己的。细细地品味诗意，体会着丈夫那自惭自责的心境，她多少也有些理解明白为伊人所以放纵自己，也非全是耽于犬马声色，实也有着思想痛苦的缘故，让她心里也不禁有些涩涩的。

她是个聪慧的女性，既知丈夫自己不甘做个放荡无为的狂夫，她觉得再多责备劝说也无多大意义，倒不如想法使其能尽量收敛一下心性。男人爱美姿娇艳，而她自己不仅渐为色衰，又有孕在身，她应该同意让他娶个年轻的侍妾回来，这样男人或许就不至于常往外跑了。

她听说，旧院南曲中美艳而有意于他的名伎不乏其人，而他也有爱慕心仪的对象，只是他们方家老太爷制定的家规中有十戒之束，其中一条便是“毋纳娼妇”，使他不敢动纳娶之心，不然他或许早就载艳而归了。不过，秦淮风月场中还有一类卖艺不卖身“清倌人”，而她的男人于这些艺伎中似乎即有一个很中意的情人。不如让他正式纳为侧室，或许从此能敛住那颗心猿意马之心。

她将自己的态度告诉了丈夫，那语气自不免还有些酸溜溜的。方以智见娘子同意他纳妾自是高兴，但他尚有想法，并没有急着迎娶。不过此后因感念妻子的好处用心，行止确实有所收敛，晚上不回家也只歇于情人处，旧院珠市等其他风流场所去得少了。他是有慧根之人，一旦不沉迷于声色之乐，有一定的清醒，便不忘勤奋治学，而他这时又有了新兴趣，那是学医和绘画。

去岁腊月，他父亲复官不久，有次宴罢回来觉得腹闷，听一庸医之言误服香油，结果腹痛如剧呕吐不止，亏得良医施治方才无恙。方以智孝思非常，又感庸医误人，遂产生了学医之念。如今他心性稍定，便认真钻研《黄帝内经》《脉经》《针灸甲乙经》《伤寒论》《金匮要略》《本草纲目》等医药书籍，且兴趣很浓——他觉得学医不但可以治病，也是穷通物理的一个重要途径。所以他学医便不仅钻研背记那些经络穴位药草单方，更重视运气辩证这些基础理论的思考研究，这结果使他尚未行医就有了理论成果，将自己的研习心得著成了《医学》一书。当然，他对实际医术的掌握也不差，逐渐便能给人看病。后来友人黄宗羲在国子监病疟，他为其诊脉，手法新颖独特，尺脉去关下一尺取之，令黄宗羲惊讶不已。

学医之外，他这时习画的兴趣也颇浓。他于绘事一途自幼便受母亲尤其是仲姑指教，基础很好。流寓南京后，友人中很有几个善绘之高手，如陈丹衷、杨文骢、郑元勋、魏学濂等。方以智与他们切磋，注意吸纳其技法经验以提高自己，其中尤以郑元勋对他学画影响帮助较大。

郑元勋，皖籍休宁人而侨居扬州，善绘山水，著名画师董其昌很推许他。方以智习画中，郑超宗不仅将自己的体会心得传授于他，还将自己的族叔，颇有画名的郑重介绍给他，使方以智得到了更多的帮助。有众多高手指教，同磋技艺，他又是悟性极高之人，很快即登堂入室，对“点”“破”“皴”“干”“埃”“松”诸技法不仅娴熟于心体会明白，且更知不可拘执，应具体运用融会贯通以出己意：“山林溪石，云气变宕，日在天地间，吾自师之，而遍征诸家法，与之俱化矣。”

他对画艺的掌握认识如此，又向好游历山水，胸中自有丘壑。有一次观名画归来后乘兴染墨，作了幅《天柱峰图》。这是他习绘后所作的较成功的山水画，甚有气象，后来因吴应箕见之喜爱，便赠予了他。吴以诗谢赞道：“天柱之峰高百仞，亏蔽日月概星辰。精灵下降有方子，笔力要与争嶙峋。一朝作图来赠我，意象仿佛含苍旻……”自此，方以智渐有了画名。他少时书法就有所成，为人所慕，此时又于习绘中揣摩出书画笔同，“书即画”，无形中又提升了书法造诣，成为书画林中可与人争锋的双绝之才。

这年五月初六，潘氏娘子生下了第三个儿子：少子中履。方以智虽然高兴，却也颇多感慨。此时他已二十八岁，正是人生鼎盛年华，却未有多少成就，“著书不就半成诗”，流寓南京几年，除了将那些感时伤事之作结成了一部《流寓草》诗稿，在文坛上博得了一些虚名，他还有什么可以值得夸耀和自豪的呢？心惭之余，不免落寞忧伤。

一日，新任南京工部主事的孙嘉绩公务至冶城。这冶城在金陵附近，因三国时为吴国重要冶铁之地而得名，此时仍有一定的冶炼业，孙嘉绩因来巡视。到后听说方以智也在这里，便去寻访。

方以智为何在冶城呢？原来开春过后，他奉父命携弟于此闭关课读。他父亲的意思，一是要他教弟弟治经学，二来也是见他彷徨前途心情茫乱，让他于闭关治学中静心养气。这想法不错，可方以智此时心情又怎能是这一关所能闭乎？这中间钱秉镫、吴德操、陈焯等亲友也来聚伴过，可他仍觉百无聊赖，心情抑郁。

他孙嘉绩在一僻巷中找到了方以智寓处，只见到其弟而不见方以智。问后才晓他在舍后的小土岗上。他转到后面，果见小山岗上方以智一人在那里，手拿着一卷书，默望着远方出神，直到孙嘉绩走近才发觉。

孙嘉绩与方以智结识不久，彼此尚不太熟悉，不便贸然探问。二人交谈了一阵，便相约一道去登当地名胜白鹤楼，相陪的还有几个士绅。方以智到了白鹤楼，登楼远眺后愁眉方展。

众人皆慕方以智才名，请他作赋。方以智本无心情，但感念孙嘉绩的盛情和赠诗，遂口占七律一首：

> 日下重帏夜有灯，畔牢不必向人称。
> 讶君枉驾寻穷巷，见我持书望孝陵。
> 赠得青萍何处用，飞来白鹤亦难乘。
> 上楼远览思长啸，为请孙公一再登。

这诗也非佳作，不过是感怀酬友自抒胸臆。但孙嘉绩却明白了方以智的心事：伤感不遇，宏志难伸，心系国事，情思绵绵。怪不得此前他在那里独自默然凝望——孝陵，那是天下臣民心中的圣地，彼时带给方以智的，又是怎样的感思呢？

孙喜绩不由得暗叹不已。

第十章 踏上仕途

南京的夏季很热，尤其是三伏天，那份酷暑着实令人难以忍受，连对这座城市情有独钟的人到了盛夏，也热得不免要抱怨几句。有钱的人家到这时候，皆出外去避暑，待秋凉了方回来。

方以智往年多也是这样到外地避暑访游，挨过这段时间。但今年由冶城回来的他，却坚守家中不出去，朋友的邀请也都一概谢绝：他在等候一个重要消息的到来。

一月前，京里友人传来信息，方以智的父亲已被阁荐，将有大用。果然，隔不几日方孔炤便被诏命入京。这对于方家来说，无疑是一件重大事情。从那时起，全家人就处于一种兴奋焦虑的等待中——这种时候，方以智当然不敢离开金陵，天气如何炎热这时也顾不上了。

七月中，邸报终于带来了方以智盼望中的消息：父亲已于六月二十九日被擢为右佥都御史，巡抚湖广。不久，他父亲便匆匆赶回了金陵。

方孔炤此次升迁，由正五品的尚宝司卿晋为正四品的右佥都御史，巡抚湖广，成为节制一方的大员，自是重用。陛见时，崇祯对方孔炤勉励之际，也确实对他镇守荆鄂、握全楚之师剿灭长期活动在那里的农民军期望很大。方孔炤赋闲多年，早期盼着有朝一日能伸展抱负，建功立业报效国家，故虽明知湖广是战事紧张危险之地，却没有半点畏惧犹豫，受命之日便决心不计一切，效命疆场尽忠王事。回金陵后，他在做各种上任准备的同时，一个重要的举措便是散资财招募勇卒，组织精悍的亲兵队伍，准备去湖广打仗。

父亲的这次任职，对于正在人生道路上徘徊不定的方以智来说，是一个很大的转折点。

去年他在长期的思想矛盾后，曾下决心要走读书著述的人生道路，并在实际中也作了一些努力，加快了《通雅》和《物理小识》的著述步伐。从表象上看，他似乎是真的确立了著述惠世的奋斗目标而放弃了其他的想法，其实不然。随着父亲职务的变动，他的思想又开始动摇变化。

在他的思想深处，是深深地喜爱向往做一位如古代大贤那样以思想智慧惠世的学者。但正因他治学目的在济世，而不纯粹是学术爱好，故在读书著述之余，他也没有忘记世事国情经济民生，再加上家风环境及个人才气的影响，可以说在其内心深处，也同样存在着较牢固的仕宦报国思想。这是一对殊途同归的思想存在，虽有矛盾，却又不根本排斥——他的性格爱好虽偏重倾向于做学者而非公卿，甚至对后者有时表现出明显的排斥态度，“久厌公卿革履声”，但这“公卿”并没有真的从他心里被抠掉，入仕干政报效国家，也是他时常流露的一种思想情怀，只是自庚午应试未举以来，这些年里报国无门空自嗟叹，才使得去年他在思想天平上暂时倒向了著述治学这一边。

现在，随着父亲抚镇江湘给他带来的机遇，他久有的驰骋疆场建功立业的热情，不觉又被点燃。而他父亲之任湖广非承平而是局势危峻之时，也需亲信之人襄助。于是年前尚对友人信誓旦旦要下帷山中的他，自父亲归来后，即和弟弟方其义、妹夫孙临等情绪高昂地投入到紧张忙碌的事务筹备中，准备随父从征。友人们知道了，都替他高兴，勉励他“抒奇建策，勉力忠孝”。

八月十二日，方氏父子率所招募之新旅，抵达武昌。

自崇祯六年高迎祥、李自成、张献忠、罗汝才等部农民军下宜阳入内乡后，荆鄂江湘大地从此成为义军经常出没活动之境。近两年随着官军镇剿加剧，义军连遭重创，眼看形势困危，却不想来了个“救星”——上年十月，兵部尚书杨嗣昌荐，原两广总督熊文灿拜兵部尚书兼右副都御史，总理南畿、河南、山西、陕西、湖广、四川军务。此人本无甚勇略，昔日靠招抚海盗叙功增秩。此时负责征讨积年久战的义军，因惧无力剿灭而被罪，遂又玩起了老手法，一心改战为抚。他初抵安庆，即遣人招降张献忠、刘国能部。正为官军追逼而感穷蹙的义军，见状改变斗争策略，张献忠等相继诈降。张献忠是农民军主要将领之一，所部屡败屡起，骁勇善战，向为官兵和朝廷所忌惮，此时求抚归降，消息传至北京，一时满朝称贺，力主抚议的杨嗣昌入阁，为熊文灿叙功，而先期督战连胜的洪承畴等却被议黜。

但刚之任湖广的方孔炤，却不相信张献忠等是真心归降，对驻扎在谷城的张献忠万余部众，视为心头大患。眼见总督熊文灿对张部不作任何防范，任由其一面向朝廷索要官饷，一面取租地方，造器买马制舟，休整积蓄力量，他心忧如焚，冒着破抚之诮议，连续上书入阁而仍管兵部的杨嗣昌，指出不对张献忠作任何处置，任其坐养精锐的危险，条陈诸般防范之策。

以解散献忠部或移他地，使之失所凭依为上策；若不能移，则布一劲旅犄角而阴制威慑之，使其不敢妄动，以保抚局不败；而最能检验献忠是否真心投顺朝廷而又有利于剿伐的，莫过于檄令其出兵征剿尚未投降的他部义军——若其仍游移观望，则假降必叛之心可见；若其遵令出兵，即是真降，也能就此定贼势而安楚。此外，为应付局势可能之变化，尚亟须练兵筹饷。

方孔炤这些意见深谋远虑，无疑极符合当前情势需要。然而此时杨嗣昌正以招抚成功而得意，岂肯听从方孔炤这些实质是反对抚议的意见？非但不听，反因方孔炤对抚局有异议而心滋恨意，连其一再告急请求增饷也不理睬。七省征调的剿饷尽量满足张献忠要求，而方孔炤麾下的万余楚军之饷只及张部之一成，气得方孔炤上书愤言："无此军法！"

朝中总掌兵权的杨嗣昌态度如此，下面的熊文灿自也不买方孔炤的账。他既畏与义军作战，一心还要讨好朝廷，将方孔炤旨在御敌守疆的军事部署改为倾力去防卫承天显陵。大敌当前，战机四伏，这时不思如何御敌守土，却只去保护一个皇家陵园。面对这样庸鄙的统帅，方孔炤忧愤之际也无可奈何，只能在力所能及的权限之内，自行去筹饷练兵备战。从征的女婿孙临、儿子其义武功好，一个被派去德安营中协助军中防卫，一个专事负责训练招募来的亲兵队伍。而方以智上佐父亲筹划调度，下督事务落实，更是任重忙碌，以致初冬时竟染疾抱恙，一时难愈，只得暂返南京疗养。

亲兵家人护送方以智尚未到家，便传来了他父亲提兵抗击农民军李万庆、马光玉、罗汝才部三战三捷的消息。方以智大为骄傲兴奋，病势也去了一大半，只憾未能亲历参战，建功于阵前。

此次随征，虽然时间不长，但对方以智的思想却产生了直接影响，使他比以往任何时候都要深切地感受到：要挽救时局危乱，需要更多的像他父亲这样忠贞为国的才杰之士挺身而出，砥柱中流！

回南京后，在与原御史金光辰谈论自己近年的彷徨情形及此时的思想心情时，他用诗作了说明：

日落通街起暮尘，门前侧笠望车茵。
既能束发谈时事，敢说逃名避党人。
入穴彼方张虎翼，拟书惟恐逆龙鳞。
为予涂却甘泉稿，请作诙谐讽谏臣。

他少时为文钦羡杨雄，《甘泉赋》是杨雄的名篇。杨雄后来认为文章不过是雕虫小技，不愿只作一个以文闻世之人。现在他也要涂却甘泉稿，做东方朔那样智慧敢言而不“逆龙鳞”的谏臣了。

不过一年的时间，徘徊不定的他，思想天平又倾向了入仕经世。这一转折，决定了他此后的人生道路。

正月，虽已进入新春，但寒冷还笼罩着大地。

一骑快马穿街过市，掠过两三拜年看节贺新禧的人们，径奔向城西铁帽子胡同中的方府。不一会儿，府内便传出一片哭号声，一个噩耗迅即传开：正月初二，关外的清兵绕道南下攻陷济南，山东左布政使张秉文死战殉职，夫人方孟式率妾陈氏投大明湖悲烈死节。

滕寓沉浸在一片悲痛之中。

本来，今年这个春节因为方孔炤升迁及楚中大捷，可以说是方家自移居南京后，全家人心情最愉快，节日也过得最热闹的一次，谁知人生悲欢无常，转眼间便为失去亲人的巨大悲哀所取代。但哀痛之际，在方家人的心中，也又一次为亲人尽忠死节而泛起一种悲壮的自豪——二百多年前，他们的先人方法曾投江以殉建文之难。而今，方家又有巾帼烈女，为国死节于大明湖！碧波忠魂，节烈长存！

这个事件，对于二十九岁的方以智来说，不仅使他更深切地感受到了国难危重，也坚定了他为国驱命的决心。为此，已有数年不事制义的他，苦习半年后再战秋闱，终于中举，敲开了入仕的大门。

中举后的方以智情绪高炽意气风发，与复社友人聚议国事，指斥臧否。十月间，农民军围攻安庆桐城，他与孙临北渡驰援，捷后方归。与此同时，他也不忘心爱的著述，将多年写作的《通雅》整理成了初稿。

诸事遂意、心怀舒畅之际，他不免蹈暇乘隙，去秦淮河边会会旧院的佳丽相好，叙叙别情。并谋将秦淮名伎董小宛推荐给好友、同为复社四大公子之一的冒襄（复社中，因陈贞慧、方以智、冒襄、侯方域四人富才且皆为达宦之后，称为“四大公子”），不想机缘不巧，二人访了数次竟都扑空——先是董小宛被权势邀游，后又因躲避豪强离开金陵去了苏州。

董小宛之事虽令方以智有些遗憾，但他在处理另一个女人的问题上，没有再让这样的遗憾发生。中举之后的秋日里，他将一个已绸缪多时的美丽少女正式纳为外室，置居于秦淮河边的水阁之中。六叔方文不愿惹侄媳潘翟不高兴，催妆诗不便写，便以《从子密之移居》为贺：

阿阁重开古巷西，盈盈花水足幽栖。
文鱼晚度桥边月，紫燕晴分陌上泥。
载酒客随江雨至，定情诗压墨床低。
蒋山秀色时相望，为许秋深纵马蹄。

朔风呼啸，一场风雪过后，北京城被裹在一片冰冻严寒之中。

大自然的寒威，挡不住人的生活热情。岁末腊尾，年关在即，到处都在忙着准备迎节过年，天寒地冻的京城里洋溢着一种特殊的热闹气氛。

但在一处僻静寓所内，方以智的脸上却是一副忧惶不安的神色。他时而坐在书案前发呆，时而起身在室内不停踱步，显示着内心的焦虑。

数日前他刚到京城，便得到一个不好消息：十一月下旬，他父亲的部将杨世恩、罗安邦奉兵部檄令围剿安扎竹山的义军，因轻敌深入，兵败香油坪。事件之前，方孔炤曾令杨罗二人不要奉调，更不可孤军轻进，但二将不敢违兵部令终导致兵败。方以智觉得父亲抚楚与农民军对垒，八战皆捷只此一役失利，又是部将不遵令所致，责任不大，不应有大碍。然而，从朝中得来的消息，却与他所想大不一样。

阁臣杨嗣昌对主战的方孔炤早就嫌恨在心，更因其屡言张献忠是伪降后必再反，后果应验，令他在朝中极是尴尬，不但皇帝没好脸色，朝臣也多议论他不纳方巡抚之言。此次香油坪之败，他挟私愤将责任推到方孔炤一人身上，以失律过上疏弹劾。皇帝近年因内外交困，用法极严峻，对负责一方军务的抚臣总督尤其苛厉，即位后已诛杀袁崇焕、刘策、杨一鹏等数名封疆总督。这种情形下，方孔炤被参劾委实凶险。这使方以智惊愤恐慌不已，待在寓所食不甘味夜不成眠，尚未入仕便已深体宦途凶险不测。

他正在不安，家人已延着两位官员进来。方以智见他们皆一脸惶忧之色，不由得心惊。急迎上道：“二位兄长，莫非……莫非……”望着他们，口中的话终不敢问出来。

这来者一是孙临之兄大理寺卿孙晋，另一人则是乡党，刑科给事中光时亨。孙晋叹了口气，光时亨道：“皇上还是听信了那奸人的诬陷，诏逮仁植公下狱，过一向便要解送来京。”

方以智闻言脸色苍白，摇晃欲倾，孙、光二人忙扶他坐下。

方以智看着他们，颤声道：“这本非我父之过，实是兵部指挥之误、部将违令所致……皇上、皇上却如何不辨事实？让忠良曲冤，奸佞得意？”说着，悲愤的眼泪已夺眶而出。

孙晋道：“香油坪兵败是具体因由，但根子还是在张献忠复叛上。仁植反抚主战朝中尽知，献忠后来果反，杨嗣昌为推卸责任，定是在皇上面前反告献忠所以反叛，是仁植一再反对抚局衅逼降将所致。皇上虽不全为他所惑，却不免生疑存忌。现又逢着这败仗事，圣怒便一总发作了。”

方以智愤道：“即或圣聪被蒙，但朝廷如此不公地对待有功之臣，朝中大臣们就没有公议劝谏，为我父洗冤辩白么?”

孙、光二人默然以叹。半晌光时亨道：“密之你还不了解朝中情形。朝廷昏昧已久，权奸当道，主上疑忌，动辄被祸，哪里还有公道公理可言？近年皇上激愤国事日乱，性情焦暴之甚，但若处置臣下决不容人论救，否则必同坐罪。且汝父又为杨嗣昌所参，而嗣昌既为皇上所信赖，又将代熊文灿出京总理剿匪军务，故此时不说朝中大臣多求明哲保身，就是有人敢犯颜相谏，那结果也可想而知：除了把自己牵连搭进去，再不会有其他!”

方以智更加痛心，大声道：“如此世道，天理何在？如此朝廷，纲纪何在?”

孙晋劝道：“密之你须冷静！此时情势险恶，当谨慎对待，切不可因眼前情形而乱了阵脚。目前皇上一时愤怒要处置仁植，日后气消怒平，或会转念，那时寻机相救仍有希望。眼下担心的是，除了嗣昌挟私诬陷，仁植公前些年得罪过的一班小人也蠢蠢欲动，不可不防。彼若知你应试，暗中做手脚加害，便断了日后相救之机。我们商量，你要暂忍悲愤，少公开活动，对外声称不应今科会试，至时再秘密入闱。待进士授职后，再上书白冤。”

他们作为与方家关系近密的亲友乡党，朝中人多知道，此时最不便出面相救，焦虑之余只能尽心为方以智谋划。方以智接受了他们的劝告，忍气吞声。

过得数日，家人赶至京中送信，他父亲已被逮解京，方其义解散府中人员仆役，化装暗随保护。方以智伤痛无限，但人前却不敢显露。

到了二月会试期，他勉强着精神参加，幸得中式。接着又参加了校场试射。当诸考校结束，他再也忍耐不住，于三月上旬以会试中式举人的身份向朝廷上了《请代父罪疏》。

在疏中，他向皇帝细陈其父抚楚一年多，与农民军八战皆捷，多有建功，香油坪兵败，实是部将迫于兵部檄调所致，责不在其父。作为人子，他希望皇帝能允许他代父一死以白冤屈。这篇控疏陈情显孝，诚恳动人，但却没打动皇帝。得到的答复是："奉圣旨：殿试在即，方以智不得以私情陈请。"

昔日龌龊不足夸，今朝放荡思无涯。

春风得意马蹄疾，一日看尽长安花。

这是唐代诗人孟郊四十六岁考取进士，欣喜若狂之际写下的诗。诗中表达的那种春风得意心情，大可代表从古至今金榜题名者的共同感受。可方以智却是个例外——三月二十日殿试揭晓，他得中二甲五十四名进士。当他的同年、那一班新进士欣喜激动之际，他的心里却在为父亲的遭遇泣血流泪。

其时，他父亲已押解至京，下于诏狱中。他每次去看望父亲，心中便如油煎火炙般难受痛苦。虽然父亲劝他不要担心，谓朝廷总会弄清是非曲直还己公道，还镇静如常地与同牢的黄道周谈论易学。可他知道父亲处境其实十分凶险，随时都有可能论罪被刑！他自上疏不获请后，心中忧愤更深。父亲若有不测，他作为人子将有何颜立于人世？他每日惧伏穷巷之内，食不下咽寝不安枕，日夜惊悸不安，生怕什么时候便传来凶信。

他决不能眼睁睁看着父亲身陷囹圄含冤等死！在上疏不获请后，他曾去求过许多他认识和不认识的朝臣权贵，希望他们能帮他父亲辩白洗冤，却没有一个人愿意伸出援手。人情如此，令他于悲哀绝望之际明白，要救父亲只有靠他自己。他虽然地位卑微，但还有一颗赤诚深切的孝子救父之心，或许它能帮助他创造奇迹，脱父于劫难。

于是在取进士不久，求助无门的他，每日清晨便怀揣血疏，跪在朝门外，双手蒙额伏地，候百官经过，不住地叩头呼号，求人将他的血疏代为上达。午夜，他则露天焚香，虔心拜祷，希望感动上苍，脱父亲出危难。他就这样日复一日、月复一月地哀求祈祷着，那情形足以令人见之而起恻隐之心，闻之而下泪。后来京都之人无不知其孝行哀举，议论感叹不已。

最终，他的努力没有白费，感人孝行还是有了回报——虽然仍无人敢出面疏谏于朝廷，但为他猿肠鹃血替父申冤所感的朝廷官员们在纷纷扬扬的议论中，已造成了对方孔炤案的有利舆论，使陷害方孔炤欲置其于死地者心有顾忌，不敢公然再进诬词；而一些正直朝臣也暗劝镇抚司及刑部官员，只要皇上不催，尽量将案子拖延不问。因了这种种情形，是案一直拖到了次年夏季也未定决，而事情的转机也终于出现。

一日，崇祯帝朝罢回到上书房神情不怿，闷坐半晌，忽然长叹："求忠臣必于孝子之门。"又将这句话翻来倒去地说了好几遍。近侍太监见状，不觉好奇，他了解皇上的脾气，知道大凡皇上感慨之际，愿意对人倒倒肚里的话，便大着胆子跪请圣教。

崇祯道："朕早上御经筵，见展书官陈某，其父巡抚河南以失机问大辟，而陈某衣绵熏香，展书朕前，略无戚容，如此不孝者，岂能忠于朝廷？朕听说新进士方以智因其父方孔炤与陈某同罪下狱，日持血疏，膝行宫门外，遍求朝中达官申救其父，此亦人子，却是大孝可彰！"

近侍道："侍读之人衣着举止有礼仪规定，陈某怎敢狼狈入宫以侍万岁？或许彼内心也很忧念其父之事。"

崇祯摇头："不然。他若是心忧其父安危的孝子，为何不辞其官差，学那方以智泣血救父？人性品格高尚卑劣，在关键时刻最易分明判别。似方以智者，才是真孝子！真孝之人，必能忠国。其子如此，其父当可想象。这般忠孝之臣，虽有过失，朕当予其改过自新之机，为国家戴罪立功。”

刚愎自用的他，并没有认为先前罪处方孔炤是冤枉了一个臣下，只是感于方以智的孝行，明白乃父毕竟是个忠臣，心有怜惜，决定从轻发落。这意思曲折传出，刑部官员吴国仕随即呈疏，剖白方孔炤在楚功绩及香油坪兵败的冤屈情形，请求将其出释复官。

使方孔炤复职，无异于是承认自己错罪了臣下，崇祯当然不愿意，只是诏令释其狱而戍边。得到这消息，方以智悲喜不禁，立即驱程南返，告慰家中忧愁万状的亲人。七月，他父亲终于被释放出狱。

在父亲下狱一年多的日子里，方以智为了营救申冤，四处奔走哀求，忍辱吞悲，尝尽人情凉薄。他对那些不愿援手的权贵公卿们自是十分怨愤，对皇帝本人实际上也有一种不理解甚至埋怨情绪，但现在，因为皇帝从轻发落，他的感受又有了改变。

父亲出狱后，在同年米寿都、梁以樟、王崇简等载酒来慰的宴席上，方以智回忆年来苦难，感慨不已：

> 连年守铁门，激楚九回吞。痛饮故人酒，方知天子恩。
>
> 荷戈犹内地，负耜向荒村。且展羲皇韵，长歌洗血痕。

虽经历了一场伤愤无比的磨难，他还是情不自禁地感戴君主深恩。而在感念的同时，他也准备为君恩深厚的皇帝和多事危难的国家，倾奉才智精忠报国，在尽一个人臣的职责中，去实现他的人生价值和抱负。

然而，崇祯虽很欣赏他的才华而欲用，却终为权臣所阻挠。当方以智在工部观政结束后，只被授予翰林院检讨职务，以文学侍从去修史，这令他甚为失望沮丧。

第十一章　且去著述

初秋的夜晚，已略有凉意，方以智披着一件夹衣伏几挥笔，为吴德操《北征草》作序。

吴德操是方以智表弟，适方以智进京赴试前后，他游历燕赵，感愤国事而著诗集《北征草》。当方孔炤逮下诏狱，方以智为救父悲痛苦难之际，吴德操闻信赶来，一直陪伴在方以智身边，给了他很大慰藉。

他与这位表弟向来友爱，不单是亲戚之故，也因表弟的才华志向他很敬重。此时览阅着《北征草》，诵读着那些充溢着忧国忧民情怀的诗文，情思共鸣，深为感动。然而联想到朝廷的局势情形，又不禁颓然：

今日者……朝宁之间，容容为上。豪黠以挝人为能，诡言幂系，琯瑗可以恫恐。人情之变，日益侜张，寓目时事，非复昔比！

国事危艰，但那些手握大权的朝臣们却不顾国家社稷安危，或私心自用以弄权，或随波逐流明哲保身，或趋炎附势朋比为奸，排斥异己陷害忠良……这怎能叫人不为之忧愤！他为朝廷而悲，也为自己和表弟而悲：吴德操是一介布衣，报国无门。他虽已入仕，却只做了个抄抄写写的文学史官——尽管翰林在一般人眼中是一个清贵且有前途的职务，成化以后礼吏部的长官多出于翰林，可谓是学士阁臣的摇篮，但对他而言，目前这职务却是一个不沾朝政之边的闲差，而他的愿望却是做一个建言献策的科道谏臣。失望之际，几年前那种英雄无用武之地的感触，此时又泛上心头："悲我之得遇，犹之不遇然！"

写下这句感叹之语，他的心情异常纷乱。结束序文后，绕室徘徊，陷入久久的沉思。

吾之出仕，本欲一展大鹏之志，建功于朝，做一个不负家国之望、留名青史之能臣，若只是徜徉翰林，充一名悠悠书记史官，岂不与出仕初衷大相径庭？

而今朝廷奸庸当道，忠臣遭斥陷，腐败之风弥漫，吾既不能坐视不闻，又无力奋然抗争，岂不徒增遗憾与苦恼？古来贤者智士遇时则沛天下，不遇则归隐林下，吾又何苦迷恋这困厄仕途？何不学那陶彭泽种读南山，以野老为友，与清风明月作伴？吾少时博学穷经史，志在著述千秋，后累于功业之念，蹉跎至今而没有建树，何不趁此淹蹇之际退隐浮渡龙眠，潜心治学，以了夙愿……

这个夜晚，他想了很久才安歇。那归隐之念已纠缠心头，难以遣去。数日后，他作《顾瞻噫》一文，时不遇和退隐情思又油然泛起：

悲秋兮自古，望江南兮风和雨。风雨作兮江水波，不能语兮能歌。归兮！归兮！岁月无多！世不容我，汝当如何？

过一段时间，到了九月十一日他母亲的忌辰。伤悼之际，忆及母亲说过生他时曾作过一个怪梦，令她深深不安，嘱他将来前途艰难时即退身林下读书治学为生。他现在觉得，母亲的梦境似乎便预兆着他此生的遭际与归宿，这益发滋长了他辞官归隐之念：

自背萱堂十九年，圆壶彩帕泪痕穿。
梦中生我当斋戒，世上藏身托简编。
外祖书言心是镜，浮山石待笔如椽。
何时得遂藏轩意，归种丹丘墓下田。

是啊，既然生不逢时，不能有所作为于世，那还不如早早归隐故里耕读浮渡。但何时归去？他尚不能定。兹事重大，他不仅要仔细考虑好，也要听听亲友们的意见。他在京的亲友除了表弟吴德操、以荫事入贡在国子监读书的姑丈左国柱，以及在朝中任职的孙晋、方拱乾、光时亨这些人外，还有一班同年友好米寿都、梁以樟、王崇简、周亮工、姜垓、颜浑、戴明说、徐跃、田有年等。众人听了他的想法虽理解，却多不赞成他青春盛年便致仕归隐。

诸亲友的意见对他虽有影响，但最后决定他能否实现心愿的，还是他的父亲。方孔炤出狱后，稍作将息便已往戍绍兴。方以智写信去禀告，其父回信云：方家世受朝廷深恩，当丹心报国鞠躬尽瘁。尤其当此国势艰危之际，更应殚心竭力、勉力忠孝，岂可因一时之不遇而洁身远引，慰一己之安逸？吾儿不得为能臣，也必当是忠臣！尔其牢记，不可或忘。

父亲的态度意见，让方以智惕然为惊，只得打消了盘算多日的念头。归隐不得，他又不愿浑浑噩噩地混日子，怎么办呢？他只能选择：且去著述！他要利用职务清闲、时间充裕这个良好的条件，去致力于他的两部重要著作的写作。

少年时期他的学习兴趣是博学和文辞；青年以后，继承家学传统和师风，反对宋明以来理学信徒重道轻艺之习，倡扬实学经世，注意考据和物理。他早已开始撰写的《通雅》和《物理小识》，正是这种实学思想与重考据物理的治学倾向的体现。

《通雅》这本书倾注了他很大的心血。从他十八九岁开始写《尔雅注》，到后来改名《通雅》扩展内容续著，直至前两年完成初稿，头尾已十多年。所以如此耗时费功，跟这本书的体例内容及他的治学风格大有关联——

《通雅》在体例上十分独特，它“以经史为概，遍览所及，辄为要删。古今聚讼，为征考而决之，期于通达。免徇拘鄙之误，又免为奇僻所惑”。与《尔雅》《广雅》等解释名词术语的字书相较，在形式上虽有相似，但实际却大不相同。它不仅在内容上远比《尔雅》等字书要丰富，涉及天文、地理、动植物、文字、典制、器用和医学等多方面，且在考证解释字词音义名物时，杂有大量的论证阐述和知识综合会通，并开放性地引用了西学知识，正所谓“函雅故，通古今（中外）”。可以说，这是一项在他之前还没有人做过的巨大治学工程，设非是如方以智这般博学多知之人，是很难以肩承的。而他在写作过程中，本着严谨的治学态度，对一字一义、一事一物的考证，务必“穷源溯委，词必有证”，使此书的写作更是不易。但他凭着多年的不懈努力，还是逐渐完成了这项非凡的治学计划。

《通雅》的工作属于修改充实完善，而《物理小识》则尚处在编写阶段。此书的撰写不但与《通雅》相关，也最鲜明突出地体现了他的实学思想。

他受老师王宣的影响和启发，早就开始注意积累物理资料，每有见闻都记录下来。其后为了《通雅》的著述需要，更广泛地搜集天文、地理、算学、动植、医药等方面的知识技艺资料。他有一个想法，欲就自然物理方面的知识编写一部格致全书。但他目前的条件无法做到，便只有退而求其次：在《通雅》基本完成后，利用已搜集掌握的材料，整理、综合中华各种自然物理知识技艺，同时吸收西洋的成果，撰写一本既记录介绍又发表他个人研究心得与见解的专著《物理小识》。他要借这本书，进一步宣扬他的“欲避虚窃，必重实学”的主张，给那些只知空谈心性道德而漠视经济民生的道学家们，一个鲜明的反对和批判。他也相信，他的这部汇集古今中外自然物理知识技艺的著作，将对继承发展中华物理知识技术、资利民生经济发挥积极作用，和《通雅》一起从治学上实现他经世惠世的理想。

《通雅》所辨之字词音义名物，需要搜集大量的资料广征旁引，方能折中其是，故费了他多年的时间心血；而《物理小识》写作也同样不是一件轻松之事。为了弄清一事一物的性质因由，他不仅需要有翔实的资料证明，还需要进行大量的实际观察和测验来保证结论的准确——他是治学严谨之人，所著又是为着便利民用，所以他不允许自己马虎，以谬误贻害世人。只要需要和可能，他都会亲自就某一个问题事物进行实际考察，甚至动手实验。例如他论述能自动运转的“运机”，便是他通过实验，用悬桶流水与积沙下漏的方法来使机械转动。又如他做小孔成像的实验：“屋漏小罅，日影如盘。尝以纸征之，刺一小孔，使日照一石，适如其分也；手渐移而高，光渐大于石矣；刺四、五穴，就地照之，而四、五各为光影也；手渐移而高，光合为一，而四、五穴之影，不可复得矣。”

这种坚持实测而认识事物的方法，无疑是非常正确的。依靠它，他不仅更加深入地了解了事物的性质及变化情况，检验了他所介绍的知识技术的正确性，也得以纠正前人错误，发现别人尚未发现的东西。

譬如他通过临床实验发现虎油可以治病：“虎一身皆入药，而《本草》未载虎油之功效。愚于猎户取其油，以涂猎梨疮，一、二次即愈。亦可治大麻风。”

再譬如他在研究阳燧（凹面镜）时，通过实际观察而发现了光的色散现象："智见牛首塔影，寓白门塔影楼而悟，人自不察耳。凡宝石面凸，则光成一条，有数棱，则必有一面五色。如峨眉放光石六面也，水晶压纸三面也，烧料三面水晶亦五色，峡日射飞泉成五色，人于回墙间向日喷水，亦成五色。故知虹蜺之彩，星月之晕，五色之云，皆同此理。"①

他还注重利用西洋先进的器技来观测和认识事物，如借助望远镜观察金星，他发觉金星："有时晦，有时光满，有时为上下弦。计太白附日，而行远时，仅得象限之半，与月异理。因悟时在日上，故光满而体微，时在日下，则晦，在旁，故为上下弦也。"他不仅发现金星在各种状态下所呈现的变化情况，更由之认识到它的运动与月亮不同，不是绕地球而是绕日，而当时来华传教士所宣扬的却是"地心说"。

他如此重视实测之功，在同时期的学者中，是非常突出而罕见的。他的朋友对此有的觉得新奇，有的为之敬佩，也有的不以为然或不理解。

有一天，他的朋友南海人陈子升来拜访。这陈子升也颇有才华，尤精音律，善鼓琴，同擅此艺的方以智常与之讲论宫商，曲调相和。这日二人略谈了会儿朝中见闻，又不免技痒，一抱琵琶，一执笛子，定好调子怡然吹弹起来。

一曲未终，方以智却忽然停了下来，若有所思。陈子升不免讶问，方以智道："《梦溪笔谈》言以管色奏双调，则琵琶有声应之，并诧为怪异。其实不过是声同相应之常理耳。吾方才便联想到另一检验之法，可来试试。"

---

① 方以智是世界上最早认识光色散现象的科学家之一，在他此发现二十多年后，英国著名科学家牛顿才提出了棱镜分光和色散理论。

他取过一把三弦，请陈子升按他笛中所吹梅花调调好音度，然后又在那三根弦上分别贴上一张纸条儿。这些弄好后，开始试验。但见他笛中每吹梅花调一音，三弦上的小纸条儿则因丝弦的共振而微微颤动。他很高兴自己发明的这种巧妙的检验方法，忙寻纸笔记载下来。

陈子升见状，敬佩之余也对方以智这种随时求证物理的做法很好奇。道："吾闻兄著《物理小识》多为亲证，今果然如此！然而言物理者，不过纪物以为用矣，又何须这般费神耗力地去求证？弟颇不解。"

俩人坐下饮茶。方以智道："人见我著述注重实证，多有迷惑，以为癖好也，实则不然。吾固好穷物理，却非止为好奇兴趣。物理关乎经济民生至大，不可不认真对待。然自宋理学盛行，儒者惟守宰理，教人做一些切己养性卫道之功夫，于物理却极轻视。所谓穷理尽性之家，往往不知物理经济；一些当世之儒治学教人，论及物理也不达，惟依前人。至近世阳明心学泛滥，流弊更甚，弃学弃智，学那禅家只是参自家心体，那心外之物统统不入其眼。此种风气，害学害世害民极大！欲挽虚窃，必重实学。重则必考其真确伪谬以纠古今之衍错，推陈出新。而物理直接与生活经济相连，其性情特点变化则又隐于物中，故考察物理，非但要广泛搜集资料借鉴前人研究心得，更需尽可能地实测求证，方能了解其中真实奥秘，即如神农尝百草而辨药。若像阳明先生那样只是呆坐在亭子里，对着竹子苦思冥想，那又如何能格出其中道理来！"

陈子升听了他这引喻，不觉笑了起来。原来王守仁反对朱熹的"即物穷理"，说他曾经按照朱熹的说法去格竹子之理，坐在亭间望着竹子想了整整七天，结果不但未格出其中道理，反而却劳思成疾害了一场大病，于是感叹"天下之物本无可格者。其格物之功只在身心上做"。

方以智复道："考察物理，非但要注重实测，有时甚至更需多方观察求证，方能最终确定其性质功用。不然就易出差错，误下结论。如

《本草》言铅，以为无毒，甚至久服可延年益寿。这本是道家炼丹谬说，它却袭而言之。后来李时珍著《纲目》仍谓铅无毒。想这些医家也是重考察观测之人，对铅性自亦应有所检验，然却为何仍有是言呢？那是因他缺乏更多更深入的求证所致。吾向怀疑此说，曾特至采铅处考察。结果发现采铅之人多呈黄肿之象，显见铅性对人体甚有危害。若是多服，塞窍留尸，必如汞一样毒害人体。此种错误若不能实测纠正，贻害世人甚矣！”

陈子升叹道：“吾而今方知，考索物理不能只埋首书本，盲从古人。吾兄治学一丝不苟，委实令人敬佩！”

方以智道：“但我重实测，亦非仅为准确无误，这其中尚有其他考虑。即如拙作《物理小识》虽为纪物，却又非仅为纪物也。此关乎吾一点治学愚见，乔生若不嫌浅陋，当为言之。”

陈子升道：“愿闻其详，只请不吝赐教。”

方以智问道：“宇宙世间，万物现象变化及百科知识纷陈，其间深浅高低、因果联系、变化会通，吾兄治学时可有一整体思量把握？”

陈子升沉吟道：“天地万物，人间万象，广浩深冥，亘古以来变化无穷，神机难测。自仓颉造字，圣人据之教以文明，其后百家诸子各抒胸臆，遂有百科知识学问。其中虽有通论，亦止于某一层面，如专言德行者、专言经济者、专言文章者等，至广者，亦不过天人性命之泛论。此外再言联系会通，吾既未闻，也觉渺茫难为矣。不知密之兄有何高见以启我昏昧？”

方以智道：“不敢。人常为天地人生万象纷呈变化莫测而迷惑不解，然以吾观之，不过物矣，盈天地间皆物也。人受其中以生，生寓于身，身寓于世，所见所用，无非事也。事一物也。圣人制器利用以安其生，因表理以治其心。器固物也，心一物也。深而言性命，性命一物也。通观天地，天地一物也。凡物皆有其故。考察人世治教兴废，可明宰理；考察天地自然万物之性情好恶，推其常变，可得质测之物理。宰理、物理乃可知之具体事物性质变化之理。若究其何以为宰、何以为物之根本道理，则需以可知摄不可知，以显征隐，以实求虚，从而发明物物神神变化之深几，认识宇宙世间万物生成变化之至理。古今中外之学，不外此三种。若以物之质论与通论而言，实即质测与通几两大类。此两大总类，质测即藏通几，而通几则可护质测之穷；不可以质测废通几，亦不可以通几废质测，二者不相坏也。吾著《物理小识》，既为明物理以济世用，更欲以推阐其所以然而求通几之至理。若不注重实际考察测验，则物理何明？物理不明，通几何求？正因实测如此重要，吾故将物理称为质测。”

陈子升听了方以智这一番宏论，深为震撼钦服。在方以智之前，尚未有人对天人物理与知识学问的认识，发表过如此独特而深妙精赅的看法。以前他虽也敬佩方以智，不过将其视为博学多知的才人而已。眼下，他从方以智那独特新颖、发前人之所未发的见解评论中认识到，面前之人实是一位眼界高阔思想深邃的非凡学者——虽然他此刻尚不能完全理解那些思想观点的意义，但这并不影响从此将方以智视为良师益友而更为敬重。

像陈子升这样通过接触交流进一步了解方以智本人及其治学情况的例子很多。可以说多年来，方以智的朋友们，无论是流寓南京前后结识，还是进京后相交的，对他的癖好考究物理以及注重实测的治学态度，大都有一个在接触交往中，由惊讶到理解敬服的过程。方以智在治学上另外一个突出表现，即他重视且热衷于对西学的研究学习，却是大多数人始终不以为然的。

西学东渐始于万历后期西方传教士进入中国。对于异域文化的流人，素来坚持夷夏之防的国人，本能地怀有一种戒惧排斥心理；在士大夫阶层和文人学者中，除极少数如方以智这样的思想开明人氏对西学怀有别样的重视热情外，绝大多数人都是以中华上国自居，奉汉文化为正统，将西学视作异端邪说加以蔑视、诋毁和反对。方以智的众友也是如此，他们对方以智的西学热情甚不理解，有时还不免泼泼冷水，予以讽谏。

有一次，方以智想约翰林院的几位同年，晚上一同到他的德国朋友传教士汤若望家去，用望远镜观测天象。众人有的支支吾吾，推脱不想去；有的说："吾国自周以降，数千年天文学问丰备精密，欲明天象开卷即获，何必费神去观测什么?"；有的干脆道："西人正欲以彼奇技淫巧蛊惑国人，密之兄须防为其迷了心志。"

虽然如此，但大家对方以智热心西学却也并不持如何激烈反对的态度。因为方以智并不像当时的徐光启、李之藻等人那样，不加分析兼容并蓄地接受西洋文化甚至拜信天主教，他是在重视的前提下，对西学采取了一种批判吸收的态度。

方以智通过对西学的认真研究，形成了一个基本的看法：西学详于质测而拙于言通几，而在质测方面，也还不够完善。这是他依靠渊博的学识以及严谨冷静的头脑，站在时代高度审视异域文化，而作出的理智判断。正是基于这个独特卓异的判断，他反对对西学不加思辨地照搬照抄，而主张"借太西以为郯子"，像孔子问学于东夷郯子那样，批判地吸取西学的长处以为我用。而他自己，作为一个自觉的启蒙者思想家，他希望以西学为鉴，辟其虚渺荒谬，取其精华，作出更合理的治学论断，为后人进一步发展和完善中华文化作出先行者的努力——这种努力，便集中体现在他的《通雅》《物理小识》这两部著作中。

例如，在天文学和舆地学方面，他批判了西方流行的上帝创世说，而吸取其地圆、地动等理论以及测算日月五星的空间位置等技术，用以纠正中国传统的天学理论中的错误；又如在人体科学方面，他扬弃了西方传教士的上帝造人说，吸取西学中的人体解剖和生理卫生知识，提出了人“资脑髓以藏受”，“人之智愚系脑之清浊”的大脑真宰说，同时从医学和思辨学问上突破了中华数千年的“心主神明”的传统观念；再如在历算方面，他通过比较鉴别，总结了中法不及西法精确的各种原因。此外，他还就许多被国人斥为“奇技淫巧”的西方先进工具及生产技艺作了肯定性地介绍和评价，以期开拓国人的视野，促进中华传统工艺技术的改革和发展。

他主张以西学之长为我所用，也并非仅仅局限于质测之学。在其他方面，他也根据实际同样贯彻着这个主张。他关于汉字拼音化的设想便是突出的例子。

中国文字历史悠久，古今变化甚大，以致字多音繁，方言纷沓，很难学习掌握，甚至影响文化的保存、传播和交流。方以智敏锐地看到了这种弊端，极力主张对其进行改革。如何改革呢？他在接触了解西方文字后，非常欣赏西方文字的简明易学，且认为中西文字声韵可以会通，所以他主张汉字应像西方文字那样简化和拼音化：“太西氏十字皆只一画，作 1、2、3、4、5、6、7、8、9、0，不烦两笔，取其简便耳”，“若事属一字，字各一义、远西因事乃合音，因音而成字，不重不共，不尤愈乎？”还是在南京时，他受法国传教士金尼阁所著《西儒耳目资》以拉丁文对汉字进行分类的启发，仿西文列汉字成字母，依音韵变化，制成了《旋韵图》付梓，为会通中西使汉字拼音化作了一次极富启迪意义的改革尝试。他还进一步构想，文字改革应先立一近法：即“先就天下之大，取其所者，折衷为一法”，“惟其有近法，起例可比、可辨，则我不能明者，后人得因以此著论加详”，则“数千载之下，亿万里之外，皆可对翻”，使中国和西方做到“和乐律、通鬼神、格鸟兽、神而明之”，共享同文之化。

当他以高远的眼界和博大的气概设想着这令人激动的蓝图与远景时，他知道这是一个宏大而艰巨的工程，而他生活的这个乱世，是难以将它付诸实施的。他把殷切的希望寄予后人，他相信他的改革设想在将来在后世总有一天会实现……①

“手笔尊如泰岳碑，西斋枕籍足栖迟。自藏圭壁尝闲卧，每退班行即下帷。”

这几句诗可以算是方以智几年京官生涯中致力著述的自我写照。就在这样的笔耕不辍中，到他三十三岁这年夏季，他终于将《通雅》修改完毕，而《物理小识》的初稿也已完成。当他写完《通雅·凡例》和《物理小识·自序》时，手抚着厚厚累迭的书稿，内心不无喜悦和激动：他在感慨多年的心血付出的同时，也亟望能尽早地把这两部著作奉献给世人。然而世事变化难料，他没有想到，眼前这两部已可付梓的著作，却在日后还要同他一道经受国变的劫难而久久不能问世，一直到二十多年后在友人的赞助下才终得刊行，使世人能一睹其面目。

《通雅》五十五卷，约七十万字。卷首三卷，之一为《音义杂论》，之二为《读书类略》，之三《诗说》《文章薪火》。全书正文分《疑始》（专论古篆古音）《释诂》（分缀集、古隽、谚语、重言等类）《天文》（分释天、历测、阴阳、月令、农时等类）《地舆》（分方域、水注、地名异音、九州建都考、释地等类）《身体》《称谓》《姓名》（分姓氏、人名、同姓名、鬼神等类）《官制》（分仕进、爵禄、文职、武职、兵政等

① 直到近三百年后，方以智关于汉字改革的设想才被后人输入现实化的过程中。但他作为汉字改革的先驱，人们不应也不会忘记。

类）《事制》（分田赋、货贿、刑法等类）《礼仪》《乐曲》《乐舞》（包括乐器）《器用》（分书札，碑帖、金石、书法、装潢、纸笔墨砚、印章、古器、杂器、卤薄、戎器、车类、戏具等类）《衣服》（分彩服、佩饰、布帛、彩色等类）《宫室》《饮食》《算数》《植物》（分草、竹苇、木、谷蔬等类），《动物》（分鸟、兽、虫等类）《金石》《谚原》《切韵声原》《脉考》及《古方解》共二十多个门类。

《物理小识》共十二卷，约十万字。全书共分天类、历类、风雷雨旸类、地类、占候类、人身类、医要类、医药类、饮食类、衣服类、金石类、器用类、草木类、鸟兽类、鬼神方术类以及异事类凡十五个门类。

这两部著作问世后，流行很广，影响远至海外日本等国。百年后，它们被收进四库全书。四库提要评价《通雅》曰："方以智崛起崇祯中，考据精核，迥出其上。风气既开，国初顾炎武、阎若璩、朱彝尊等沿波而起，始一扫悬揣之空谈，虽其中千虑一失，或所不免，而穷源溯委，词必有证，在明代考据家中，可谓卓然独立者也。"而对《物理小识》则道："张华，赞宁所撰但言克制生化之性，而此则推阐其所以然……细大兼收，因亦也可以资博识而利民用。"

第十二章 甲申之变

崇祯十四年九月，朝廷中一件不大不小的喜事，略为冲淡了年来因为李自成陷洛阳杀福王、张献忠破襄阳杀襄王、吴三桂兵溃松山以及京师旱疫而给人们带来的惊惶沉重心情：皇帝第二子朱慈炯被册封定王，举朝庆贺。

册封后接下来之事，是替皇子选出阁就学的老师。在皇帝的关注下，不过数日朝廷诏令便颁了下来：方以智以翰林检讨出任定王讲官。

方以智的朋友们皆为这新命替他高兴，他自己也颇觉欣慰。之前他以不得遇而著书自娱，淡泊明志，但内心深处却不无遗憾忧郁。而今被点王府讲官，虽非是什么重要职务，却说明皇帝对他的人品学问的肯定赏识，让他感到了一种特殊的荣耀和精神振奋。进京数年一直沉郁的心境，至此才好转起来。

诏命是十一月下的。年底他护送淹留在京的金氏继母返乡与家人团聚，节后先与弟弟方其义绕道苏州参加了李雯、郑元勋等人主盟的复社大会。然后于二月中旬返京入宫训讲，当起了定王老师。

朱慈炯这小王爷颇淘气任性，又小小年纪已见惯了被人悦色奉承。

岂料这刚上任的老师却不是那么回事，态度庄重不说，且讲课时声音洪亮，语气严厉。这令朱慈炯既有点受不了又有些畏怯，对老师的提问，十句只回答那么一两句。问得急了，他就叫另一个负责仿书的刘明翰来训。一旁的内侍忙劝止，说这是皇上定的礼制不能更改，他才作罢。

但这定王委实聪明，且记忆很强。他既不想听方以智训讲而又为礼所拘，心生计较，先用心将下次应诵之书背熟。宫中讲学定三六九为期，隔了三日方以智再来训讲时，书刚拿至手中，这小孩儿便掩卷背诵如流。随即放下书道："方先生可出去，吾与刘先生仿书。"原来王府读书有个旧规：只要书背熟了，虽时间不到，却可请先生先出去。订立此规，大约是怕累了这些高贵的王子们，淘气的定王便借之支开让他感到有些害怕的方先生。

方以智知道这规矩，明知这小孩使刁难回避他，却也无奈。坐在外面想想好气又好笑，倒也喜爱定王聪明有加。既知彼不喜听自己训讲，他当然要检讨一番。琢磨之下想想定王的神情，也即明白怕是自己的态度语气严肃了，让其觉着拘束畏怯，那毕竟只是个十一岁且向来被人捧惯着的小孩儿。下次讲课时，他便尽量使自己的态度语气随和些。定王果然便未再觉着拘谨不安，不再想要先生出去。

如此经过一段时间磨合，师生关系逐渐和谐融洽起来。定王虽总觉得方先生比较严肃，但只要他能接受，便不再挑剔，何况父皇又吩咐过要听先生的话。此外他也觉得：先生人虽严肃些，但学问是极深的，无论他有什么问题，先生都能讲得清清楚楚，使他知道了不少知识道理。后来他又发现先生不仅学问好，字也极漂亮，比教仿书的刘先生写得还好，令他大是敬佩。故后来他不但能认真听讲，甚至抽空还要请方先生教他写字。

朱慈炯本很聪慧，方以智训讲又很尽心，这教学自然便颇见成效：

小王爷不仅书背得熟，文中要义也能大概领会。且在其师的谆谆教导下，言行举止亦较前有大改善。崇祯闲暇查察了几次，甚为满意，觉得儿子这个老师没有选错，越年另一位皇子永王出阁就学时，他又指定由方以智去训讲。

王府讲官既尊荣体面，也颇清闲，加上心情尚可，素来喜爱诗酒以乐的方以智，不觉又故态复萌重拾旧趣。在他的曼寓新邸建成后，常常聚集姜垓、龚鼎孳、阎尔梅、巩永固、曹溶等一班旧友新朋，文酒相会放怀娱乐。而豪情之余，风流多情的他又生佳人之思，将酒楼结识的歌伎才女周颖侯纳为侧室。不久后，他的妻小也由家人护送进京，一家人团聚。

庚辰通籍以后的数年中，因父亲的遭遇和个人失意，方以智殊少有荣登仕途的快乐。现在随着情形改变，他的感受也有了很大变化：职务的荣耀体面、著述的进展成就、家庭的团聚欢乐还有美妾的相伴怡情，所有这些，都让他体味到了较大的人生满足和生活惬意，思想上是很希望将这样的日子再继续下去的。此时的他还想不到：随着即将到来的形势剧变，以后他再也不能如眼前这般意气酣畅了……

崇祯十五年十一月，在关外攻城陷地连挫明军的清兵分道入塞，悍然南下，烽火兵芒直逼京畿及其以南的广大地区。京师告警且实行戒严，朝廷命勋臣分守九门，并征召诸镇入援。同时下诏起用过去被废弃的将领，并在全国荐征才堪督师大将者。

戴罪戍守绍兴的方孔炤，被急诏赴京。他在儿子的朋友周岐的护送下，急装北上，却因南下肆虐的清兵，先后被阻于徐淮直隶间。当他们穿越烽火间道夜行冒险赶至北京时，已是次年仲夏间了。

在方氏父子看来，以当前的形势和方孔炤的军事经验与才干，此次诏征入京，肯定会被委以军务重任，督师御敌。事实上陛见后，崇祯对痛陈时弊的方孔炤也是满意的，拟用为兵部侍郎。但首辅陈演却因忌恶方孔炤而加以反对，最后议命方孔炤以都察院右佥都御史，总理河北山东等处屯务。这新设之职不仅与当前军事不沾边，且此两地正是战乱兵凶之际，那屯务既非急事也根本没有治理条件，陈演这样做不过是敷衍塞责应付皇帝而已。

方孔炤本欲当此国家形势危急之际能替主上分忧，效命疆场，却不想为权臣所恶仍被冷落闲置。失望忧愤的他，陛辞时又向皇帝上了应对时局的建策《刍荛小言》，希望皇帝能总结用人得失教训，不要再让那些奸庸之流误国害国。崇祯虽感其忠谏优容以待，但他这时正信任陈演，自不会改变对方孔炤的任用。

河北、山东刚受清兵屠掠，疮痍满目，方孔炤有心无力，屯务办无可办。方以智原也拟待父亲督理军务，便请命随军效力。但现在父亲既不见用，而他自己更官微言轻，壮志难酬。父子二人进退不得局促于辇下，甚是焦急郁闷。

一日，数月前刚致仕的大学士吴甡使家人来召方以智，因阁老为人撰了墓志铭，请方以智去书丹。方以智的楷书类赵子昂，清秀遒劲，阁老甚是称赞，书罢陪着叙话。

吴甡与方以智之父皆是朝中老臣，政见近类，关系不错。这时闲话，感叹说："目前虏寇交逼，国事危急，朝中正亟乏通晓军事之大臣，仁植公谙熟边事军情，堪当重任。以前兵部尚书傅宗龙便疏荐总理军务，吾入阁后也曾数言于皇上。可皇上先信那杨嗣昌、周延儒之言，现在又为那庸才寡学心胸狭窄的陈演所欺误，终是弃而不用，令人扼腕！再这样下去，谁为朝廷中流砥柱，以挽狂澜？"

方以智道："前些日家父陛辞时，曾谏论这些年来朝廷用人之得失，圣上甚为动容。倘圣上能察之前用人之失，不抱成见，起用因党祸而被罢废的郑三俊、刘宗周、徐石麟等一批忠直威望大臣，朝中形势或会有所改变。”

吴阁老见他对皇帝尚抱有幻想，同时自己也被触动了心思，道：“贤侄错矣！你不了解皇帝心思性情。当今圣聪蔽失忠奸不辨已久，更可悲可畏者，他因痛伤国事而疑恨臣下，不但性情愈发暴戾冷酷，更听不进异议尤其逆耳之言，所有建策疏议谏言，合己意者为善为忠，逆己意者便疑其有异心，是不忠不义而以憎恨罪处之。自古为君之道在宽仁纳谏用人不疑，而当国乱世危之际，更需君臣相互信任彼此同心。若目前皇上这般刚愎乖张，一意孤行，又有陈演这样的鄙庸阁臣弄权误国，不说不能察奸辨忠，起用贤能，便朝中尽是高才忠国之士又能如何？又于事何补……唉，如今也只能是拖一日是一日了！”

方以智听了，内心甚为震撼惊懔。他虽久知朝政腐败天下不支，但总希望通过政治的改良来挽救大明朝的没落，以为只要皇帝能察天下之情，知人善用行政公明，腐败弊乱就能肃除而天下可致安定。为之还专门写了《相道》《帝学》两篇文章，探讨宣扬这样的政治改良主张。在当前国家形势进一步恶化之际，他更把救时救国的希望寄予在主宰朝政大权的皇帝与入阁的大臣身上。但吴阁老的直切评论，在两方面都把他的希望击得粉碎。

重阳过后不久，这年延期了的殿试揭晓，方以智的好友陈名夏荣登甲榜进士及第。恰巧，这时孙晋也来到京中相聚。原来孙晋前年以兵部侍郎出督宣大，当时朝臣多畏出外任，孙晋道：“主忧臣辱，吾何敢爱此身！”遂慨然请命。在任两年，修斥堠严守备筹兵食，深得将士之心，因积劳成疾乞归。

方以智与这俩人有着特殊的亲密关系：除朋友同志乡党之外，还是许字换帖的儿女亲家，孙晋陈名夏各有女许给了他的长次二子。故这时陈名夏蟾宫折桂，孙晋阔别来聚，倒是让他于忧惶之际稍稍高兴了一阵子。但这心情也没维持多久，不过旬日，便因好友龚鼎孳被逮下狱又转生悲愤。

龚鼎孳刚擢兵科给事中，因感于朝中许多事故不能不谏，遂上了道长疏。疏文最后直言首辅不能一误再误，庇贪害国，惹恼了陈演，在皇上面前一顿搬唆便被下了狱。

方以智既痛友人陷狱，又悲朝廷昏昧，同时又闻兵报，明军在与农民军作战中屡遭败绩。李自成挥师西北，饮马黄河兵逼山西，他忧愤不已。到这时，他才深切体会不久前吴阁老何以对朝廷局势和国家前途那样失望悲观。

他父亲也清楚形势危急，与儿子商量，谓当此多事之秋国家危难之际，我父子唯死效朝廷尽忠报国而已，但家中老小事宜却不能不安排一下，以防不测。方以智遂独自离京南返。

冒着雨雪风寒，他先回到桐城，将庄园田产事情作了些处理安排。离乡前他在大江边上的旅馆留宿了数日。所以如此，是他回家时发现了父亲在庐墓期间著成的《周易时论》初稿，怕日后有闪失携了出来，欲趁眼前空暇研读一下。

方氏几代习易研易，方孔炤在继承父祖易学的基础上，吸取一切可资的思想知识，折中诸家，在更广更深的层面上对家传易学进行了阐述，形成了别具特色的方氏易学。《易》以太极阴阳变化的卦爻象数来象征说明宇宙世界的生成变化，方孔炤广父祖之学而阐的易学特色或者说基本观点，是认为太极在生阴阳而造天地万物的过程中，通过不断地变易来显现着自己的本质，或者说正是时时不息的阴阳万物变化才体现了太极的存在和主宰，即六十四卦皆不息之时，时时变而中不变，有极即无极即太极。他更因之而发明了“一在二中”“因二贞一”的公因反因说。

方以智阅读着草稿，甚是兴奋。他认为以父亲这部著作为代表的方氏易学，已在易学丛林中独树一帜别开生面，尤其是父亲创造的公因反因说，发千古之所未发，乃是破天荒之大创见，真正揭示了宇宙世界的奥秘，天地万物的存在、一切的生成变化现象皆可由之而得到证明。他为父亲的成就而骄傲，同时也颇感自惭。

这些年来，他致力于质测实学的研究，除了经世致用和反对空疏学风的原因外，另一个重要的因素便是希望由物理而通几，在更高更深的层次上揭示宇宙万物生成变化的所以然，最终创立他的傲视古今的质测通几之学说。要达到这个目的，他就不能止步于质测的研究，而要进一步去研究易学易理，因为在他看来《易》不仅本身就是一部征天地之几的大物理，也唯有易的象数之理和方法才能解开宇宙世界的大本大原的奥秘。他少时既已习家传易学，又从老师王宣处得窥河图洛书之秘，以备进一步研究发明之基础，只是因为遵从父师的说法，以为研易非但需要学养深厚更需对人生世界有足够认识，非年轻人所宜为，故拟俟年岁大点再进行。但此刻面对父亲的治易成就，他觉得自己原来的想法是祷时文过，不过掩饰自己的不努力罢了。他现在完全可以凭借父亲的易学成果尤其是公因反因说这样的坚实基础，在发扬完善中去建立他的通几之学。但危乱的世事能给他这样的环境和时间吗？他为之忧叹。

崇祯十七年（1644）甲申。初春的北京，仍是一片冰天雪地的严冬景象，加之连日朔风凛冽，使人倍觉寒冷。

曼寓中的书房里生有炉火，但方以智却仍时时觉得寒冷难御——也许这寒冷不仅仅来自于大自然，更来自于他心底对时局的深深忧惧。

正月初一，李自成在西安称王，建立大顺国。二月便亲率大军入山西，下太原，进破代州，其别部则取怀庆、彰德、真定，兵芒直指京畿，形势已然十分危急。

到了这种时候，方以智再没有心思去王宫中讲书，连日来待在书房内焦虑思索自己该怎么办。他家世受国恩，当此国家形势危峻之际，自当殚精竭虑勇赴时难。可他与父亲一清职一闲差，既不能干预时政亦不能去前线参战，却如何精忠报国为朝廷尽力替皇上分忧呢？

思考了数日，他作了决定，写成《请缨疏》一道。在疏中他请求皇帝能授其父以军务，召集河北、山东义旅抗敌，而他自己则望改兵曹参谋，出联镇协，父子枕戈一同报效疆场。

不想疏呈上去，却无人理会。为达目的，素来不屑谋于权贵的他，只得改变途径破例上书自荐于阁臣魏藻德和范景文。

魏藻德过去在翰林院时同方以智关系也还不错，但这时却不愿帮忙。不过范景文却为方以智的精神后感，一力举荐。二月三日，崇祯在德政殿召见了方以智。

方以智向皇帝重申了请缨心愿，并不顾犯忌，痛陈救危方略。

崇祯甚称善，嘱他补本细奏，并有拔用之意，却又为首辅陈演所阻。但数日后，崇祯还是诏命方孔炤兼理军务，督同广大二道就近防御，这令方以智多少感到了些安慰。在父亲出京赴前线后，他又一次请求朝廷允许他去淮上招募兵勇卫京，结果仍是不报。

这是三月十二日的事儿。这时，李自成大顺军已攻陷宁武与大同，逼近畿南，摆出了与明廷决战的架势。

面对这形势，紫禁城内一片恐慌。到了此时，绝大多数人都已看出京师危在旦夕或将不保，以前被压下去的南迁呼声又再次响起。方以智与他的一班友人陈名夏、龚鼎孳、魏学濂、李雯等也积极活动，议拥一王子南下监国。但痛心疾首的崇祯皇帝却以“国君死社稷，朕将焉往？”，断然拒绝了所有的南迁监国建议，只是下诏天下勤王，企图负隅顽抗。

然而一切已是徒劳。在锐不可当、气势如宏的起义大军面前，明军早已军心溃散了无斗志，京畿守军非降即溃。三月十九日，在隆隆的炮声中，李自成大军攻克了北京，紫禁城中的崇祯在煤山凄惨自缢。

乱中与陈名夏、龚鼎孳、李雯、吴尔埙、魏学濂等友人相遇在金水桥边的方以智，闻听皇帝死国的消息，决心殉难尽忠。当朋友们商量今后之计时，他道："生为大明臣，死为大明鬼，我辈唯有一死以报先帝!"

他的意见，众人有赞同的，也有不赞同的，意见不一，又怕为大顺军逮去，遂掩于一破庙中暂时藏身。但方以智殉国之意未去，数日后与众人仓皇分别，便径奔东华门而去。

原来崇祯死后，被一扇门板抬到了东华门，曝尸数日。一代君王落得如此下场，却也可悲可叹！兵部武选主事刘养贞不顾身家性命危险，买了口柳树棺材将其收殓，停于一间席舍内。方以智打听到这个消息，与诸友分手后，径至崇祯柩前哭灵，哀恸如嚎。

此前悄悄来拜祭的人也有，却不似他这般公然呼天抢地，故很快被附近守卫的大顺兵抓住。方以智虽不畏死，却不愿死于"贼"之手，押解途中，趁士兵不注意寻机逃脱了。

他逃到禄米仓后一条夹街上，见人家屋边有一口水井，便欲投井自殉。他含泪对着崇祯停灵的方向和南方的故乡拜了几拜，向曼寓方向他的亲人们所在处投去一瞥深情的目光，便奔井欲投，却不料被人一把抓住道："先生，如何想不开!"

原来是一担水之人拉住了他。方以智未言语，走至一旁候担水人过去。也许是他命不该绝，恰遇一苏州熟人陈伯明路过，睹状将他邀至自己寓所，留宿一晚，使方以智欲死无机。更不料次日一大早，他府中的一个佣人因大顺军搜捕朝廷官员甚急，畏惧祸连，私下出首告发，带着几名士卒一路找到了他，使他又被逮捕。次日便与一些同逮者一起，被点名验身后关押了起来。

他之前既不能主动投诚归顺，此时又因交不起大顺军规定的赎金，备受狱卒严刑拷打。所幸狱中有一书记官，因怜他的才华忠义，悄悄给药送食，才使他在久刑之下得以挺过，不致丧身狱中。

初被捕时，他尝深悔不先死而致落入敌手，求生不得求死不能。久刑后念头却又转了，思量既已不死而忍辱如此，便当留有用之身以为图后。这死志一去，便思求脱身。在被囚二十天后，他趁看守不在之机，溜出关押之房，逾墙逃出。

当他褴褛露肘一身伤痕地出现在家人面前时，妻妾儿女惊悲无已。得知他回来告别，即将出城逃亡，妻小俱跪泣不让行。潘翟哭道："大乱之时，夫君若走，丢下这一门妇幼怎么办？况且天地倾覆，遍处兵匪，路途又怎保平安？望夫君顾念相守，一家人活要活在一起，要死……也死在一处……"

方以智心如刀绞，说："先皇辱难，我命当万死，所以苟活脱逃，只为着雪耻图复。此时惟计脱虎穴，遑虑前途凶险？又如何顾得了你们？"

潘翟见丈夫决意弃家小而去，虽知为着忠义大节，但想到前途凶险难测，而自己与孩子们也不知会遭遇到什么，不由得悲痛欲绝。这些日子她为防备被乱兵污辱，身上一直藏着把刀子，这时拿了出来便欲自刎。方以智急忙夺过，孩子们抱着父母大哭。

心在流血，但方以智不能不硬起心肠。他含泪对妻子道："你素来明事，如何起此心念？我何忍抛你母子于难中？你即死又有何益？但望你坚强起来，照顾好孩子们。沧海桑田，或许还有相见之日。"

潘翟知不能挽留，不敢耽搁，哽噎着去给丈夫收拾包裹。方以智换了身衣服，挥泪而去。

第十三章 阉党迫害

自逃出京城后，为避兵丁搜捕，方以智装作聋哑人，取道通州间关南奔。途中又遭遇盗匪，虽存得性命，包裹衣物却尽失，身无分文，只得乞食以行。亏得他平时不是十分养尊处优之人，尚能耐劳苦，又幸得两位同行客人仗义帮助，才在历经一番险难后抵达济南。

从三月十九日京城破陷直到此时住在小客栈中，惊魂未定而实已疲惫不堪的他才得以稍事喘息。先前在巨大的震撼打击和高度紧张下，他的思绪近乎麻木。此刻一暂定下来，那天崩地裂的国难情景，变乱中千千万万人的生死挣扎以及个人的遭际，又异常清晰地展现在眼前。心中充斥的都是丧国之痛、仇敌之恨、死难之悲哀，以及对那些误国丧国的九卿大老的愤慨！而逃亡途中惊心伤痛的经历见闻，也翻涌在他的心中，更增添着这一腔悲愤。

出门几日腰无钱，自然僵死大道旁。幸有栎山鹤市客，顾我慰我如平昔。行路远，视早晚。脱衣加我寒，捣韭与我饭。三人合上薄畚车，沧州得策南皮蹇。鬲津阳信无人烟，安陵改道之吴川。贼方下东昌，莫上临清船。东阿、阳谷尽枯骨，五年此路行人没。颓垣夜绝鸡犬声，村夫惊讶三更发。济宁杀气如覆舟，西门高挂义兵头。黎明速趋邵村下，下坡问渡逢贼马。拔刀停刃腰背间，厉声南走无活者！苦言客商贫，束担从天津。下镇南阳合驵会，未曾夹带长安人。弃置布囊如败絮，破帽单衫走前路。马上虎长饶汝去，此事尝经不须惧。即夜乘舟投鲁桥，丁家下闸人咆哮。重趼便举足，不用烦叨叨。五日奔波马陵郭，井水十瓢咽藜藿。烹鱼只博野夫餐，两浆动被楼船夺。嗟乎！南望黄河，北望旧京，宿迁以北无一城。伪官发牌扬千旌，十城九城开城迎。祖宗恩泽二百七十载，只有宁远将军在。传道平原枭骑归房山，青州义士栖东海。归德、汝宁都未降，太行商洛皆有待。若使诸将齐用兵，何难指顾山东平！却拥高牙大纛淮海行，淮阳能守河南岸。建武、建炎天下半，徐泗掠行无孑遗。白杨人哭官兵乱，烧桃源，烧清河，禁舟楫，无人过。避难来，难未已，行人愁，愁还喜。荒村一叶藏蒲苇，即使官兵劫杀人，归魂犹作朝廷鬼！

一方面是大顺兵挟陷京城之威，檄令之处各地纷纷迎降；另一方面，手握精兵的明廷将帅却逃跑远至淮扬，一路驱兵劫掠……所有这些仇恨悲痛、焦虑愤怒，都在不停地撕扯着他的心灵，激荡着他的思想，使他恨不得早一日赶回南京，将京师及北边敌军的情况报告兵部，以期兴兵北伐。

在这种心情的支撑驱使下，他拖着疲弱的身体南下，五月初行至吴地。因扬州高杰兵乱，乃绕道泰州，渡孟河而西，于初十日抵达南京。

当那高大熟悉的城墙还有那巍巍的钟山遥遥在望时，他情不自禁地流下了悲喜交集的眼泪。感触万千的他直奔孝陵，在高皇帝陵庙前放悲哭拜一场后才回家。

家人猛然见他归来，惊喜而泣。不久前方以智父亲已从烽火中抵家，现在失陷京师的方以智也居然活着归来，人人悲喜不禁。听他叙说惊变后的经历危难，惊痛之际想到潘翟母子仍处危境中，又伤忧不已。

方以智当日为了尽速南归报仇雪耻，狠心不顾家小，心中极其内疚痛苦，每思及与妻儿别离情形，便心如刀割。此时归家，那种思念痛苦越发深刻。而他的尊长们在慰藉他的同时，却为他的抉择彰显孤忠大义而骄傲自豪。八十二岁的老祖母揩拭着眼泪道："孩儿做得对！你怀忠义舍妻子，不辱家门，也无愧于朝廷！你且莫悲苦，我看见祖宗先人在笑，在夸你是方家的好子孙呢！他们一定会佑你妻儿平安的！"

他回到南京后不数日，便赶上了一场盛典：五月十五日，先前宣布监国的福王朱由崧在群臣们的山呼万岁中，正式续明统即帝位，并诏以明年为弘光元年。金陵城内显出一派洋洋喜气，街衢市巷到处都在谈论着这件大事，对这个续统的南明弘光政权，寄予很大期望。

但滕寓中议论此事的方家父子，却略无兴奋，反倒有些心事沉重的样子。

方以智回来的次日，便慨然上书：要求报告北边大顺军情况，希望朝廷尽快兴兵北伐。可等了两天，却无半点音讯。满心疑惑的他便再去宫城里的署衙打听，要找的人没找到，却碰见了旧友礼部郎中周镳。周镳听他说了惊变中的遭际及归后上书情况，既替他庆幸，又很感触，道："此时人人若如你这般思想心情，何愁虏寇不除、京师失地不复、大明不能中兴？可现在朝廷上下正在为拥立之功和职位安置闹得不可开交，还有几人想着北伐？你那上书还不知搁在哪里呢！"见方以智怔愣不解，遂将近期南都新政权建立前后的详情，细说与他听。

当京师破陷皇帝死烈的消息传来，南都上层在经历最初的惶乱之后，很快便在不同圈子里开始了建立新朝的酝酿活动，活动的中心自是拥戴合适的皇室成员来承续明统。由于太子及诸王事变后皆无消息，近处藩王便成为对象和各方相争的焦点。

当时福王朱由崧、潞王朱常涝因避乱俱滞于淮安。朱由崧是崇祯堂兄弟，而朱常涝则是崇祯的远房叔父。按“立君以亲”的礼制，此时南都立新君应立福王。但南京兵部侍郎吕大器、右都御史张慎言、詹事姜曰广等大臣却反对立福王，前礼部侍郎钱谦益也在背后支持。他们之所以反对立福王，是因为前朝一段缘故。

原来福王的父亲老福王是神宗的郑贵妃所生，当年郑贵妃企图排挤皇长子而立自己的儿子为太子，之后又欲封皇太后以把持朝政，这些图谋因朝中东林一派的坚决斗争而未得逞。此事连同“挺击”“移宫”等案，在天启时被魏忠贤阉党所利用，将东林党人整得死去活来。现在若立小福王，他会不会因前事再对东林一脉开刀呢？存此心思，吕大器等便欲弃福王而立潞王，为舍亲取疏找理由。他们提出“立君以贤”的口号，认为福王有“不孝、虐下、干预有司、不读书、贪、淫、酗酒”七不贤而不可立。福王既不能立，当然就只有立潞王了。

商定了主意，他们便派山东武德道兵备佥事雷缜祚和周镳游说于诸文武要人，争取到了南京户部尚书高弘图尤其是兵部尚书史可法的支持。眼看大局将定，却不料庐、凤总督马士英悄悄联络操江刘孔昭、总兵高杰、刘泽清、黄德功、刘良佐等，趁史可法诸人尚在那里议来议去之际，带兵先将福王迎至江上，逼得拥潞诸大臣只好捺着鼻子被动接受。

福王监国后，感激马士英的定策之功，马上将其与史可法高弘图并命入阁。现在弘光帝践大宝，那些支持拥护者趾高气扬，整日里议比拥戴之功，要求封赐加赏升官。其他人或为自己升迁或欲在新朝里任职，纷纷找关系托人情，把个朝廷弄得直似交易买卖之场所。一些忠直之士虽欲谋中兴大计，然当此际却只有干着急暗叹气……

“情形如此，现在不说你上书没人理会，就是史阁部亟望整顿军务以图收复，也是力不从心——那四镇总兵除了黄德功尚存忠义，其余一心掠土占地、与朝中勾结干预朝政，你还指望他们北伐兴兵？方才我还听说马士英欲把史大人挤走，由他掌管兵部。真若那样，情形就更糟!”

方以智回到家中，沮丧地说起这些，他父亲也忧心忡忡。北都沦陷后，方孔炤驰驱南归，曾去凤阳找马士英，希望其能提兵北伐，但马士英根本无意，一心只谋如何拥立。他由此明白马士英虽庸鄙却有野心，这样的人若将史可法挤走而揽朝政，将来岂不担忧？故此时外面虽在热热闹闹地庆贺新朝建立，方氏父子却无论如何也高兴不起来。而接下来发生的事，也印证了他们之前的忧虑。

福王登基次日，史可法果然离朝督师，马士英执掌了兵部。隔不两日，朝廷里便传出一件轰动而荒唐的事儿来：吏部尚书张慎言因举荐前阁臣吴甡入朝辅政，遭到一伙奸小的激烈攻击，诚意伯刘孔昭更是嚣张，竟然持剑欲击张尚书，满朝为之哗然。

朝堂之上，一个勋臣仗着拥戴之功竟对吏部尚书公然行凶，这也是闻所未闻之事！南京官绅市民听了，莫不骇然摇头，许多人先前的热情一下子去了一大半儿。

方孔炤与儿子们议论这事时，道：“国家不幸，当此危难之时还生出这些奸人乱政。恐高姜张吕诸公，也难久立朝中。但这还在其次，最令人担心的是，马士英一伙若将另一个奸人推出来，那朝廷就不仅仅是混乱不堪，恐怕要掀起腥风血雨了!”

儿子们知其父指谁，无宦历经验的方以智道：“阮大铖是天下皆知的阉党，朝廷怎么会用他?”

方孔炤忧畏深深，叹道：“此时何时？只要马士英当政，他迟早就会复出，唉!”

崇祯五年，马士英巡抚宣府。到官甫一月，便檄取公帑数千金馈遗朝贵，结果为镇守太监王坤所发而坐遣戍，不久流寓南京。其时，阮大铖也因避兵乱至金陵，他与马士英同年进士，又因受东林复社的攻击，十分孤立，遂与马士英深相交结。崇祯十四年，阮大铖使重金贿赂首辅周延儒，希望能被起用。周说你为东林仇敌，我怎能再用？阮大铖无奈之下复求起用马士英，次年果任为凤阳总督。不久前南京议立新君，阮大铖自牛首山中写信给马士英，建议他联络诸镇拥兵迎立福王，马士英依计又获成功。

除马士英之外，阮大铖也着意与掌握兵事的操江刘孔昭亲近，称兄道弟。如今马刘一伙以拥戴功当权得势，自要设法让阮大铖也来分享"胜利果实"。监国之初议论起废官员，刘孔昭便提议起用阮大铖，被史可法以"先帝钦定逆案，毋复言"阻住。待史可法被排挤出外督师，马刘一伙少了顾忌，在相继迫走了张慎言、姜曰广、吕大器等坚决反对阮大铖起复的大臣后，以山中定策之功，使皇帝由中宫直接下旨，起用阮大铖。

围绕阮大铖复出而开展的斗争，实际体现着弘光朝廷正邪势力的消长。随着阮大铖复出成定势，东林诸臣被先后罢逐，建立不过数月的朝廷，已成为以马士英为首的一群只知有己不知有国的奸小所把持。

昏庸而于逃难中意外捡了个宝座坐的弘光帝，对朝廷局势变化毫不放在心上，做藩王时便以荒淫出名的他，此时最大的兴趣，便是在后宫中乐此不疲地玩女人、听小曲、喝美酒，陶醉在五彩缤纷的声光美色中。朝中之事，任马士英为之。

而大权独揽的马士英，除了搜敛财富，还会做的事情便是锄除异己，巩固自己的权势——这件事，以前还要自己花脑筋，现在则无须他劳心费神，他的军师和帮凶阮大铖不但擅长此技，比他会玩，心情也更迫切。

自崇祯初名列逆案被废，阮大铖心中怨毒日深。他是心胸狭窄睚眦必报之人，被废后并不忏悔己恶，反认为是东林党人与他过不去，断送了他的官场前途，早晚心念着报仇。如今有马刘一伙撑腰，这奸人在尚未正式复出前，便已着手准备其复仇行动了。

他要报复的对象太多，那些斗过骂过他的东林党人自不用说，后来一直鄙视并屡屡攻击他的复社诸子也是他恨得牙痒痒的仇人。此外还有一些曾经得罪过他的人，也不能放过。这么多仇家，他等不及一个个地整，要伺机将其一网打尽！

一日，京营中抓了一个僧人。这僧人号大悲，被抓时疯疯癫癫，口出狂语。阮大铖听说后，立时生出了个除掉所有仇异的歹毒计划。他伪造了一个谋逆组织，这组织中有所谓的十八罗汉、五十三参，包括史可法、高弘图、姜曰广等海内名望以及一大批东林复社著名人物孙晋、钱谦益、左光先、光时亨、周镳、雷缤祚、吴应箕、陈贞慧、顾杲、魏学濂、黄宗羲、侯方域等都在其内。他将这份组织名单令心腹置于大悲袖中，准备大兴其狱。

这事被马士英知晓，饶是他如何奸凶，也不免心中暗懔。他虽也亟欲排除异己，但阮大铖此谋祸连太广，不但海内名望之士少有幸免，更涉及史可法、高弘图、姜曰广三大阁臣。这种大狱若兴，势必会在朝野掀起轩然大波，危及他把持下的朝廷大局和他自身利益，所以他少有的否定了这狗头军师的计谋。对阮大铖道："你要报仇泄愤，那些成天吵吵嚷嚷议论朝廷的复社文士可去抓一些，但不能牵连太广，否则人难相信，也会出乱子！像左光先、光时亨、周镳、雷缤祚那班人，欲除治则须另想法子。"

阮大铖不免失望。想了想道："光时亨、周镳他们都是从北边归来的，对于这些北归而欲铲除之人，我有一个计策：这些人一直以逆案攻我，我们以他们投降李自成大顺朝为借口，搞一个顺案，将欲除者不管有无统统按上一个降贼罪名，让御史言官们分别纠劾，其同党既难救援，舆论上也会得到支持。你看如何?”

马士英拍掌道：“这计策甚妙！就这样办。”

俩人商量要罪处哪些人，马士英提了几个，阮大铖则一气写了数十人的名单。不用说，名单中的人皆是他早就欲报复的对象，其中就有他的两个同乡光时亨和方以智。

昔日阮大铖因泄愤投靠魏忠贤，为阉党迫害东林党人卖力，而左光斗、魏大中之死更与他甚有关联，身为同乡的光时亨只要提起这事，便对他切齿诟詈。他记恨于心多年，此时如何不借机报复？他已唆使刘泽清在宿迁将南归的光时亨逮捕，剩下来不过是安个罪名而已。

至于欲害方以智，也是宿怨深深：昔日同朝为官的方大镇父子不仅在他谋取吏科都给事中的职位中取与左光斗同样的态度，没有帮助他这个同乡，且后来因为他投靠魏忠贤以及左光斗之死，对他极是鄙夷仇视。方大镇已死，方孔炤他一时找不到陷害借口，只能报复其后人。何况这个方以智，本就将他视为对头而多次公开与他为敌。

方以智二十二岁那年游学东南归来，发现皖江地区出现了一个中江文社，主持者竟是阮大铖，好友钱秉镫也入了该社。他找到钱秉镫，说结社交友首辨气类，阮乃逆党附凶，你怎可与他为伍自毁声誉？钱秉镫醒悟，随即退出了中江社，带动了一批人也于其后退出。

崇祯九年，魏学濂在冒襄的资助下邀集东林遗孤及后人聚会，批挞阉党余孽，与阮大铖叫板对抗，方以智积极参与了此次活动。崇祯十一年七月，复社一些核心人物又一次聚集于南都，他们得知阮大铖欲东山再起暗里多方活动的情形后，发表了一份声讨宣言：《留都防乱公揭》。揭露阮大铖“日与南北在案诸逆交通不绝，恐吓多端……其主张变幻，实有不可究诘者”，而其所以逃来南京，亦因地方痛愤，有“杀了阮大铖，安庆始得宁”之谓。为防此逆祸乱南都，应将其驱逐出金陵。《公揭》一出，整个南都为之哗然。阮大铖吓得不敢在城里住，潜入城南牛首山以避，心中对发起及参与公揭者恨得咬牙。方以智虽未在公揭上署名，但阮大铖知其是复社核心人物，公揭中更提到自己在安庆的情形，联想到方以智一直同自己作对，便疑其是公揭事件的幕后主谋。

有这些缘故，阮大铖对方以智自是恨之入骨。他此时欲搞降贼顺案，主要的矛头，便是对着方以智、光时亨这几个他早欲除之而后快的仇敌的。

那边仇人欲行陷害，这边儿的方家尚不知晓，一家人还在为亲人团聚而激动：原来潘翟携着儿女冒着险难，也逃回了南京。

天崩地坼的变乱岁月，死人千万，无数家庭倾覆破碎，而方家在经历一番危难后居然散而复聚，实为不易。在潘氏母子归家后的那几日，全家人为这大乱后的平安团聚，沉浸在喜悦之中，却未料到危难又将逼至。

方孔炤父子知道阮大铖在马士英一伙儿的支持下会复出，对此也有一定的警惕。但他们自信对国家忠贞可鉴，北归后又未再出仕，与目前朝中争斗没有牵涉，觉得即便阮大铖复出后要寻仇也非易事。然而形势的变化，却很快超出他们的想象：先是有谣言四起，说北都陷后方以智曾降逆贼；继而朝廷上闹起了顺案，马士英疏纠从逆光时亨等人。到这时，他们才感到了情势危险。

父子在一起商量，方孔炤要儿子暂时先离开南京以避风头，方以智却不愿意。他的想法，觉得自己被俘备受刑残并未降顺，丹心可对日月，又何惧那些流言蜚语？再者危难面前，他岂可丢下家中尊长亲人自个儿离开？但深觉事态严重的父亲，却坚持要儿子离开。道：“奸党当势，仇人报复，你失陷北都，倘被诬陷，百口难辩，绝无幸免！彼尚无缘由罪我，汝且放心避去，莫让为父忧憾。”

方以智拗不过父亲，只得悲愤离家，就到东南去吴县李雯家中隐避。在李家焦虑数月，他对自己的遭遇除激愤之外尚抱着一线希望：希望那些关于他的议论仅止于流言中伤，过后他还能再回去与家人团聚，但事态的发展很快粉碎了他的愿望。

八月二十七日，御史王孙蕃疏纠方以智“自亏臣节，复撰伪书，以乱是非，应逮狱究罪”，弘光帝下令逮捕方以智。

得到消息，方孔炤为了儿孙们的安全，决定自己守在家中应捕，遣其义及方以智三子速出逃难，又急着家人送书于方以智，让他远逃。他怕儿子抱有幻想，为虚名所累坐以待毙，急切告诫：“彼谓降贼之名，半出汝口，将羁汝以实此案，而重汝之怨。今吾道忧危，贤者获罪。伊蚤暮柄国，亡虑罘网善类，不留遗巢！何况我家，患无名乎？远之！远之！”

方以智日前已移居于云间陈子龙家，于彼处又意外遇见了避乱而至的妹妹子跃一家，心情略觉舒畅。不想风云突变危险立至，接到家中送来的书信，无限痛愤的他，按照父亲的嘱咐，又一次踏上了逃亡之路。

第十四章　流离岭南

西风渐紧，草木凋零，转眼已是深秋。

远远望见那蜿蜒的山脉，方以智心里顿时涌上了一股暖流：那是太姥山。他年少时曾随父亲多次游历过，在山的不远处就是他要去的地方了！

在云间时，陈子龙建议他就在浙南天台、雁荡一带隐居，并为他画了详细的路线图。那一带山区既好藏身，也不算太远，有事儿易于联络。但方以智觉得还是不大安全，遂依父亲的意见入闽，欲在福宁落脚。福宁地处偏远，且当年他父亲任职彼处勤政爱民，士民甚为感戴，他在彼处生活安全相对要有保障些。

眼下，他已进入福宁州所辖的福安县境，往南绕过太姥山，其东南方的大海之滨，便是他暂定的落脚之地。再有一天时间，他就可以到达，在友人的帮助下，栖息这疲惫而又痛苦不堪的身心了。

自离开云间开始，他变姓改名为吴石公，一路掩藏行止，风餐露宿，亡命于荒径峤道间。这情景似又回到了几月前的北归，只是那时他是怕为敌方所逮，而今躲避的却是自己欲效忠的政权的缉捕。这种极具讽刺意味的逃亡性质，使他的心境比北归时更加痛苦不堪。

他怀着一腔忠臣热血，万死南还，指望北伐讨贼，不想这一番忠义换得的却是被冤屈迫害，成了朝廷的罪人，这让他怎不悲愤至极！他痛恨马阮之流的卑鄙恶毒，更为自己背负“降贼失节”的罪名而痛苦欲绝。对于他这样一个生长于忠孝之家、把忠诚于国家看得比个人的性命还要重的人来说，这样的罪名简直是人生的奇耻大辱，是一把可以将他的灵魂和生命一寸寸割裂的磔刑之刀！在极度的痛苦里，他甚至想到过死，不愿这样苟活于世；可又觉得他若如此而死，不仅辱祖德伤亲心，也令天下许多像他这样的忠良英杰丧气灰心，他不能死，必须顽强忍辱地活着，以待他日昭雪！——这个念头，支撑着他渡过了最初那一段精神最痛苦的日子。而伴他逃亡的伙伴——族人方大抡，也给了他很大的安慰和鼓励。

方大抡是方以智宗长，北都巨变时也在北京，方以智从大顺兵关押处逃脱后曾与他会面，俩人虽非一道却差不多同时逃出了东便门。他在吴中得知方以智受奸党诬陷情形，极是义愤，又感方以智孤身无人照应，遂毅然相伴左右。逃亡途中有了照应之伴，行动不便的方以智避免了不少麻烦危险，而方大抡知方以智心情，不时予以开导劝慰，使方以智精神上的痛苦减轻了不少……

夕阳斜照里，他们终于抵达太姥山南的脚下，所处的位置，正是山海之间的一片平野。倚着路边之树休息的他们，已感受到了那远处吹拂过来的海风。

眺望眼前景物，方以智不由得心情翻涌，感伤不尽。他少年时曾随父亲及其僚属好友数次来太姥登山观海，那时的他，对人生前途，有多少美好远大的设计和遐想啊，想不到二十多年后重至此，却成了一个戴罪流亡之身！这大山下、大海边，凭着父亲当年的遗泽，他虽能觅得一处暂时的安身立命之所，然而前途茫茫，逃亡的日子何时是尽头？他何时才能洗刷冤屈，回到他所属的世界中去？而此时，为他所累的亲人们又会有怎样的遭遇危难？他们又会为他如何的伤心痛苦？

伤痛之间，忽然瞥见远处路上有一人踽踽独行。他警觉地注视着，心念间感到那人的身影颇为熟悉。待走近些，他已看清是谁，对方也认出了他，二人几乎同时惊喊道："百史！""密之！"相奔上前，激动得拥抱在一起。

原来来人是陈名夏。南都党祸大作，陈名夏既是北归之臣，且与方以智关系密切，故也在被逮之列，他辗转逃亡于浙闽，不期与方以智在这太姥山下相遇。

俩人意外相逢，悲喜交加，半晌说不出话来。直待心情平静些，才去道旁叙谈。路上不时有行人来往，他们不敢久留，虽都有满腹的话儿，但此时也只能拣一些紧要的事情询诉。

方以智避出南京早，对其后发生的情况不大清楚。从陈名夏口中，他了解到了大致的情形：九月初阮大铖正式复出用事，即诬逮左光先、顾杲下狱，劾周镳、雷缜祚而欲杀之，开始了对东林复社的疯狂报复。方以智的一些朋友，尤其是复社的著名人物如陈贞慧、吴应箕、侯方域、黄宗羲等莫不被诬或已下狱或遭缉捕。与此同时，尽起当年逆案中人，南都朝廷里已为奸小所充塞。

言及今后行动打算，方以智告诉陈名夏他打算暂时避居福宁，日后倘得平雪冤屈，便返乡侍亲耕读。他本是性情淡泊之人，大变后复遭陷害，对奸臣把持下的弘光朝廷深为痛心失望，此时除了期望洗冤雪曲，于他事已心灰意冷。

但陈名夏却不一样。他自负才识，在崇祯朝未及一展才志便逢国变，本指望南归后能于新朝再展抱负，岂料非但事与愿违，反落了个被迫逃亡。在他心中，既有对马阮奸党的强烈仇恨，也有在昏昧无道的政权迫害下沉沦的不甘。凭着对形势的认识，他预感到丧失人心的弘光政权危不可恃，他还要为自己的命运前途再搏一次！故当方以智问起时，他沉吟道："这些天的逃亡里，我一直在想一个问题：现在的朝廷，已完全是个奸佞横肆小人猖獗的无道政权，既然如此，我为什么还要愚忠于它？还要因为那些奸人的陷害过着到处逃亡流离的日子？我若在奸臣的迫害中只知痛苦地躲藏求生，既不值，也岂非是承认了那些奸佞假朝廷之名所施恶行的正确？所以我决定北上求生，虽然北边更混乱，但我宁愿野死异乡，也不让那些奸小得意，不在他们淫威迫害下可怜兮兮地苟活！"

方以智听了他这番话，内心颇为震动，知道陈名夏已因痛恨与失望而对南都政权产生了离异悖逆之心。他不赞成好友这般偏急的念头，虽然那奸小把持下的朝廷不得人心，他对它除了失望也没有半点好感，但在他的心中，它毕竟还是代表着他的国家，作为大明的臣子，他是不能因个人的遭遇悲愤而放弃对它的忠诚的。但眼前的处境令他既无法与好友细谈，也无由阻止其北上避难，只能暗怀隐忧，祈愿其前途平安。

路上经过的行人不时朝他们投来疑惑的目光，俩人不敢再继续谈下去，甚至连他们子女的事情也不及细语。方以智见陈名夏破帽饥颜，秋凉中尚只着件单衫甚为穷窘，难过之际将自己所带银两分一半给他。互道珍重后，陈名夏含泪挥手西去。

落日余晖下，瑟瑟秋风里，传来了陈名夏且行且颂的悲歌之声：

海上悲风沙作堆，荒荒遇子颜为开。
畏人不及言儿女，亡命何由居草莱。
发犹上指须半白，但愿求方煮白石。
白石不得求金难，一时执手当岁夕。

听着歌声，目睹着朋友那凄惨的身影渐渐远去，方以智心中十分酸楚悲怆。他为好友祈祷着平安，期盼着他们再相逢时能与以往一样地欢聚。他未想到：北上的陈名夏不久便归降了清朝，他们这一对多年的交好从此在社会板荡中走上了不同的人生道路，日后虽情谊未断亲家照做，但聚首已难，而心志更异了。

岁末的一天，广州南海县令姚奇胤带属吏出衙公干，一行人缓辔于城内的街道上，边行边浏览两旁市肆。

广州城别称五羊，是南方临海的大都市。因海运及与外国通商之故，城市商业贸易极繁盛，街市店铺林立，货物琳琅满目，时可见外域舶来之物。此时近年关，人们已开始购置年货，宽阔的大街上车马人群熙来攘往，甚是繁忙热闹。

行得一会儿，到了一处书肆集中的市段，两旁街边摆着一些写字卖对联的摊子。姚奇胤不经意间瞥见书店前有一人摆着地摊卖草药，看去颇为眼熟，不觉勒缰打量。那卖草药者发觉了，闪身避入身后书肆。姚奇胤已识出那人，甩镫尾随而入，呼唤道："密之兄何避小弟？"

方以智见已不可避，讪然苦笑。姚奇胤上前执手，见他身着脏旧的灰布长衫，形容憔悴黧黑，不由得心酸。道："年兄既来此地，为何不令小弟得知而自苦若是？"他是钱塘人，昔日方以智游东南时二人相识，后又同年进士，彼此交谊不错，此刻目睹方以智情状，十分怜惜伤感。

方以智在福宁海边居了一段时间，觉其也非理想避隐之处，乃于冬季搭船到了广州。不久后银两用尽，遂凭着昔日掌握的药物知识，入山采挖些草药，在市中卖点钱糊口谋生。不意这时遇见故人，叹道："弟虽知年兄在此，但逃难之人，被罪之身，怎敢牵累？"

姚奇胤道："吾兄忠孝品节，天下素知！眼前虽为奸人诬陷，日后自有昭雪之时。年兄不必耿耿于怀，亦无须这般刻意隐迹风尘，且随弟回去。”

是日姚奇胤在家中治席与方以智洗尘。方以智将国变后的遭际及仇人陷害原委细说了一遍。姚奇胤既深敬方以智忠行义节，又为其蒙冤受陷害愤愤不平。他是忠贞之士，饮谈间不免劝方以智起襄时难——是年十月朔，清世祖福临在北京正式即皇帝位，以英亲王阿济格攻李自成，而命豫亲王多铎兵略江南。这之前，清人为集中力量对付李自成，一直假惺惺与弘光政权谈判通好。此时李自成部已流窜西北孤困难保，对清政权已构不成威胁，清廷便撕下伪装，铁骑悍然南下。十一月大兵下邳州、宿迁，东南告急。

对姚奇胤的建议，方以智黯然未应。他虽也忧愤时局的变化，但觉得自己冤屈未白，终难以面对世人。此外，他对奸臣把持下的弘光政权也很失望，对它不抱信心。几个月前他在家中与父亲谈论时，父子俩就都认为以清人的野心、清军的骁勇善战，内讧腐败至极的弘光政权即欲求偏安自保也恐不可得。一旦清兵南下，弘光朝廷决不能领导大江南北军民奋起抵御。他有这样的看法，加上个人遭遇心境，故未答应友人。

姚奇胤见他不肯复出，也未勉强。他虽不完全清楚方以智的具体想法，却多少能体会其眼下的心情。但他也不会再任方以智漂泊，遂请方以智课授其子姚端。姚端（字式玉）是个诸生，现正准备参加乡试。方以智应允了，自此留于县衙中。

初夏的一天，从南京公干回来的岭南分巡汤来贺，到家未及休息，便至南海县衙，拉着姚奇胤去找方以智。

到了后面的书房，见姚端正捧书研读，方以智则伏案凝神走笔，面前已叠了一段厚厚的草稿。姚奇胤道：“密之敢情又有了大作？”

方以智起身微笑道：“哪里？不过与式玉讨论史学，有些心得，欲作《史细》一文，聊发管窥之见。”说得轻淡，实则是心怀国变之痛，由史实中抽丝剥茧，论述总结朝代兴亡废替因由教训的一部史论著作，与以前他所写的史断史论等纯粹治史文章，内容意义迥然不同。

姚、汤二人对方以智这种时刻不忘治学的精神很感佩，放在平常不免又要议论一番，但今日汤来贺有事而来，无心于写作。他兴奋地对方以智道："密之兄可知南京工部右侍郎曾樱曾大人?"

方以智道："曾大人乃家严同年。其为官清廉，为政恺悌公平，不畏强御，国变前被枉下狱，却不知后来如何。"

汤来贺道："曾大人一身正气，京师陷时贼亦为其所感而释之。南归后听说你被诬罪事，愤然不顾自身尚有嫌议，致书吏科罗给谏，以其所知为你辩白。给谏即将此书示于朝中，使得合朝皆知兄之忠行苦节，除了那班奸佞小人，正直之士莫不敬服赞叹！故兄目前虽未得雪冤，但此后也可扬眉吐气，尽释胸中愤屈怫郁了!"

姚奇胤父子也替方以智高兴。几人均觉得有此情形，方以智被昭雪复职指日可待。哪知就在他们谈论的这当儿，数千里外的江淮大地已在清兵铁骑的践踏蹂躏之下。数旬之后，随着扬州城破，史可法战死，清兵以入无人之境之势，驱马渡江，直逼南京。弘光帝闻警仓皇出逃，后于芜湖被俘，马士英阮大铖一伙儿也随后逃亡。留在南京的文武大臣勋戚于五月十五出城投降，曾经被千万人寄予了希望的弘光王朝新立不过一年至此灭亡。

方以智对弘光政权虽深为不满失望，可当南京失陷的消息传至南海时，他还是悲愤莫名，为着山河破碎、社稷倾覆、民族危亡而痛哭不已。甲申以来的遭际，使他久已染疾抱病，如今复加此打击，遂见沉重。亏得他是医道高手，又得姚府上下悉心照料，方不致有性命之忧，缠绵榻上数月，才慢慢好转。

秋凉后，方以智想自己去寻些草药治病。遂不顾姚氏父子反对，独自出了门。为了找到所需的药草，也欲藉青山秀水散散心，他不顾时日早晚，顺着山岭一路攀涉东去。渴了掬捧山泉，饿了嚼点干粮，夜晚若是无人家可借宿，便寻岩洞歇息。

这日傍晚，他从山上下来，准备在三河坝投宿。正慢慢行走，经过一处荒岗树林，忽听一声呼哨，林中涌出七、八个手执刀棍的汉子气势，汹汹拦住他的去路。

方以智心一沉，情知遇上了盗匪。夕阳下，瞥见那伙儿人目露凶光，他也不由得感到惊悚。定定神儿道：“不知各位为何拦住在下去路?”

盗匪之中为首者狞笑着道：“你这厮问得好笑！干什么？爷爷请你吃肉喝酒去！哈哈!”

众盗一起狂笑，抖着手中刀棍喝道：“识相的赶紧交出包裹财物，饶你性命!”

方以智解下包袱，道：“在下不过是草药郎中，身边并无财物可奉，诸位不信可检查验看。”

有盗匪上来打开包裹，见里面除了几本书两件衣服外只有一堆择洗干净的根根块块的东西。这盗不信，又去方以智身上搜寻，结果只找到一点碎银几个铜钱。众盗起初见他包袱很大，想定有不少财物，这时因无所获大失所望，不由得因恼成怒，一边口中骂骂咧咧地，一边不怀好意地盯着他。

方以智情知不妙，一边暗自准备拼搏，一边急道：“各位好汉，在下也是逃难之人，途中无以为生，挖点草药换口饭吃。这点衣物好汉见有用便当奉上，只请高抬贵手!”

那盗首听他这般说，盯着他迟疑道：“你果真是逃难之人？没有谎骗?”他先前觉得眼前这人气概不大寻常，怕留后患，已有杀意，此时听说不过是流难之人，心意缓转，戾气去了不少。

方以智见其态度有所变化，心中略宽。道："在下四处流难，偶过此地，与诸位更是素昧平生，何必说谎?"

盗贼中有一人见方以智包袱中有书籍，猜测大约是个落难文士，他少时也识过几个字，平日对读书人有一些敬意，遂对盗首道："大哥，这人口音是外乡的，似乎没有说谎。他既是落魄之人，对我等也没有妨碍，不如留他一条性命。"

盗首听同伙这般说，才去了恶念，瞪了方以智一眼，道声"真他娘的晦气"，率众离去。临走时有盗贼也不忘将包裹中的两件衣裳取了去，那衣是姚奇胤为方以智新制的，尚能值些钱。

方以智出了一身冷汗。适才真是生死隔于一线，倘若那盗首不改心意，他可能将丧命于此！这天晚上他借宿于三河坝人家中，想想还不免后怕，次日便返程回南海。姚氏父子听说这事，惊吓不已，此后便不让他一个人远出。

在南京失陷后不久，前礼部尚书黄道周与南安伯郑芝龙等为了反清复明，于南明弘光元年（1645 年）闰六月二十八日拥立唐王朱聿键即帝位于福州，改元隆武；而差不多同时，前兵部尚书张国维又拥立鲁王朱以海监国于绍兴。隆武朝创建之初，力图振兴，多方征诏名望才干之士，起用崇祯及弘光时一些被罪罢免之人，方以智因此得以被昭雪复职。

洗刷冤屈，让天下人知道自己的清白和苦节，这自是年来方以智耿耿于怀之事。他在五月末给李雯的信中还恨犹不已地道："贞女蔑为淫妇，平地沉于海底，岂不哀哉！嗟乎！大丈夫赤心苦节，明如日月，而坐为仇陷，无以自伸！上不能慰白发，下不能庇黄口。便足仰天绝亢，然而此时愈不可死。古来忠良被谤者数数也，而此名难当。不留此身以待昭雪，则远辱祖德，近伤亲心，且天下后世以为怀忠万苦，不获直报，英杰丧气，义士灰心，则罪更大矣！”故当昭雪的消息传来，方以智激动之际不禁泪如雨下。朋友们也都替他高兴，姚奇胤特备一桌酒席，邀来汤来贺、黎遂球等一班友人慰贺。

席间，方以智虽为得昭雪而感恩，却表示不打算再复出为官。对朋友们道：“孟子曰‘可以仕则仕，可以止则止，可以久则久，可以速则速’，弟性淡泊，向见朝廷腐败，早有归隐之志。先前只为尽臣子之责，报先皇之恩，而忍辱偷生万死南归，以求兴兵北伐。却为奸臣所陷，负耻逃亡，不禁意沮心灰。此时得昭雪洗耻明了志节，再无他求，此后但盼得回归故里，与家人团聚，侍亲养老，耕读山林，心愿足矣。”

他这态度，众人多不以为然。姚奇胤、黎遂球二人已被隆武政权授为兵部主事之职，即将赴任，更希望他能一起去。黎遂球劝道：“密之兄，而今既已昭雪复职，你便不应再耿耿于过去而颓丧不振；况目前隆武虽新创，但海内响附，中兴可待，正是才杰之士为朝廷贡献才智心力、救国难而建功业之时，你岂可犹疑不决而辞命？你素来忠义，当此虏寇侵略国家危急民族存亡之际，你又怎能淡漠忍视而栖隐林下？”

他是番禺著名才子，多年前参加复社活动时便与方以智有交谊，彼此相互惜敬，故此时劝说真诚直接，言语无忌。

方以智听了，叹口气道：“吾兄所责甚是，弟惶愧之至！外敌侵略，山河沦陷，国难当头，身为大明子臣自应奋起抗救，但弟羸弱书生，既不能枕戈报国，亦不能谋划于朝，此去行在又有何用？且弟对福州行政也不敢苟同：隆武新创，人才良莠不齐，给养匮乏，清虏又随时会南下，大战在即，此时一切体制宜简从实际而不应虚袭，如今却因循旧制，以小政权而仿大朝廷，政令不畅，冗员充塞，如何应对严酷局势？更有甚者，不单内部文武不和，且与浙江鲁王政权争统争地，势若水火，当此强虏逼迫社稷颠覆之际，兄弟仍阋于墙而相斗，思之令人心寒意冷，弟故更不愿再出。”

见他这般说，众人自不好再劝，再想想他说的也是实情，心中不免感慨。不过大家对他的思想心情自此也有了些了解，知其虽不愿再出仕，却仍牵挂着时局，那颗心其实并没有完全灰冷。

除了身边这些朋友，这时也还有其他一些人希望方以智能效力隆武政权。一日，方以智正在房中读书，县衙里的书办拿来封信，说是香山何阁老府上差人送来的。他拆信阅览，果是原阁臣何吾驺的亲笔信。

何吾驺于崇祯八年集资拜礼部尚书、文渊阁大学士，因事忤首辅温体仁，不久便与文震孟一同被罢职。隆武改元，特敕以太子少师，以原官入直。他久闻方以智才识，特致信邀其同行，也是为朝廷招揽人才之意。

方以智感激何阁老的关爱，可他主意已定，自不会允从，只以身体不好不堪任职婉辞。何吾驺荐才心重，此后又数次托人带话再三相邀，方以智终避而不应。其后怕人再劝说，连一些官场甚至朋友间的应酬干脆都不去参加，只是待在书房内和林铨、姚端等人削稿编书。

他们编的这书，名为《岭外文》，是一批此时流寓在广州的年青学子文稿汇集。方以智才学早已闻名于世，常有人慕名前来求教，其中就包括流寓此地的林有声等一批青年学子。方以智觉得这是一批很有才华的青年，甚为欣赏爱惜，尽心指教之外，还邀同林铨、姚端将诸子的一些文章挑选汇编成《岭外文》一书，并亲为作序：

转侧岭外，又幸一时同流寓者，有初白、树本、亲臣、子霞、紫佩诸子。又幸赤伏再造，中兴之典，注意嘉与。子又皆负天下才，平日则古昔敦诗书者，聚而讲习，此亦足自慰才人之命矣。尝叹古人遭乱不废其业，春卿抱经而匿，伯山漆书在身，后皆辅翼建武，彰中兴之绝学。

今诸子同此慷慨，尾瓒比落，不以无家废其怀抱。投分砥砺，简册不缀，岂不难乎！……请以为诸子勉。

他此举本只是爱才惜学，勉励后进之意，但了解他此时思想心境的友人们却由此得出了另外的看法。姚奇胤临去福州赴任前，就此事感慨道："年兄念念不忘扶持勉励后学，以此等情态，又何能忘情于国、忘情于世、忘情于时？吾敢断言：兄终作不得悠游林下之陶彭泽，即便做了，那也是身在南山心在天下！"

第十五章 漂泊三萍

众人立于峰巅，看碧波中翠峰浮立，排列如斗，山水相映、秀美逸奇，无不为这七星岩湖之景色惊叹倾倒。流连赞咏良久，方才返回舟上。

这是只新造不久的轻舫，金黄闪亮的船身还散发着浓浓的桐油香。开着琉璃窗口的舱室里，书架排列，笔墨案几俱全，布置得有如人家书室一般，显示出一种异于其他舟舫的特色。对于这一行已被如画般美景陶醉的人来说，此刻这舟上的书室，便显得尤为相宜和需要：佳山佳水伴良朋，又岂能无诗文书画相酬咏？众人一边品尝着从府衙携来的美酒，一边兴致勃勃地或构诗吟句或挥毫泼墨。

肇庆知府朱治憪邀来相游的这一行几人，瞿式耜、方以智、林铨等皆是才学之士，个个早已成竹在胸，一挥而就。朱治憪画完最后一笔，题上款字，招呼方以智道："密之兄，春间蒙以妙笔见惠，如今我借眼前景物，效颦涂鸦，聊以为报。"

众人看那画，见是用一种简洁明快的笔法勾勒而成：一面峭壁耸立于波涛水畔，壁上一株孤松虬干劲枝，凌空斜逸，颇为生动。这是赠予之作，那株孤松显是象征方以智，写实而又寓意深永。

方以智很感动，道："子暇兄谬许，弟很惭愧。适才我已有三萍诗二首，现欲再添其一，以为答谢吾兄。"略作思索，挥笔写了出来：

三变桑田语出经，浮家鸡犬隔云听。
珠遗南海空含泪，独照东方可是星？
一叶藏书堪泛泛，孤松画壁更亭亭。
子春若向仙人语，天问篇中早问萍。

瞿式耜道："二位诗画相酬，风雅之至！老夫也来助助兴，为密之奉和一首。"略微思索，笔走龙蛇，很快写就：

选胜兰舆已再经，移情丝竹几曾听。
自怜野水同孤露，忽讶空山有聚星。
尘下国言参白苧，岩端倚席缀茅亭。
清游快集良非偶，莫以伤时叹逐萍。

瞿式耜与方以智之父同为万历四十四年进士，二人志趣相投，相互敬服，关系很亲密。方以智二十岁那年远游，曾专程至瞿式耜的家乡常熟，向被罢职在家的瞿式耜问学求教，瞿式耜对方以智的才华十分赏识。这次重逢，他发觉方以智思想比较消沉，便一直劝勉，期望方以智能振作起来，与他一道共襄时难。故他这时见方以智诗意感时伤叹，欲求泛舟一叶著述避世，即立刻和诗以箴。

方以智是春间离开广州的。为着长期流浪生活的需要和方便，他在朋友们的帮助下，添置了一只舟舫，又雇请了一对经验丰富的船家夫妇，负责操舟及生活。在南海结交的友人林铨，因不舍分别而愿舟伴同游。正月一过，方、林二人便乘着这只被主人命名为"三萍"的舟舫，离开了南海。

他们行踪不定，舟居无常：有佳山水便去游览，逢友故即相聚逗留，凭那舟舫泛载于南粤山水之间。这情形倒正切合着方以智为其舟的命名及其现实的人生感喟：舟如飘萍人如舟。他这叶飘萍，先后漂泊于留都、北京，历尽风雨沧桑，而今仍在南粤大地上随风漂泊，漫无目的地继续着生命的历程。但乱世之中，颠沛流离之际，能有这样避开政治是非与现实伤感的环境和生活，对此时的方以智来说已很不易。他很想把这相对安宁的半隐生活暂时就这样过下去，尤其是在意外与妻儿重逢之后。

那是在德庆州灵溪水口码头上，他的夫人潘翟带着十三岁的小儿子方中履万里寻亲而至。一家三口为这相逢重聚悲喜交集，拥在一起泣不成声。旁人见了，也为之伤感落泪。

南都失陷前夕，方孔炤见形势危急，决定奉母挈家归故里，而潘氏则携幼子南下寻夫。她一个单身妇女，带着个小孩，于兵荒马乱之中四方辗转流浪，一年多来寻踪问迹由浙而闽再入粤，走遍千山万水，历尽艰难危厄，直到此处方得与丈夫会合。方以智感念妻子万里相寻，避隐之意更浓。

可世事变化难料，他与妻儿团聚不到一月，便因瞿式耜的过访而不得不放弃了卜居德庆的打算。

瞿式耜在弘光时巡抚广西，对救亡图复时刻念念不忘。此时因六月间绍兴监国政权败亡，闽中告急，故从苍梧东赴肇庆，希望联络有关方面，为应对一旦出现的恶劣局势作准备。在德庆遇到方以智后，他既不愿故人之子流浪，也知方以智文武兼备才识过人，可为自己臂膀，遂竭力劝其复出。他是父执，劝勉中又晓之以理、动之以情，方以智虽不情愿却不能执拗违背，遂随瞿式耜来到肇庆。但他人虽出来了，心却还是矛盾不已。

他性喜文章山水，不重功名利禄，更厌恶官场的庸俗虚伪。青年时因感愤国事，希望驰驱疆场建策庙堂，但心却常在山林之间，向往与山水良朋为伴，诗咏酬唱著述高雅的生活。在遭际国变和迫害后，他的林下之思就更为强烈。他又是极孝之人，当世乱兵危不能用世效国之际，退而尽孝以侍亲长，便是必然选择。思想情志如此，他自然不愿再复出。

然而，对家国的忠贞和清军入侵的仇恨，又使他欲避隐的心灵难以安宁下来。他的思想心情在一种无法割舍的牵挂中，还时常为身外救亡图复的斗争所影响，甚至引起强烈地情绪波动：但凡听闻某地为清兵所围，或某地明军打了胜仗，他总是情不自禁的为之或忧或喜，寝食不宁。而每一次明军失利及烈士死难的噩耗，都令他悲愤不已，为之泣下。最近他的妹夫孙临及好友杨文骢也牺牲在抗清斗争中，更带给他很大的刺激。对死难志士的崇敬以及相形之下的自惭自愧，又在鞭策激励中消磨着他的避世之志，使他虽不心甘，却还是随瞿式耜来了肇庆。但是，对抗清复明形势的一再失望，尤其是他所知悉了解的情况，使他对再涉足政治仍是忧虑难决。

闽中隆武政权危险，瞿式耜等人欲酝酿建立新政权的心迹他很清楚，可即使出现一个新政府，情形又会比现在有多大改变？明室藩王中哪儿有英明有为之主？而眼下包括粤地在内的明臣大僚，又有几个是有远见卓识堪当重任的豪杰能臣？一般官吏中，他更见惯了心怀异志的投机取巧之辈。若是，他即复出又有何作为？

他这认识可与林铨这样的朋友论说，却难以对瞿式耜明言。他知道瞿年伯是不会赞同的，他们抗清复明的心志一样，可对时局具体问题的看法意见却不尽相同。故这日湖中舟上，瞿式耜、朱治憪借诗画再次激励劝谕他时，他虽很有感触，却仍未松口改志。众人散去后，他仍栖舟湖中，依着秋色中的青山秀水，继续着那难以排遣的苦恼彷徨。

但不久，形势的变化却不容他再踌躇下去。

随着汀州陷落隆武帝被难的消息传来，早有酝酿的两广地区立即出现了新的政治动向：九月间，瞿式耜与两广总督丁魁楚、广东巡抚王化澄、肇庆知府朱治僴、广东总镇严从方及从福建入粤的吕大器等，于肇庆举行紧急会议，商量嗣明政权之事。会议上，瞿式耜以永明王朱由榔是神宗嫡孙且贤，首倡拥其监国。此议为众人所接受，一个新政权的构想很快便定了下来付诸实施。十月十日，朱由榔在众人拥戴下于肇庆宣布嗣明监国。

作为此次拥立的核心人物之一的瞿式耜，也忘不了鼓动方以智参与。在其劝说下，方以智还是离开了小舟，介入了拥立创建活动。

这一次的复出，是在他长期思想斗争后好不容易才做出的决定。虽还有顾虑，但既作了选择，他便准备勉力扶助永明王，为救亡图存贡献自己的心力。故最初的一段时间里，他积极投身政权创建的各种谋划活动，对开国之政建言献策，还为新政权代言了感泣人心的监国诏书。

既参与了新朝的拥立创建，又展示了才干见识，人人都认为他必会以权位高官自期。可出人意料，监国之始，他在政权核心人物的会议上便坚决表示：新朝建立后他决不愿加官，只愿以昔日翰林之职任事。而更让人想不到的是，新政权建立后不过旬余，他便弃官而去。

他为何自矢不加官、又为何新朝甫立即弃之而去呢？

原来在介入拥立的过程中，先前尚抱着一定热情的他，很快发现新政权中，虽也有瞿式耜这样一心救亡图复的忠贞之士，但多数人却是投机之辈，他们参与新政权，并非是为着挽救时难抗清图复，而是希望凭借拥戴之功依附之举，加官进秩，猎取权势和财富。为着私欲的得逞，这些人自一开始便在明里背后以各种活动手段拉帮结派，培植个人势力。睹闻此种情形，方以智甚是气愤失望，且隐有一种预感：这个新政权也将走上一条他极不愿意看到的朋党相争倾轧的老路。这令他深为不安和担忧。他之所以自矢不加官，既是这种心情的反映，也是对那些以定鼎之功邀赏争权者的嘲讽和反对。而其后紧接着发生的一系列事件，让他重燃起来的政治热情更迅速地冷却下去。

监国政府成立不多日，被清兵围困半年之久的赣州失陷。败讯传至，刚刚监国的朱由榔甚为惊惶，觉得肇庆离敌方不远，不定哪一天清兵便打了过来。司礼太监王坤见主子害怕，便一力撺掇永明王移驾以避。这正合朱由榔心思，便向群臣提出要西去梧州。群臣各怀心思，不是装聋作哑，便是模棱两可；只有少数忠直有识者知此时实不宜西避而加以反对，其中瞿式耜态度言语尤为激烈："上之所立，是为祖宗雪仇耻，为生民援涂炭，正宜奋大勇以号令远近，树朝廷之威信！今强敌日迫，东人未靖，苟自畏缩，是外弃门户，内衅萧墙，如此国何以立？"

瞿式耜的议论，无疑极符合当前形势：肇庆监国政权刚成立，各方都还在观察，有些地方甚至尚未明确表态承认，故它此时的表现如何十分重要——它若在清军南下紧逼面前，临危不惧勇敢御敌，必能鼓舞振奋各地兵民共赴时难、同抗外侮的志气，而使敌人莫敢轻视，树立朝廷威信。反之，临敌畏避只求一时苟安，不仅令志士丧气，且此后也难号令各地，对于一些本来就还没有承认新政权的地区来说，这种负面的影响就更大，甚至可能会成为很大的隐患。眼前就有一个这种迹象越来越明显的忧虑存在，那就是瞿式耜所强调担心的"东人未靖、内衅萧墙"之事。

两个月前，汀州为清军所破，当时一些隆武朝的官员逃至粤地，其中便有任隆武阁臣的何吾驺、苏观生等人。这苏观生本乏猷略，于仕林也无甚影响，因在隆武政权当了几天大学士，权势之欲膨胀，汀州破后虽作鸟兽散逃南，可还想借拥戴之功再握权势。他找到丁魁楚、吕大器等欲商量拥立之事，不想丁魁楚素来轻视他，拒不与议，而吕大器更当面斥责他。苏观生恼怒而不死心，当桂藩宣布监国后，他在广州联络广东部分官员及一些从隆武政权逃回者，不拜表称贺。不单如此，有消息证实，苏观生等目前正在策划另立其他藩王。故此时永明王若畏敌西避，必然会予广州方面以口实，极可能导致政治分裂成为现实，再次出现前期浙闽两政权水火不相容的局面。

然而，瞿式耜的激烈抗争并没有使永明王改变心意，于十月二十一日登舟西流梧州。这种畏敌的表现，果然给新立的监国政权造成了不利影响，而瞿式耜等所担心的兄弟阋墙情形也成了现实——借永明王畏敌西避之机，苏观生、何吾驺以及布政使顾元镜、侍郎王应华等，于十一月二日在广州拥立唐王之弟聿𫓧监国，更于三日后即位称尊，宣布以明年为绍武元年。

消息传来，肇庆政权的官员们大吃一惊。瞿式耜、丁魁楚等紧急商议，迅速将朱由榔迎回，于十一月十八日登极，改元永历。同时遣给事彭耀、主事陈嘉谟赍敕往广州谕示。不想这二人言辞直切激烈，羞恼了广州君臣而被执杀。

杀了使者，等于是与永历政权公开撕破了脸皮。苏观生干脆一不做二不休，派番禺人陈际泰督师进攻，与永历总督林佳鼎部大战于三水县。

置南下侵逼的清军于不顾，门户要塞不去守御，两家明军却先自互相残杀，这种亲者痛仇者快之事，令远近军民闻之无不痛心疾首而摇头叹息。

见形势演变如此，方以智极是痛心。当永历政权内一片声指责声讨绍武君臣时，他却觉得事情闹到这种不可收拾的决绝地步，造成兄弟阋墙的恶果悲剧，苏观生辈固卑劣可恨，而永历君臣也要负很大责任，从一定的意义上甚至可以说，这种混乱而令人痛心的局面出现，本就是由永历君臣的错误直接导致的：如果初始丁魁楚、吕大器等不是将苏观生等拒之门外甚至折辱，而是团结一切力量共举大业，苏观生等便不可能愤然而生另立之意；如果永历帝不畏敌西避，众臣不因畏惧媚上而顺从帝意，不令人们怀疑新政权抗御强敌的态度能力，苏观生辈没有借口，绍武政权未必能创立；而在其建立后，如果永历政权能冷静对待善加协调，不以正统自居，派使者去盛气凌人地责诋绍武君臣，彼也不至于恼羞杀使而开衅用兵。

永历帝的庸懦，鱼龙混杂的官僚们心志相异畏敌争利，权势人物在决策处置军国大事上所表现的迂腐顽固、心胸狭窄、政治短见和意气用事，皆令方以智深为失望不满，感到这个他一度曾为之激奋的政权，缺乏应有的胸襟见识和能力，离他期望能领导和团结军民奋起抗敌恢复中兴的政府相去甚远。

也就在这时所发生的一件事，促使他于痛苦中毅然作出了弃官而去的决定。

一日，永历帝和朝臣们议论征召更多的名望才干之士入朝佐政用事。众臣思量着尚未说话，太监王坤却抢先禀奏，一口气举荐了一大批人。按规制，中宫之人不得干政，王坤却居然在朝堂上举荐官员，这自然引起了众臣的愤慨。

当下即有大臣对王坤严词斥责。次日吏科都给事中刘鼒又专门上书，疏论内臣不得荐人，谓内臣荐人非但是违规干政，且天下海内名望才干之士恪于形势本就对朝廷持观望态度，若闻为中宫举荐，岂不更裹足不前、从此断了朝廷取才之路？这篇疏文援规引事，义正词严，犀利尖锐，且甚有文采。永历帝拿与王坤看了，王坤甚是惶恐恼怒。

他知道朝臣中忌恨他的人不少，但能写出这样厉害文字的却不多，联想到前些日子方以智代言颁布监国诏书人多钦赞，且其一向有反对中宫干政之议，他断定此次纠论之疏必也出自方以智之手，遂怀恨在心。过不两日，他借御史刘湘客改任经筵讲官之事，在永历帝跟前搬唆废了经筵，那矛头实是对着方以智的，因为方以智的官职是左中允充经筵讲官。

南都为奸臣陷害的遭遇，曾令方以智欲生不得欲死不能，愤病年余，心中留下了很深的伤痕。他后来不受唐王之任以及这一次的犹豫复出，都有这方面的顾虑，怕再为奸恶所忌陷，不想这情形现在果真又发生了。眼下朝廷新创，朋党势力之争激烈，自己侧身其间，本就有履薄之感，而今又树了一个依仗皇帝信任干预朝政的中宫对头，此后莫说难有作为，恐怕一不小心便会为其所暗算。自己本是看淡仕途之人，再出仕也只因痛愤家国之难，又为瞿年伯所劝，欲为救亡图复尽一份心力，那一个中允充经筵的官职还是他不愿加官时瞿式耜强要他接受的，眼前的情势既然不堪，自己又何苦恋此而坐待奸恶之阴中呢？

思量再三，百般感触的他，于十二月初三悄然离开了肇庆。

翌年春三月里，一位使者跋山涉水风尘仆仆，终于在夫夷山中的莲潭寺，见到了在上月已被永历朝廷诏为礼部侍郎、东阁大学士却不愿赴任的方以智。他见因旧病复发的方以智清容更减，心中暗忖：“怪不得方阁学不能赴朝，原来病体若是。看来，我这趟使命恐怕也会像前两次那样难以完成了。”

他这次来是奉朝廷之命第三次宣达永历帝的旨意，不允方以智辞相而催其入朝。方以智虽很感动，但却如使者所料那样依然不肯遵旨。盘桓数日后，使者只带了方以智的书札数封回朝复命。

与前两次不同的是，这次方以智让使者带回的不仅有《三辞请罪疏》，还附有另外两封重要的书信：《刍荛狂言》和《夫夷山寄诸朝贵书》。

他虽坚卧山中不愿复出，但朝廷和救亡的情势仍牵动着他的心。这一次趁使臣到来，他将自己的思考意见以《刍荛狂言》进言于永历帝和朝廷，条陈当前抗清复明大计。

一曰制之当更也。端州之始议曰以行在为大营盘，天子如总督，群臣如偏裨，不设百官，不用部覆，君臣同心，文武戮力，鱼水之深，义犹朋友。词林台省，罢兼六曹，而统于政府，如汉之东西曹司，有所为则帷幄商之，朝谋而朝发，毋复文法纷纭，体统隔绝。诸葛武侯引《志》曰：'万人必死，横行天下'。是也。光武之在河北、昭烈之在汉中，此岂步太平继统守文之貌哉？惟在讲求居重驭轻之术，谋臣死士，群策群力，卧尝而图，以之鞭使雄杰，降盗招寇，无不可者，此谓横行。故势缓则居中布置，日益自强；势急则姑避其锋，或以进为退。故有守之而徒敝，有弃之而乃取者，去冬之五羊是也。何也？遐方远徼，能虚声取之，而必不能守。吾缓其强而攻其弱，坐取军资，而俟中原之机，亦至便也。今其机近矣，下岳鄂可，下豫章可，取资于粤可，要在服人心而鼓将气耳。今日之至可忧者，百姓怨兵而望也，今欲使将自自为谋，而民与官自相为保，则有守令兼将帅之一法。守令兼将帅，则贰也、幕也、尉也、胥吏也、绅矜也，皆参佐行伍矣，监司诸官尽裁之，则其权一矣。行在不设官，而四方夙望尽下诏加衔，听所在倡义，则行在官少而西揭之源清矣。若疆圉之郡邑，则竟以将帅兼之，如古以将军管县事其例也。彼自兼守而以其戚暱为令者听，盖自取其地，自屯其田，则自爱其民，即有他侵盗，彼必护之。而其地之有力者，亦相附以守其家，官有守险指臂之助，民无杀掠逃窜之惨，莫便于此。孰如选一市人而莅其地，为必逃之奴隶乎？此画地以守之上策也，必当与土寨团练合而议之。

一曰土寨之当倡也。民之苦锋刃非一矣，性命不暇保，而责其为官家乎？人先喻之保身家，而后忠义可鼓也。江以北十年苦贼，民自为寨，而官军亦因之以侦探，至德安、黄州土寨尤勇，大兵至则上寨，兵去则杀其伪署，如此两三年，今且与孙守法相应矣。光固之间，至今亦未降，若今湖南粤徼，处处有险，如日者科臣李赓品之团守灵州山中，科臣蒋奇生之团守罗江村，一方依之。若旧台臣刘与秀之在永州山中，词臣刘自烨、陶汝鼐之在攸县山中，镇臣黄金台之在道州，皆是意也。朝廷若倡使联络之，使所在贤绅富室，为之率长，团其保甲，明其约束，可以助官军之声援，通侦探之邮置，扼塞要路，棋置星峙，往来正营，合符而行，乱兵则不得纵横矣。各出其力，各守其险，官兵得专心于致胜，不费朝廷一粒一钱，而有猛虎在山之势，此正与守令兼将帅之法相保相卫，而料地屯田即在其中，应詹虞诩，有不为国家当长城者哉？今当加衔奖劝已立之寨，而倡其未立者，其富家能出资团练，则授以官，若能率众复一城，则竟赐举人进士出身，盖今日之可动人者，惟此而已。不破此格，复何用乎？伏幸裁议！大抵此类事，朝廷及机而奖之，则恩威在朝廷；若迟迟不行，将来人必自救性命，自相部署，则所损者多矣。

一曰议饷当求其源也。言兵饷至今日，难矣。然古人起事于危亡之余，收合于散败之口，岂无术哉？要亦出则因粮，守则料地而已。料地即料人。战国动称地方数千里，带甲数十万，则其说何居？后代李抱真在泽潞，李德裕在西川，皆用三丁选一之法。任光、信都招兵，听其姿使；祖逖廪布渡江，惟在收贼。事当初起，不得不然耳。所谓料地者，屯田为本，而鼓铸开采者次之。袁曹战争，中原为墟，非有村邑之可掠也，一用枣祗，而军用遂饶，亡虑问武侯之久驻，子仪之自耕，为行军上算也。今兵贼蜂午之余，耕种多弃，良田半芜，诚料人为兵以护农，又料人为农以画地，募魁杰为垦，率奖之以官，十分其四，官民两利，则一郡之禾，已足数十万兵之馈矣。向年江北被贼，比屋逃亡，官军借民田耨而食之，成效炯如也。此其说又在以守令兼将帅绅豪团土寨相须而行者。

一曰说士之当求也。朝廷之权有时虚尊而不能行者，可以说客辩士谈言微中而行之，故尺一之诏，不如三寸之舌，定天下者未有不汲汲求此者也。凡人之嗜，不过避害计利耳。悚其大害，较其大利，然后引以名义，感以意气，焉有不动者乎？彼有其谋主，有其亲昵，有其所畏忌，有其所轧斗，得其窾而入之，明临以朝廷之命，鲜不合矣。即敌亦可说，况驾驭群雄耶？今清之必衰，合之图谶昭昭矣。自开辟至胡元，为中华之厄闰，岂有中华方数百年复归胡人之理。论元会运世，我太祖开国起元，历数正未艾也。今传三桂率三卫入矣，山东蔡琦横绝南北，汉中孙守法势通德黄；闽粤豫章，全无敌兵。英雄拥众握权，何不长驱下城易如拉朽，获无穷之利，而有复土之功安民之德，孰与旷日无聊，咀食于山陬穷乡耶？嗟乎！事至亡俚，惟降耳。夫敌之忌猛将极矣，即为之用，高鸟尽良弓藏耳，彼封王者何以不终臣事之乎？且降者十半夺其本营，别属他部，则缚鸡倍易，命如悬丝，丈夫何不为张轨、李光用，授王侯之利于平日、享忠义之名于万世，而乃束身受毙哉？揣自说士陈之，有不待其辞之毕者；自朝廷命之，则彼且索饷徘徊矣。事如此者非一端，要见定天下者，说客、间谍汲汲为甚。

一曰间使之当广也。无间谍是无耳目，无耳目则聋而鸣金鼓，盲而持旌旗耳。孙子曰：‘兴师十万，日费千金’，此言宾客间谍之用也。敌何强弱？何虚实？敌将为何？将何隙？所信何客也？然后能料之，能使人间之。此皆以死士效用，岂望扬旗发拨之塘兵耶？前者端州诏书，东不及漳，北不过虔，何论其他。英雄起事一隅，而天下如指诸掌。天下之势，全在中原。今北地中原一辈，正在犹豫，朝廷可以远置漠然乎？大江以北，江浙以西，忠义不乏，特遁伏耳，一呼则响应矣！可弗一通耶？闻堵抚臣胤锡，便宜达诏于汉郧，此最得机者也。臣以为朝廷宜多募义士，变服蜡丸，布于四方，就中即有间谍之用。若臣江北，臣即募人，可以达之。朝廷处一隅，而中原义盛，宜使之知所推奉，此甚不宜迟也。要之赏罚当，是非公，行一事皆足以收人心，布一政皆足以服遐迩，则远方贤哲，望气而归命；草泽烈士，闻义而效死。是又在乎宥密之地、帷帐之中矣。

这五条议策，是他审时度势，依据永历政权与抗清斗争的实际而提出的重要方略。他不知道朝廷能否采纳。但他既不愿入朝，便唯有以此来为救亡图复尽份心力。

而在《夫夷山寄诸朝贵书》中，他向朝中大臣们陈述了自己所以不能应诏入朝的具体因由：

自北都万死守节而归，为马、阮所陷，以白为黑，忠臣灰心，洒天弥海，即得怔忡惊悸，呕心头晕之症，病且一年，今桂林复发之后，仅存人形耳。近日目昏不见，加以气逆，一有所思，则晕大如斗，何以胜劳乎？一不能也；贱性狂直，见人之不善，则若不能容。今日之势，能一刻与人处乎？二不能也；性又疏懒，每答人一书，则先愁竟日，病来尤甚，昼刻六时四分皆卧，今何以接待群贤？三不能也。

当端州会议，自矢不加官，方在屡疏控辞，而今乃坦然受之，食言不信，违神不祥，一可笑也；生平爱闲居，不慕官爵，见人营营，尝笑之，而今何以自白？二可笑也；本文弱书生，而气奋则欲横尸疆场，今出则速死耳，殊非年来难后所讲老庄之学。三可叹也。

一弟议废三衙门，以六曹带之，分班直中书，又欲废巡方废监司，今可行乎？一不便也；一愚议不必每事差朝臣，今诸公乞差者差矣。朝堂几空，得无怪乎？二不便也；一贱性外和内方，若一念专至，则百情俱断，遇事执强，毋乃嫌之乎？三不便也。

坦陈了这些不能入阁辅政的原因，他希望能得到皇帝和朝中诸大臣的理解并接受他的请求：允他辞相而以原官病痊后供讲职。却不料朝廷也同他一样坚持，此后屡屡遣使赍诏敦催入阁，以致他不得不一边累疏以辞，一边遁迹蛮荒之地以避。

第十六章　十辞入阁

永历二年（清顺治五年），抗清形势陡然发生重大转折变化：先是正月里降清明将金声恒、王得仁于江西反正，奉表归顺永历朝；至闰三月，清广东提督李成栋反正，继而陈友龙反正于湖广靖州。趁此机会，明军何腾蛟部先复全州，尔后挥师湖南，下衡州逼长沙。至此，原先局促的永历政权已拥地江西、两广、四川、湖南数省，声威顿壮，而北方与中原各地也反正起义不绝。一时间形势大变人心振奋，救亡复明的斗争出现了甚为有利的转机和局面。

就在这时，已遁迹蛮荒经年的方以智来到了武冈洞口。

他自上年二三月间三疏辞相后，恐朝廷不允再催入朝，遂将妻儿托付于已任监察御史巡按广西的表弟吴德操照顾，自己复入深山，于夏末秋初时移至沅州天雷山中，与苗民杂处。此时的他，孤身带病，生计困顿，只得靠佣书卜卦糊口。其后得同为避乱而至的湘阴人吴麟长之助，结庐山中，景况才有好转。

虽身处蛮荒恶境，贫病交加，但他的退隐之意未有稍减，作《劝隐歌》歌曰：

君不见司空早遁王官谷，清流白马从旁哭。又不闻绣衣从车藏阆中，侍御避命如庸工。近见平溪人买沅州道，全家赴官几日笑。又见诸生干入将军营，窃恐亲戚诛逃兵。彼一丘，此一壑，可荷锄，可采药。植杖何烦老父愁，灌园自有三公乐。杀君马，坏君车，焚君锦绣来钓鱼。山中十钱一壶酒，天地尚在我辈手。

歌唱得痛快写意，不过他此时的处境心情，无半点逍遥之意和林下之乐，现实的烦忧让他无论如何也难以“灌园自有三更乐”：他欲远离现实的政治瓜葛，却又无法摆脱它们的纠缠。三疏以辞入阁之命的他，感觉永历朝廷未必肯就此罢休，故他在隐姓埋名刻意隐迹的同时，还不得不煞费苦心地设置了一个投洪江自尽的假局，并以所谓遗诗二首布惑于外界。那遗诗道：

旦夕刀头恩，文章岂再持。死生一片血，天地百年悲。
遗稿无多句，将书寄二师。孤心从此别，莫问今何时。

原矢魂相见，而今面亦离。纵来仍未活，隔去不须悲。
恶趣凭人积，孤怀只自随。黄泉疑忌少，容我诉相知。

然而，他这些隐迹藏身的努力也只能收效于一时，时间长了，终竟还是为人所察。

当地有一个汉族书生叫杨听虞，好古喜诗，偶识方以智后，即执师礼相从学习。师生常常谈诗论文，老师言语中不免提起从前的一些事儿来，令学生于好奇之余，自然联想先生是有来历之人。又有老翁姓李名梅溪者，年已八旬，仍谆谆殷殷劝人以学。方以智敬佩老人这种精神，为其作《劝学篇引》以赞，署名虽伪，但那老者的眼光却已洞察这饱学的先生必是名望之士避隐于此。这些猜疑传开去，不过几个月，沅州署衙里的官员便推知是不愿入朝的方阁学避隐在此。于是麻烦就来了。

是年十一月中旬，清兵攻陷沅州后大索明廷官员。有那归降的官员为邀功于清帅，径引清兵去捉拿方以智。幸亏山民义助，大山里又林密嶂多易躲藏，他才得以逃脱。身为永历朝的阁臣，此后对他的搜捕便一直不停，逼得他不得不愈向深山遁迹。他在湖广湘黔边界一带大山中辗转逃亡数月，在衡山大埠又不幸遇劫，只好在苗区与人为佣，混迹生存。

就在他贫苦不堪时，他的学生姚端心念老师，不畏艰辛一路寻找了来，给了他很大慰藉。然而姚端带来的诸般消息中，关于盟兄陈子龙于头年五月间抗清被捕后投水自尽的噩耗，让他又添新伤痛。

陈子龙是他众多友人中堪称知音，十七年前他们在西湖相逢订交，此后一直相互敬勉，成为挚友。因为他们的友情，在他们之间甚至在文坛社会中便有了一个特定的指代名词“云龙”（云指云间，龙谓桐城龙眠）。自甲申由云间开始逃亡后，这几年中方以智虽很思念却难得到陈子龙消息，他深知陈子龙的气节，思想上也不无准备，然而真个闻得确信，仍不禁痛彻肝肠。姚端述罢，只见老师泪涌如泉，说了句“卧子死得其所矣”，便放声恸哭起来……

从姚端口中，方以智也得知永历帝又遣使再召之事。他退意已决，对之并不动心。但他隐匿苗地毕竟语言不通，生活不便，故在闻明军又收复湖南失地后，便带姚端迁至武冈洞口来。

洞口是个不小的市镇。在离它四五里之遥的平溪南岸，沿一方荒池东向而行，但见竹木偃荫，地势岈然且洼，巨石密布，峭壁为峡。峡尽处有一天然石洞，当地人称之为逍遥洞，其内室如舟，中虚函丈，有石壁为屏，平石如榻。方以智至洞口后，怕为人打扰的他便选择了此洞作为栖身之所——有了天雷山中的教训，他明白要完全匿迹很难，只求所居安静不被干扰，而逍遥洞即是这样的一个理想所在。这里，既于他疗病将养很有益处，也能让他较安心地读书著述，完成他想做的一些事。

自流离岭南以后，他越来越渴望能过一种耕读林下的生活，了偿他的心愿：既身逢乱世，不能有所作为于政治，便应勉力著书立说以惠世——这不仅是他自少年时就立下的志向，也是世间现实的需要：近世人心操守移失，风气渐变，而天下更是动荡大乱已极，面对这些变化，世人于感叹甚至痛苦人生遭际的同时，对天道人世的本来与法则秩序感到更困惑迷惘。要消除人们的困惑，亟须要智慧的启示引导，而素来有志于追比圣贤的他，自觉应担当起这个重责。为此，他希望避离干扰，洗心退藏于宇宙世界奥秘的研究之中。

这种意念，至去年转侧天雷苗中已十分明确坚定。他在《斋戒》诗中道："大厦忽如此，一木何以支？歧华互争夺，朋党遍山戍。老亲在故土，沅湘徒胳肢。敢令父缩高，自作唐崔韦。采稆逃王命，苦节哀县丝。转侧天雷苗，孑身无所依。仍悟图书秘，三一消离微。心斋与大戒，神明实在兹"。其序中说得更明白："以此斋戒，洗心退藏，《易传》之所叮咛也。心斋大戒人间，世何所逃乎？丁亥转侧天雷苗中，设三世位，烧三一老人香，以此自遁"。可以说，这之后努力于著书立说，便一直是他心中念兹在兹之事，连在哭陈子龙的诗序中也还叹："天下之风渐变，而天下之乱已极。著书立说，愿何由遂，生此何不幸乎！"

但流离之中，缺乏潜心治学的环境条件，他只能退而求其次。趁眼下环境略安定，做一些充实完善他的旧著《通雅》《物理小识》的工作。

他的《通雅》尚未刊行，便于乱中阙失，成了残稿，让他深为痛惜。在广州姚奇胤署中，他和弟子姚端做了一部分续补缀集工作，尚未完毕，现在趁姚端又在身边，他想把此事结束掉。此外，这几年流离各地包括近期在辰州、沅州一带他所搜集到的奇异见闻及对一些草木药材偏方和方言的考证记录，他也欲抓紧整理出来，充实进《通雅》《物理小识》中。

在他实学考究的目标中，小学是一个重要的内容。对于文字的掌握和训诂，他的观点不仅正确且很独到——他认为：文字的形、音、义这三个方面是密不可分、不可缺一的，“见日月之形，即指日月之事，即有日月之声”，识别字形，掌握音韵，目的在于了解它的意义，而以音求义则是为前人所忽视，而为他所发明的推本溯源掌握古词语本来意义的重要方法，即“欲通古义，先通古音”。文字的古音随着漫长的演变已发生了很大变化，其中方言、方音随自然而转变，犹如草木之移接，故仔细考察各地的方言方音，可推知古音的演变，由之进而可获得对文字古义的把握了解。

故近几年流离闽粤湘等地，他一直注意方言方音的考察。南方的方言方音相对于北方来说，尤为复杂丰富，俗语便有“十里一乡音”之说。他每至一处，听到一些典型的或者特殊意义的方言方音，皆弄清记录下来加以考证，几年下来颇有收获。现在他不仅要将一些新的材料认识充实进《通雅》，也拟就音韵方面的研究撰写一本专著——《切韵声原》。

有这样多的工作，养病也就成了有名无实。师生俩整日忙碌，只有偶尔外出或者客来拜访，才难得地放松一下。地方上知道方相国在此，欲邀请他参加一些活动或宴饮的不少，他一概谢绝。至逍遥洞数月间，真正算得休息游玩的也只是中元节去观了一下龙舟竞赛。

七月十五本是道教所谓地官生辰日、佛教的盂兰会期，然湘地民众却因屈原投汨罗江自沉，以包粽子举行龙舟竞赛来纪念他。方以智非常崇敬这位伟大的诗人，不仅临观竞渡，归来且作《屈子论》以赞，曰：“吾故谓屈子之死，故不死，其文不死也。”为文方能不朽，是谓屈子而实自道心声。

他虽驻足谷内不出，却禁不得别人慕名相访。一日，一位三十左右的布衣文士入谷来。这人方以智并不认识，但见其没有薙发，于儒雅中又透着一股英气，遂热情接待。这文士见他不端架子身份，随和热情，很是感佩。

此人是衡州人，姓王名夫之，崇祯末举人，博学有才，又且急愤国难，乃慷慨高义之士。他早慕方以智才学事迹，得知他卧息逍遥洞，特来拜访。方以智与其交谈之下，颇欣赏他的才学气概，留之长谈逾日。

王夫之比方以智小八岁，二人身份声望也很悬殊——王夫之虽在湘地有些名气，然较之早以文章誉望动天下的方以智来说，他还是默闻之辈，至于仕途身份更不可比。然而，二人志趣相投：一般的博学多识，思想开朗而深邃，力于治学耕耘；又一般的忠贞于故国，痛愤山河沦丧、民族危亡，心系救亡图复。这使他们虽有阅历精神状态的差异不同，却不影响俩人相互心折敬重，虽初识却又如多年的知交朋友，生平学问文章以及当前的抗清形势，无话不谈。

时光流逝，不觉间方以智移居逍遥洞已逾半年。在他埋首山中依岩著述之际，永历朝政正发生着戏剧性的变化：由于抗清形势的好转，先前或徘徊观望或畏缩家中不敢出的大明遗臣此时纷纷投奔永历政权，一时间出仕为荣不仕为辱，弹冠遍地，煞是热闹。

方以智于山中闻此情形，感叹不已，唯愿操守自励，著述自娱。可这只是他的一厢情愿，八月中朝廷又一次敦促他出山。惶恐无奈的他，只得又上《四辞请罪疏》以辞：

一年以来，臣凡八奉温纶，三蒙特使，而臣曾不能一有答，此则臣之罪也；权奸乱政，臣每畏忌其锋，不能抗疏劾争，此则臣之罪也；丑虏凭陵，臣仅万苦伏匿，自保短发，不能起义婴城，与肖旷等骂贼而死，此则臣之罪也。有此数罪，方当席藁，而皇上俨然趋宠之，臣有何地可自容乎！用是恇惧，谨沥微诚，伏乞明赐处分，以肃纲纪。至于臣才之不堪，则臣前之疏，哀辞恳切，已渎圣听矣。

辞疏上后，他不知朝廷将如何对待，心中不安，颇有些后悔不该离开苗地。一月后，朝廷旨意再下，这次却是准留守东阁大学士瞿式耜之疏奏，召方以智回朝主持修国史。修史是他之前向朝廷的请求，瞿式耜的奏请是在他和朝廷的僵持之间做了个调和。他既不能让瞿式耜为难，也无由再坚持不出山——虽然朝廷尚未允他辞去阁命，但他也只能走一步是一步了。初冬时节，他南归桂林。

是晚，吴德操在署中后堂备席为表兄洗尘。方以智叙说了年来经历遭遇，吴德操闻听他被追捕逃难尤其是苗地无奈为佣，也不禁为之唏嘘。他很关心表兄今后行止，道："兄长此次回来，是否打算应诏入朝?"

方以智叹道："朝廷数诏连征，我不能不回。但我心志你最清楚，实不愿再趟朝廷浑水。你看那朝间情形，主上懦弱无威，权奸把政，卖官鬻爵，朋党营私，争权夺利，一片乌烟瘴气，连瞿相也禁束奈何不了只能自留守于外，我便去了又能如何？那帮小人能听我的？若装聋作哑顶个虚名或做个只唯上意的三旨相公，又岂是我之性格！故我只盼朝廷能允我所请收回阁命，那样我即入朝去修史，尽一份臣子之责以聊报主恩；不然，我就仍只有规避于山野林下了。"

吴德操见他心意不改，替他担心："兄屡次抗旨不遵，朝廷上下已多有议论。再这样下去，实很危险，不定哪一天会为人所谗陷而被罪！还须三思。"

方以智苦笑道："我从未受用官家而立朝与事，久已是局外之人，即不应命也非违义；辞相而求以史官自任，也非背朝廷而不忠。若此朝廷仍要怪罪，起码不能谓方某是不忠不义，余者我也无可如何，只求无愧于心了！”

又转语道：“非常时期，形势险恶，朝政又混乱腐败如此，你自己也要担心，善自保重。故旧凋零，今日此地，老弟兄只有你我二人了！”

吴德操听了，想起一事来。兴奋地道：“好叫兄长得知：龙眠幸存三人矣！钱幼光已至行在，前两日寄了信来。”

方以智闻讯不由得惊喜。清兵南下后故旧亲友死难众多，他因不得钱秉镫（此时已改名澄之）消息而担忧，不想其非但活着且入粤来了。惊喜之际看了钱澄之来信，随即复信招其来相会，又感怀赋诗以证。

在桂林呆了数月，方以智从瞿式耜那里得到讯息证实：朝廷尚无免他辅臣的意向。怕再催自己入朝，在书荐姚端从军效力后，遂携妻儿离开桂林移居平西山中，其时已是雨雪飘飞的寒冬腊月。

山中一时找不到房舍，他与妻儿便住在人家废弃的破旧草庐里。茅屋十分简陋寒促，透风漏雨，一家人住在里面甚是凄苦不堪。但他却觉得居此却比住在桂林城中心安，还为这新居题名不改居：不改者，心志不易也。忠国抗清之志不改，退隐不仕之心不易。他以此来表明心迹，然思想上终究难以平静。

自去年二月以来，永历帝已八下圣旨催他随朝入直。这使他不能不深为感动，内心里确有一种冲动，愿为永历帝的殊遇和救亡图复，不顾一切再出山辅政。然而一想到朝廷的昏乱现状，又令他在心灰意冷中叹然却步。

他的才智品节若是在清平之世英明君主治下，赞献辅佐，治国安邦，自可为一代明相重臣。但乱世危政，更兼主上柔懦而为奸人所控制，他方直强断的性格和处事作风，非但难膺重任，也极易为人主和他人忌恨而成为政坛的牺牲品。他早已是九死一生之人，并不畏死，但于事无补的牺牲，却非明智之举。所以他只能选择以翰林原职去修史的做法去应对朝廷的征召，这是在君主深恩和不欲卷入政治是非中艰难的选择……

朔风冽冽，天寒地冷。他于不改居中，第五次向朝廷上辞疏，请求朝廷体恤恩准，让他罢相修史："倘蒙天恩，罢其入直，但守翰林，志为史官……苟实中兴之一蠹。则出狱之班固，论职之知几，庶可比而砺焉。"他已作好准备，只要朝廷允准，年节过后，他将与之前已向留守瞿式耜推荐的旧友张自烈一道，邀请一班名儒纂修大明自神宗以下各朝《实录》和永历年史，藉以报答皇恩，聊为朝廷尽一份心力。

次年新正里，他带着这道请修史疏去了桂林，趁给瞿式耜拜年将奏疏呈送朝廷，之后便待在桂林等消息。其间一些友人多劝他不要迁延尽快入朝，尤其是瞿式耜更是随时予以劝谏。正月里闲暇，这位留守相爷数召朱治憪、方以智、鲁可藻、吴德操等游虞山、还珠、水月诸洞。游览唱咏之际，他与方以智的唱和直可视作是一场风雅答辩。

游虞山时，方以智因怕众人劝他，咏诗道：

江流俯视碧天遥，绝顶招呼接上霄。
烽火尚容人玩世，山川不劝客趋朝。
惊乌绕树飞来晓，苍狗浮云看去消。
谁让市南箕踞者，弄丸千古慕宜辽。

瞿式耜随即次韵以谏：

云开星动曙光摇，瑞霭缤纷接绛霄。
岂为行都留地主，偏多名彦拜皇朝。
群山百里峰如绣，独树千年翠未消。
赖有昌黎真史笔，摩崖指日颂平辽。

下次览胜时，方以智感触心事，诗以抒怀：

避世边陲慕士安，无家流落叹方干。
暂依幕府浇乡思，幸傍名山共岁寒。
疾病逢场先搁笔，沧浪笑客说弹冠。
千年潦倒秦淮月，却在天涯倚剑看。

瞿式耜又不失时机和谏：

浮云久已蔽长安，世事澜翻总不干。
但使兵戈残劫尽，肯教泉石旧盟寒。
凭将竹杖闲挑月，试把松枝学桂冠。
高蹈不须追往躅，南薰好作钓台看。

所有这些场合，只要方以智有歌咏，瞿式耜都会在奉和中予以劝谏。他了解方以智的性情思想，对方以智不愿介入朝廷是非颇能理解。但为着朝廷斗争和大局的需要，他又越来越希望方以智能入朝与他一道力挽狂澜，故现在只要场合适宜，他便不时加以劝谕。

方以智虽未听劝，但游府北灵川时，还是寄书朝中诸贵劝喻不可偷安："今若上下一心，卧薪尝胆，则业可晋宋。不过则廿五年、十五年，亦未易安枕收。草创之初，在收人心，收之先须服之。四海虽大，然豪杰观政事而归命，望影立见。若束手偷安，幸渔人之利，则唐末之马、刘、王、钱，亦以练兵爱民，勤于政事，选贤用才，乃能自立。"

他对年来在金声恒、李成栋先后反正、何腾蛟收复湖南后出现的有利形势下，朝廷不能趁势兵出要塞收复失地，而满足于偏安一隅的状况甚为担忧。故不顾可能遭人讥讽，再次致书示警。

身处灵川山中的他，尚不知他所担心的变化此时已发生：就在正月间，被围经年的南昌因孤立无援而为清军所破，同时清兵攻陷湘潭，何腾蛟被俘不屈而死。当他于下月得知这些消息时，李成栋又兵溃而死。而到了三月，清兵连破衡州、宝庆，明军溃兵纷入桂境，骚掠地方。方以智担心妻儿，遂返回平西山中。

这时朝廷又派来了宣谕特使，赍敕敦趋方以智入朝。旨意虽是要他去修史，但仍以辅臣相召。这让方以智明白朝廷并没有改变主意，说要他修史只不过为招他入朝罢了，遂以六辞入直疏回复。

次年初春时，朝廷再遣使征召。这一次朝廷要他入阁办事的态度十分明确，不再假以修史：

皇帝敕谕：辅臣方以智，朕缵承大统，绍绪鸿庥，朝夕竞竞。日思克还旧都，用光前烈，惟赖名贤硕彦，以弘济艰难，共襄再造。今西北义旅已扫清氛，东南士民，望幸甚切。诚得累朝节义之臣，为中原人望所属者，入资启沃，用裨匡襄，则岿然灵光具瞻，中外伟矣！乔狱式藉声闻，于以规画廓清，必能昭勘定之功，致兴平之绩矣！卿天人实学、忠孝世传，鼎铉弘谟，人伦师表。北都著书，南徼艰贞，识备古今，才堪四应。实望卿居端揆之任，理机务之繁，树表于朝廷，则四方豪俊，知所归依，发策于疆场，则远迩群英，共奋挞伐。纂修固属巨典，调奕更藉鸿谟。且卿以高节迈风，徒思采杞著书，后世必笑有臣如卿，朕竟不获。烦卿佐理，天下其谓朕何？今特颁召，令行人方祚亨敦趋，其即星宫速驾，慰朕寤思。幸勿再辞，益深悬跂。钦哉！特敕，钦此。

他欲退隐，而朝廷却坚持要征他出山，使他进退不得，极是傍徨苦恼。这样倏忽又是年余。其间因永历帝又遣使数召，他复上数辞疏，其《十辞疏》中道：

臣本诗酒狂生，遭乱颓惫，臣第三辞疏，引郑綮之辞，史犹嘉之，业已熟陈哀控矣。四年坚乞，一字无欺。君父之前，何嫌琐诉。……臣今恇惧失魄，栖伏水次，专候廷议。即拘司政，更复何言！所望皇上勿降诏遣使，速赐处分，即是真怜臣，真恤臣矣。

他数年力辞入阁，坚卧不起，除了少数知己外，一般人多不大理解他的高蹈做法，故外界尤其是朝廷间对他的议论颇多。及至后来便有诋毁和中伤，直至有人上疏弹劾，要求朝廷究他之罪。他虽愤郁难置但心志不移，辞疏态度更为恳切坚定。

是时形势已趋恶化：由于永历政权内的剧烈党争内讧，人心涣散，加上军事上的割据分散，遂为清兵各个击破，不过一两年间，明军节节溃败，江西、广东、湖南复为沦陷，局势又回到了两年前的困危之境。眼见形势演变如此，方以智愈加伤忧不已，他既不能避世，又见疑于朝廷，痛苦无奈之中，只有借助纵情山水来求得精神的排解麻醉。

他又置了只舟船，以舟为家，泛波于漓江，往来于桂林，访友寻胜；又编传奇，制新曲，声乐娱欢，放浪不拘，如十数年前在金陵一样。只是此时之逸乐与往昔的豪顿既不可作同日而语，而心境之殊异不同，也难以言状而唯有自知了！

十月二十六，是方以智四十初度日。乱离之中又兼形势堪忧，他本不欲张扬其事，但潘翟、吴德操及从肇庆行在赶来的钱澄之等亲友，却坚持要庆贺一下。

这日一大早起来，潘翟便带着方以智新娶的妾室，出山置办酒食器具。在桂林附近的友人及一些关系较密的同事皆赶来贺寿，留守桂林的瞿式耜不能亲至，遣其孙瞿昌文前来代为祝寿。

在浮波微荡的舟艇上，在亲人朋友同志的称觞祝寿中，方以智度过了他四十岁的生日。对着一张张患难中的亲友的笑脸，听着一声声真诚的祝福，回首半生往事，思念故乡亲人，感受眼前处境，思量来日艰难，百感交集……

第十七章　袍帽与刀

永历四年（1650）闰十一月的一天，一队剽悍的清骑驰入昭平境内仙回洞，抓住曾效力永历政权，后归隐于此的汉人严玮（字伯玉），逼其交出被其藏匿的方以智。

原来占领平乐的清军在搜捕明廷官员时获得消息，有位未入朝的大学士方以智隐居于平西山中。总兵马蛟麟得到报告，立即命中军校尉率骑前去抓捕。清兵赶到平西山中扑了个空，又寻踪找至仙回。

面对清兵逼问，严玮只字不吐，清兵气急败坏严加拷打。就在这时，一剪发着僧服者现身而出，喝止住清兵。原来他就是藏在附近的方以智听见清兵毒打严玮，遂自出以免友人受苦。

他被押至平乐清军大营，酋帅马蛟麟百般威吓劝诱，方以智终冷色相对，不肯归降。马蛟麟无奈且不甘心，想了数日，使出最后一招，欲以生死威胁来降服方以智。

他命兵士将方以智绑缚至法场，那法场左侧有兵卒捧着清人袍帽官服，右侧则立着执着大刀的刽子手，杀气腾腾。马蛟麟喝道："方以智听着，本镇给你最后一个机会：向左易服则生，向右面刀即死，汝其自择!”

方以智也不理睬，径直向刽子手走去，口中作颂一偈：“百折不回横一行，岂畏刀剑重锻炼。狮子尊者肯施头，仲连焉可错射箭。”颂毕闭目待刑。那种杀身成仁的气节与视死如归的气概，令法场之人无不震撼感佩。

马蛟麟生平杀人无数，却从未见过如此荣华富贵不动其志，生死存亡不变其心，临难从容就义而不改其色的忠臣烈士。他历来只崇拜那些浴血疆场，叱咤风云的英雄人物，但此刻，却被面前的阶下囚所折服，心中涌起深深的敬意。

他亲自上前为方以智松绑，道：“先生，您是我生平仅见的气节之士，我不能杀您，也不愿再相逼。但您作为永历要人而不降，我也不能就这样放了。唯一的法子，是如眼前样子出家遁世。这样，我也好对上司交代。您可愿意?”

方以智痛颜冷声道：“将军能全吾节，我便从此入沙门。”

他虽以死守节，就刀镬而大义凛然，但既不死，却也不欲轻生，要留有用之身于将来。此正古贤所谓善生善死，也是他历尽刀锋劫难后悟透生死之心境。

马蛟麟道：“如此，我即具折禀奏。但在上头准谕前，尚要屈先生留此一段时间。”

他既敬重方以智品节，又欲表现仁义笼络人心，对方以智的家眷也予周全保护，令下属不准犯难，故潘翟母子得以平安，亦能时至狱中探视。

翌年开春，马蛟麟率部攻取梧州，而他关于处置方以智之折请也获上司允准。狡有心机的他，怕方以智释后有变，遂将之带至梧州出家于城东云盖寺，处在他的监控之下。

方以智知马蛟麟仍有疑忌，入寺后不久即打点安排，托瞿式耜家的友人赵秋屋护送妻儿北归。

临别之际，面对眼泪汪汪的悲伤妻妾和牵衣不舍的幼子，出家后一直显得冷漠的他，再也无法克制心中伤痛，噙泪对妻子道："汝随我数十年，夙夜辛劳，未享丝毫荣华欢乐，却历经苦难，吾心感且深愧……惟望你念结发之情，替我奉养尊亲，抚育儿女，艰难支撑苦家。卿之恩情，我唯有来世报答！"

马蛟麟得知方以智遣家眷归乡，戒心渐除。然而方以智却仍不免俎上之忧，不敢大意。他募资在寺内很著名的冰井旁，扶起三椽，名为"冰舍"，作为自己静习起居之所，也不要他僧介入，自炊自修于其中。这样做既切合他的身份，也让当局相信他是死心皈依佛门。

他给自己取法名行远，号无可。和寺内所有僧人一样地做功课，梵唱诵经，吃着糙饭淡蔬，喝着凉水，扫地种菜，托钵化缘。几乎没有人知道他的心思心情，而他也极少与人交往交谈，只将一切的痛愤哀苦埋于心底。数月后，他大病一场。病后作了一篇自祭文：

自甲申至庚寅，无可道人以猗玗洞之县丝，流离岭表，十召坚隐，不肯一日班行，为白发也。转侧瑶峒，以鶏纳为归路。……无可道人自燃香而祭之曰：生死一昼夜，昼夜一古今。此汝之所知也。汝以今日乃死耶？甲申死矣，自此而石巢之锋、乙酉三河之盗，丁亥大埠之劫，天雷之苗，被左之逋，昨冬之平乐教场，何往而非死！若自无始以来之道人视之，邵子所谓虚过万死矣。蒙庄氏日以齐生死，一夭寿为言，而乃哼哼于曳尾、栎社树，养生全其天，若真有莫可奈何然者。……能以死知其所以不死，知不死之无不可以死，则此死也诚天地之大恩矣。……此年来感天地之大恩，痛自洗刮者也。独眷眷者，白发望之久矣，尚未得一伏膝下。姑以逃勾吴为解，是则白马昙照之所呼苦苦者耳！因起而歌，歌曰：风飘飘兮云漭漭，地之下兮天之上。香烟指故乡兮安所往？未能免俗兮呜乎尚飨！

历尽劫难，勘破生死；万念俱灰，虽生犹死；除了眷念白发在堂，不能尽人子之孝外，一切尘世俗事已浑然不在他的心上。这是他向世人表白的思想和心情。读着如此文字，看看他现实情形，一般人真会相信他就是那样的人。

可他的乡友钱澄之却不那样看。

钱澄之是十月间至云盖寺的。他去年与方以智分手后，为避清兵搜捕，在兴业、藤县、容县和博白一带四处逃亡。因方以智带信给他，遂赶来相会。

他读了方以智《自祭文》后，摇头道："先哲谓善生善死，是教人不浪死虚生。兄自以为历尽劫难，逃禅以存，是虽生犹死，但弟觉得：以兄之性情志节，即便没身远游，那也是虽死犹生！其实兄取号无可，岂不就有在无奈何无可为之死中，抱有无不可为之新生希望？如此，又何必自欺自苦！"

方以智看着他，默然无语，眼中却泛着泪光。

作为同学好友，异姓兄弟，钱澄之对这位性情之中的兄长了解至深，知他入仕后十年来迭逢大难九死一生，如今又被迫出家，连求一片净土隐居侍亲枕藉自娱亦不可得，一时万念俱灰，也是情理自然。但以方以智这样的才识名望和性情气节，死固令人钦佩缅怀，不朽于丹青，而劫后余生也断不会因了心意的消沉灰冷，而将家国经世情怀彻底抛却！

所以他见方以智五更天便诵读佛经，忍不住作诗打趣："五更起坐自温经，还似书声静夜听。梵唱自矜能仿佛，老僧本色是优伶。"谓其不过是剧场中人物，唱戏而已。又干脆劝道："兄长，我知你能吃苦，也能忍人所之不能。但你这和尚本是为势所逼，又非是你心甘情愿做的，何必如此辛苦？吾辈自幼读圣贤之书，研习经世治国之道，数十载寒窗辛苦，岂为着今朝木鱼梵唱，寂寂向佛？即一时势迫权宜，又岂可当真沉溺，迷了心性？”

方以智看着他，半晌道：“你虽明白我的心理，却也有差误时。吾此时诚然俗念未全消，心中时为挣扎矛盾，但这研习佛家诸经，既为着练练撞钟功夫，实也存有另一番心思：晚明以来，三教相合之倡盛行，吾外祖悉心研究，颇有心得见地，堪启学人智识，吾久有荷薪发扬之志，而今遁迹于此，正可努力研修释家经义，以求日后有所融通建树。”

钱澄之料不到他心思如此。对于三教合一的思潮，他并不大赞成，但方以智这种不论处境而治学不倦的精神却令他感动敬佩。因道：“山门之内，究非治学之处。兄长何不设法求归故里，你我兄弟做一双遁世的遗民而相伴治学？”

方以智叹口气，道：“我也盼能早一天回故乡去……但此时如何能脱得了身？马蛟麟为人贪狡，他对我虽然礼敬，但内里不会真的放心，此刻若说一个走字，只怕立刻便会翻脸。因为彼既疑我出家是不得已之权宜，又恐我离去后为他人所劝而出仕，他岂甘心？所以眼前我只能忍耐，等待机会。”

钱澄之明白他所言是实，不由得长叹。晨曦渐透之中，心情忧愤难抑的他，伸纸挥毫：

脱身无路窜，冒死入梧州。我自笼中出，君犹俎上忧。

抱头眠破被，灭烛泣空舟。万里明朝别，遥遥天际愁。

入梧州后，方以智已为他返乡作了安排，从同乡彭爔处获得了资助，又虑路途安全，备了僧服，要他扮作游方僧人，既安全也易解决途中食宿。所以他准备明日离梧州去肇庆访子以归。即将离别，想到老友孤处天南，形如软囚，心中不胜忧愁。却未料到后来时间不长，由于有一个人机缘凑巧地出现，使方以智终于脱困北归。

次年夏季的一天，冰舍内来了一位造访之客。这人身着清廷官员服色，三十来岁年纪，对方以智执礼甚恭。方以智不识他，但听口音却是甚为亲切的皖地乡音。

那官员道："上人不识得晚生，但晚生却从家师处早知上人多年了，只是一直无缘识荆，不能亲聆教诲。"

方以智问道："不知阁下尊师是哪位？"

官员道："晚生受业恩师乃宣城沈征君。"

这一说，方以智方知是老友沈寿民的弟子。仔细打量，见其气质清逸，风神儒雅，不由得有好感。

原来这人是安徽宣城人，姓施名闰章，敏学多才。清顺治己丑进士，授刑部湖广司主事。施闰章生性豪迈喜交游、爱山水名胜。他从沈寿民学习时，常听得老师说起当年复社的一些友人事迹，尤推崇方以智博洽多才俱艺皆精，风流潇洒而又志节卓异，实为古今海内罕见的杰出人物，给他留下了很深印象，只恨无缘相识。这次他奉使粤西，听说方以智出家梧州，既欢喜又惋惜，遂借公干之机来拜晤，以了夙愿。

方以智见是故人弟子，也很喜欢。接触之下见其才气纵溢学识不凡，尤其是性情与自己颇是相投，便不拿他当一般清廷官员相待，态度甚是和蔼。其后复见其言语中对抗清忠节之士甚是敬重，知他虽仕清却也没有忘本，更形好感。二人清茶叙话，议学论艺，谈诗评人话山水，除了不涉国事，无话不谈。在方以智来说，这是在寺院寂寂中偶得一投机语伴；而对施闰章而言却是一个难得的问学讨教之机会。

施闰章好诗而善诗，不免要向这位仰慕已久的前辈多多讨教，而方以智正是一位可以师之的诗歌名家。

方以智青少年时就负诗名，被时人视为词客狂生，他那时的诗集《博依集》《流寓草》早就流传于世。明季风气，一般学子文人因重制义科举而轻诗文，而方以智一生不仅爱诗且很重视。他继承诗言志美风化的思想传统，又受家中长辈尤其是老师白瑜的诗风影响，崇尚汉唐诗风，反对文坛诗坛上公安竟陵派刻意追求空灵轻俏、幽深孤峭，致使诗歌创作流于俚俗纤佻、艰涩空乏的现象，通过长期的创作，渐渐形成了古朴苍凉平实自然的诗风。他早年有慕仿秦汉古风的倾向，但后来因感慨国事，又迭遭变乱，所作诗多为切身感受的世事和个人遭际心情，风格悲凉慷慨，哀怨缠绵，却又毫无雕琢，神韵天然。在当世学者文人中，他的诗赋成就即如他的博学与书画一样，也是为世人所推崇的。

两个善诗之人相聚，加上施闰章也是摒弃公安竟陵诗风之人，情趣风格相类，自有谈不完的话题：古今诗风流派，影响成就，演变嬗替，以及具体的作诗技巧讲究，尽在二人逸兴遄飞的议论中。而方以智作为诗歌大家和思想深邃的学者，对诗歌的一些基本和重要的问题都有较深的总结见解，此时情兴也不免谈来，令施闰章获益匪浅：

一切法法而无一法，诗何尝不如是！则请以诗知生死，知生死无他，死其心则知之矣。诗不从死心得者，其诗必不能伤人之心、下人之泣者也！明允曰：穷于礼而通于诗。圣人知读书之士，无如其性情，何故以诗为风霆以激之？当其节宣，哀乐不能入也。世之情其性者，任情而为诗，不知中节未尝持志耳。诗也者，志也，持也。志发于不及持，持其不及持，以节宣于五至中，则心与法泯矣！法至于诗，真能收一切法，而不必一法。以诗法出于性情，而独尽其变也。不以词害，不以理解，其下语也。能令人死，能令人生，专门生死之家，冲口迸出，铿然中乎天地之音，况能以不变变者！

《诗》即兼《书》，为其善引，触鼓性情也！物必有则，当则与否，是因二也。因二即《春秋》也，《易》一其中矣。一入志林，渐摩鼓舞，气质不知其化而化矣！操履不知其和而和矣！出以济国，处以善俗，业立行达，无忝所生。仰事俯育，通于神明。匡坐弦歌，足以引年。朋来不愠，足以忘世。

《诗》之广大配天地，变通配四时，惜乎日用而不知，虽兴者亦未必知也。水不澄不能清，郁闭不流亦不能清，发乎情，止乎礼义，诗以宣人即以节人。老泉曰：穷于礼而通于诗。立礼成乐皆于《诗》乎端之。《春秋》律《易》，言之者无罪，闻之者足以戒，皆于《诗》乎感之。道不可言，性情逼真于此矣。言为心苗，有不可思议者。谁知兴乎？知《易》为大譬喻也，尽古今皆譬喻也，尽古今皆比、兴也，尽古今皆诗也。

诗言志，歌咏言。古今诗人学者对此有着基本相同的看法和观点。但方以智却有进一步发挥，认为诗以宣人即以节人，发乎情而止于礼，才能伤之人心下人之泣而哀乐不能入，给人以正确的引导和有益的思想情感熏陶，故为诗必须能“持”——志发于不及持，持其不及持，使诗之思想性情合于《易》之三五中和之道，才能发性命之真，让法与情、情与志最好地统一起来，真正体现诗之本质，从而发挥出诗教无所不能无所不至的广大至极的功用影响。他这种深入发挥的诗说尤其是独特的以易道贯于诗道、统一诗道的思想，既新颖又超迈于单纯的诗艺而进入文化的深层次，给施闰章以耳目一新登高眺远之感，将他对诗的认识引入了一个新的境界之中。

俩人言谈欢畅，也不免技痒难耐，丢弃口中功夫，以诗相酬。施闰章情思飞逸，联想到了陶渊明的《饮酒》诗，便倡议方以智和陶饮酒诗。在施闰章这儿是仰慕渊明高风，又觉方以智风节堪追古人；而对方以智来说，却正触着情怀心思，一时间家国之痛、个人遭际、当前处境及日后希望纷至沓来，遂一口气作《和陶饮酒诗》二十首，尽抒胸中块垒：

举世无可语，曳杖将安之？残生不能饿，乞食今何时？

……

死死者不死，以死知其生。傥然遇虎狼，徒步能无惊。

……

子安问黄鹄，万里将安飞。八极纷茫茫，中路能无悲？

……

天地已倾覆，何论东南偏。网罗不可脱，杀戮到深山！

……

带索与披裘，素心只如是。被发如佯狂，高冠不妨毁。

……

衰柳蔽秋日，黄花纷落英。慨然一念至，一往无人情。

……

庭前养白鹤，枉惜凌云姿。珊瑚施铁网，安贵琼树枝。

……

直下无可悟，悟者天然迷。途穷亦尝事，何用恸哭回。

……

风波卷地起，篷海皆危涂，一进不能退，枉为世所驱。

……

长夜幽漫漫，无所事毛颖。宁当化流萤，草间飞炳炳。

……

直立塞天地，横议何足贵。一瓢赤仓米，几人知其味。

……

人生是行路，招魂还故国。吾道何所言，相视但嘿嘿。

……

青蝇为吊客，自听沟渠耻。独以老亲故，凄然念乡里。

……

在一种情不自禁的状态中，他用那支笔道出了多少压在心头已久的激愤和痛苦、哀怨与悲伤，还有多少的凄惶、无奈、自怜和心伤！

陶渊明的《饮酒二十首》，虽也有淡淡的郁愤伤感，但总体却仍是一派闲适恬淡平和的风致，却不似方以智此时此般之格调情境——他言和陶酒诗是为风其风，实则却是风自风耳，完全是自己满腔积郁情怀的宣泄。他也意识到了这一点，只是无法控制自己的情感而已，即如他在诗序中所说的那样，虽未饮而已然如醉！然而他毕竟未曾饮，更未曾醉，他不能如陶渊明那样“采菊东篱下，悠然见南山”，但能过一种陶渊明似的避世以隐生活，是现实中的他无奈而又唯一能向往的期盼，何况既曰和陶，他也须藉之向世人有所表白。于是在一种含蓄复杂、痛苦和希望交织的情绪意念中，他写下了《和陶饮酒诗》的最后一首：

修士多顾忌，吾宁率吾真。末世风俗薄，尤喜山中淳。

终岁无闻见，但道禾苗新。虽历干戈后，口不言胡秦。

茅屋各相望，永无车马尘。始知衡山懒，无异杖人勤。

远公不饮酒，偏与陶公亲。饱食但高枕，绝迹不问津。

有时濯清流，漉以手中巾。古今不同调，要是羲皇人。

读着方以智这朴实无华而悲凉悱恻的长篇诗作，体味着个中的思想情感，施闰章于敬畏感动之中对对方也有了更深更具体的认识感受。此后数日，他与方以智每接触交谈一次，这种认识感受便愈深入一分：眼前这个人的一切——那超卓的才华，博通一切的学识，追比古人的高风亮节，都给他留下了极深刻的印象，在他心中掀起阵阵波澜。后来他于睡觉中做了个古怪的梦：梦见一个身材颀长，长袖青衣而袒胸跌足之人，拿了半帧署为愚山道人的名刺给他。他便从此取号“愚山”。这事看似不过偶然一梦，然而它偏巧作于与方以智相识之后，而那“愚山道人”去掉一个山字即为愚道人，却正是方以智的称号——方以智年青时号浮山愚者，中年立意归隐后便自称愚道人。故施闰章这梦应与方以智相关，是方以智对其精神心灵产生的巨大影响震撼所致。

施闰章在梧州虽盘桓有日，但毕竟公务在身，不能多逗留。他既不舍与方以智相识即别，又忧虑其眼前处境，遂立意相助。七月初秋时，在他的活动下，经同乡彭爌具文出保，方以智终于被获准还乡，与施闰章结伴离开流离多年的粤地，度岭北归。

第十八章　哲人沉思

九月深秋，方以智与施闰章相伴抵达庐山。

这俩人都性喜山水，又有良侣相伴，至此名山胜景岂可不畅游一番？遂联袂览胜，上绝顶，眺江湖，观瀑布，赏云雾，寻古迹，访幽境，写景抒怀，情致盎然。方以智有观三叠泉词一首，甚为施闰章所赞叹，其词曰：

划破虚空，堕落珠宫。漫夸张，鬼斧神工。半间茅屋，八面玲珑。有一条溪，千丈石，万株松。

急雨斜风，电卷雷轰，是谁来、掷杖成龙？千年古境，吩咐诸翁：在两崖间，三弄外，一声中。

这首词巧用许多数字来刻画三叠泉的景色气势，生动简练，别具风韵。像这种纯写景之作，方以智很少为之，由此可见他脱离危境度岭北归后，心情的轻松愉悦。

旬日后，施闰章别去。方以智却没有离开，仍寄寓九云屏借庐之中。

他滞留庐山不去，非是流连风光，而是因为心中深有忧愧：所忧者不知家乡地方官府对他归去的态度如何，能否容他在邑里安身？而其愧者，则是自惭自疚以这样的身份处境去面对家人，尤其是年迈的父亲和姑母。

他出仕奔波在外多年，未给家庭带来富贵荣耀不说，到头来还被迫披件破衲衣凄惨还乡。他并不在乎邑里乡邻怎样看待议论，却怕面对必是伤心欲绝的亲人——自己全了忠义之名而背弃了孝道伦常。弟弟其义已在三年前病故，作为独子，弃家人妻小不能抚养已乖伦常，而置白发老亲于不顾，更是罪孽深重。故思乡思家心切的他，到了临近的庐山却觉无颜以归。

既然一时不能归乡，他也只有将庐山权当休憩之地，强作精神，以寻幽览胜来疗养慰藉他那颗痛苦悲伤的心。他一个人无拘束，念之所至便孤身前往，渴了掬几捧溪水，饿了则向山中人家化点吃的，或采野果充饥。他穿件极宽大布衲，白天是衣，夜晚即为卧具。人见了他这般形象，不免纳罕。曾任隆武朝东阁大学士，败后灰心逃禅，自号檗庵的旧友熊开元，在山中遇见相访的方以智，惊其出家亦与旁人不同，感叹道："大丈夫现大人相，若上人这般，又岂是一般将相所能为者？诚所谓世之不受象之镜、不随色之珠也！"

他这是赞叹方以智天生异禀，以人臣极位皈依释门本已不易，而既出世，便绝不带半点尘世铅华，行事举止显露出一股常人所不能及之气象，正所谓"唯大英雄能本色，是真名士自风流"。但由他这议论也可知，方以智出家后行止已迥然相判，外表形象改变甚大。

此后不久，方以智独自去登金轮峰。

金轮峰顶有一塔名耶舍，当年他外祖父曾募资为之修缮。他此次至庐山，对往昔家中尊长履迹之处莫不游而缅慕。这金轮峰顶既有外祖遗泽，自也必至。

他上得峰巅，阳光下，见耶舍塔依然亭亭矗立，只是多年风雨侵蚀，外表尽显斑驳脱落。走近相抚，他心中极是感慨，外祖父的音容笑貌清晰地浮现在眼前，而昔日情景也纷涌进脑海中……

外祖父是他少时最亲近的尊长。幼年在浮山，他常缠着母亲一道去山上金谷岩，探望在那里护持佛法并以居士静修的外祖父。外祖父每见到他都很高兴，对他天真幼稚的问题从不厌烦，总是乐呵呵地解答。后来他年岁稍大，有苦恼和心事欲与人诉说，大多找外祖父，因外祖不像祖父、父亲那样严肃，他若有错处，从不训斥，而是寓教诲于引导和劝喻中，让他乐于接受。外祖胸襟淡泊，治学勤奋，反对门户偏见，主张为学融会贯通，对他的成长及治学产生了很大影响。每每思及这些，他都感念至深。遗憾的是，外祖在日，他因年轻不懂事以及忙于交游，并没有在老人面前很好地孝敬承欢，而外祖谢世时，他也未能见上最后一面。这么多年漂泊在外，逢时过节，他也只能在心中遥祭，而不能在外祖灵前上炷香烧张纸……

山风拂来，掀起了他那宽大的衲衣，鼓动有声。眼角扫见风动的僧衣，他不由得一阵心酸，同时，遥远记忆中一则尘封的往事也倏忽闪现出来。

那还是他没有正式上学堂之前，辞官归来的祖父教他习经。他却不大感兴趣，原因是他那时读《庄子》，既为那恣肆汪洋的文笔风致所倾倒，又为那逍遥而游的主张所吸引。其后又看了竹林七贤的故事，愈加羡慕嵇康、阮籍等人放逸洒脱任性自然之风慨，于是一心仿效，成天将“越名教任自然”放在嘴上，游山逛水，邀结少年伙伴饮酒作诗，衣着打扮也故意随便马虎，不修边幅。有次外祖父来了，与祖父辩论了阵理学易理，恰见他由外边回来，脸红红的显是饮了酒，嘴中还哼哼地吟着诗句，一件脏不拉叽的衣衫半系不系地套在身上。祖父斥责了他几句，他不服气，说自己是“旷达行吾曲谨”。外祖父笑眯眯地看着他，道：“东林呀，你这般旷达，不仅能作达士高人，将来尚可修成弥陀呢。”他又用庄子之语回道：“逍遥是吾乐园。”两位老人家又好气又好笑，对他莫可如何。

这事儿相隔数十年，当日各人的言语表情却还是那样清晰，令他心中既亲切温暖又迷惘伤痛。数十年风雨过去，那个浪漫的少年早已步入了人生中年，可他却没有寻找到他的逍遥乐园，反而应了外祖那一句似谶成真的戏语：果真成了弥陀座下的僧人。这难道就是所谓的宿命么？不！或许他与佛家是有一种因缘，因为他的身上流淌着外祖和母亲的血，他们都皈依了佛教，但是他却不相信先天之命。所谓“命”，不过是造成人生转折境遇的一些必然罢了。他之所以出家，正是为这样的必然所决定所迫使。他现在明白，当日外祖的话虽是一句戏语，实也包含着一个深刻的意思，只是当时他无法理解明白，外祖是告诉他：现实的生活中，是没有也容不得超越世俗要求的旷达任性的，即如庄子所谓“乘物以游心”、“彷徨于尘垢之外，逍遥于无为之业”和佛家所向往的西方极乐世界，都只存在于人的精神理念之中。只有人的心灵、人的精神和思想才可以实现真正的自我追求，才能在包容一切，超越一切的自由中，逍遥于九霄九野，万事万物，上下千年……但是，这种逍遥是否就是人们所企望和追求的自由境地呢？

不，也不是的！那种逍遥也仅是人心的功用，是人的思想精神的演绎变化，或者说它只是人努力追求自我和自由的一种表现而已，它能带给人一时的精神满足和情感愉悦，却无法使人达到心灵的绝对澄澈和舒怡。人的真正自由，应该是体悉洞察天道人事和万物变化发展的至理，从而不为一切现象的东西所障蔽和迷惑，能与天地万物与社会自然地交融，和谐地相处，就如孔子所说，从心所欲而不逾矩。

然而，人要实现这种自由是多么的不易！他俯瞰着山下，叹息沉思。

人心是世间万物中最神奇自由的，可又是最复杂混乱、受束缚禁锢最多最深的。人因禀赋之异而有心智性情之差别，复为生活困累心灵蔽昏，往往为是非善恶、生死苦乐和贫富贵贱诸般现象所迷惑，苦苦自累而不觉悟。古代圣贤以其智慧，俯仰洞察，创立种种不同学说，企以劝世救世，释人于昏昧，却不知其言其说虽也窥天人奥秘之一斑，究非全貌，以其教人可启人觉悟，而以其导人则不免引人于偏执之途，使人锢于箧中而不自觉。大道未解，成见反更深，只以为真知真理、真性真如在我，他人所持皆是异端邪说之谬论。人人各偏其偏各执其执，入世出世，天人理气，道德体用，心命性情，无为有为，名教自然，形上形下，实相虚空，数千载间，吵闹争论攻讦无有休止。使万千世人益为困惑迷惘，意念纷乱，莫知所循。故唐宋以后尤其是晚明以来，学者智人多有趋同之议，三教相合之说益倡。

外祖也力倡三教合一。他认为儒释道三家虽有门户之别，具体议论不同，但其宗旨都是源于同一的“无我”，并作《宗一圣论》十篇畅阐其旨。外祖的思想卓越不凡，发人深省：世间不同学派与文化既有对立相异，又有相依圆通，可以化而和同之。以之治学思想，不仅益于融会，而且可避免许许多多的争论分歧与混乱，而沿着这个融通和同的路走下去，由博返约，由实证虚，存异求同，溯本探源，揭示宇宙人生存在运动变化的本来法则，使世人摆脱心灵智识之混乱，求得与身外世界之和谐相处当在可期……

他兴奋地思想着，不觉时间流逝，也不觉饥饿，渐渐沉陷在天道思索之中……

自古以来，欲求宇宙世界之大道的贤哲不知凡几，虽各辟其径，然终未有正确而深刻反映者，即三教创始者卓有所创各有其说教人，而于天人之道却也或模糊其词“道可道非常道”，或要人自去参悟，即仲尼虽有所窥，却又罕言使人不可闻，只弄得一句“吾道一以贯之”，让人猜谜。

这宇宙世界的一切、这变化莫测的万有现象究竟是什么呢？不过物而已，盈天地间皆物也！而一切物不过气所为，即虚空也皆气所实。世人只知道执形以为见，因气微而不信之，实则时可得到求证：冬天呼呵出口，其气如烟；人立日中，头上蒸歊，影腾在地；考钟伐鼓，窗棂之纸皆动，这些皆可见之气。气凝为形，蕴发为光，窍激为声，而未凝、未发、未激之气尚多，故总可概举为气、形、光、声四种形态。气无空隙，互相转应，故天地间凡有形者皆坏，唯气不坏。为物不二之至理，隐不可见，质皆气也。而要征其端几，则不离大物理的易之象数。象数符号即是自然现象变化之几的象征、物理造化的符验，而符号象数即是事物之象数，反映了自然现象变化的秩序和法则。

数十年来，吾家先人长辈几代治《易》，至吾父光大发扬而卓有建树。他老人家以绝大智慧见易自碎其太极以为物物之卦爻，践卦爻之形，知一在二中，太极即在有极中，本体就在现象中，故六十四卦，皆不息之时，时时变而中不变，世界的无限丰富性，即是太极那万物的本源在变易过程中的显现。括要言之，象数之神，宇宙之秘，即在有一必有二，二皆本于一的公因反因之中……

日头已西斜，金轮峰顶上寂寥无人，只有他默默地坐于塔下，沉浸在深邃的思想中。他不舍离去，也不觉着孤零。听着晚来归巢的啁啾鸟鸣，看着山谷间浮动的岚霭漫散开来，将一切掩进暮色里，他只感到心境有一种久违的平静充实和兴奋，而又与眼前景物是那般地和谐。渐渐地，月亮从东边悄然升起，与西边那晕红如血的残阳遥相辉映。

多么美妙而神奇呵！他在心中激叹，思绪也随之飞扬。

日月相对，东起西落却又东西一气，尾衔无首。昼去夜来，寒暑相推，天地万物便在这时间的流淌中轮转变化。阴阳消长，盈虚相继，生生死死，周而复始永不休止。日月之代明，体现着造化的神奇和伟大，体现着宇宙的秩序和法则，也揭示着宇宙天地万物一个最基本、最普遍而又最深刻的道理：事物都是在相反相因的对待中运动变化。日月本身是如此（日月相对而月光本是日光之反射），日月代错之昼夜亦是如此，而水火、生死、男女、刚柔、清浊、动静、虚实、有无、形气、道器、真妄、顺逆、安危、苦乐、劳逸、进退、成败、大小、博约、吉凶祸福、贫富善恶、仁义杀夺、战争和平，举凡天地万事万物，莫不是两端对待，相因者皆极相反，以相救相胜而相成，相害者乃并育，相悖者乃并行。譬如雌雄异形而牝牡交感；生死之道，能死则生，循生则死；静沉动浮，本如冰炭，而静中有动、动中有静、静极必动、动极必静。又如有小人乃以磨砺君子，刀兵祸患为有道之钻锤，危之乃安，亡之乃存，劳之乃逸，屈之乃伸。怨怒可致中和，奋迅本于伏忍，受天下尅，能尅天下，欲取故与，有后而先……总而言之，千万尽于奇偶，而对待圆于流行。

为什么万事万物会存在这种相反相因，而又相救相胜以相成之现象呢？那是因为天地间之至相反者，本同处于一源——在相对待的反因同时还存在着一个无对待的公因，这个公因，即是合气性理于一身决定事物所以为物所以变化的“所以”，它并非超然独立，而是存在于反因的对立两端之中，并统贯着它们，决定着它们的运动与变化。反因为辨，公因为统，有统与辨是反因，无统与辨是公因，公因即在反因中。如果用数来表示，反因是二，公因便是一，有一必有二，二皆本于一，一不可言，而因二以济，一因二而两即参，参即是两，举一明三，用中一贯。

这种参两的统辨关系，其最大之例便应是太极和阴阳了：太极是大一，阴阳是大二，大一分为阴阳，而又贯于阴阳之中。这种情形，正可用梵文的一个字母∴来象征：∴三点中，下两点为相对待之两仪，上一点则是无对待之太极——这是一种勉强显示可使人明了的设象，上一点的太极，它其实是贯于下二点的两仪而如环，非纵非横而可纵可横，统左右而交之轮之，旋四无四，中五无五（故∴又可称之圆∴），生成合，生成分，分合合分，分即合，合即分，一分为三，三即一，一即三，非一非三，恒三恒一……是的，这就是世界的本相！宇宙万象即由之运动而生成而展开，现象世界离不开本体世界，本体世界即在现象世界之中，一切事物运动都遵循着固有的秩序和法则，在既对立又统一中变化发展……

他凝视着夜空，心情兴奋激动不已。他相信，他已窥见了宇宙的奥秘，一切的生成变化在他的眼里不再是杂乱无章，而是那样地历然可证可解——宇宙世界，天地万物，尽管变幻不定，气象万千，然其运动变化在反因公因的作用下无非呈现“交”“轮”“几”三种征象而已：交是一切虚实（空间）对立两端的相交沟通，可称之合二为一；轮是一切前后（时间）的对立两端的相延转换；而贯通虚实前后而表现出的事物苗头和契机便是运动变化之几。事物运动变化的形式既为此三徵，故世人认识与应对世界的方法和态度亦无非是肯定顺依、否定消解以及综合贯通的“随”“泯”“统”这三因——明天地而立一切法，贵使人随；暗天地而泯一切法，贵使人深；合明暗之天地而统一切法，贵使人贯。暗随明泯，暗偶明奇，而毕竟统在泯、随中，泯在随中……

月上中天，夜已很深了，但他却没有丝毫的倦意，心境一片空明澄澈。他觉得此时夜幕下的一切，那月儿，那星星，那移动的云，那吹拂的风，那浩茫幽暗的天空与大地，皆已化作了一串串的符号与数字、一行行的文字和语言，在他的脑海里闪耀，在他的心里悄语喃喃，诉说着它们的秘密。

哦，自然是一位多么伟大的老师，古来圣贤皆明白这个道理。他们俯仰远近，观象制器，造字作历定律，乃始有人类之文明。而法自然之大成者莫过于《易》。但《易》简而幽，其深刻的道理世人多不知晓，要使世人对宇宙世界有清楚正确的认识而不为变幻迷离的世相所惑，须当以《易》为基础，开创一个全新的合物理与宰理，而求物物神神之深几的通几理论——多年以前，他便有这样的想法和雄心，也为之作过一些努力，只是未作深入探研。如今，凭着他对《易》的感悟增深，更因为有了一在二中，因二贞一，对待圆融流行这样前人所不知的新发现，他自信：他一定能站在一个前无古人的形而上高度，折中古今，东西互济，融通三教，炮烹百家，建立起大一统的方氏通几之说！① 是的，这一定可以做到！因为，他的发现，他的思想，不仅是他的智慧的结晶，更是真理的体现：一切无所逃于反因对治，而统一就在其中。世人的认知思想也应该且必然要遵循着这个普遍而根本的法则，而在存异的变化中趋向求同——若孔子复生，也当会以老子之龙予佛，而佛若入中国，亦必喜读孔子之书。他深信这一点！

---

① 方以智的思想学说博大精深，非浩卷长篇不能叙说。本章藉表现其出世欲传救世方、构思创立折中古今、融合三教、会通中外、炮烹百家而极具融通开放文化色彩的方氏思想体系，以有限文字侧重简绍其哲学思想精华之公因反因说。方以智的公因反因说揭示了事物运动的对立统一的普遍规律，但与今日对立统一学说又有不同之点，其更强调对立中的统一方面，故有一分为三的说法，这个道理对于今日我们认识和改造世界别具哲学启迪意义；此外，公因反因说在方以智这里不仅是事物运动的规律，它的圆∴表现形式还与河图洛书所表现的结构模式本质相同，兼有宇宙世界构成模式的意义。

……

时间在不觉中流逝过去，晓星已现，东方微白，晨曦渐露。山林间的鸟儿开始醒来，用阵阵清脆悦耳的鸣唱欢呼着一个新的白昼来临。就在这喧闹的鸟鸣中，黑暗悄然退去，一轮红日又从东方地平线上冉冉升起。

灿烂的朝阳中，金轮峰顶上，一个彻夜遨游在宇宙奥秘和思想王国中的哲人脸上，洋溢着智慧圣洁的光芒与舒心的微笑。这神情，数千年前曾在在东方创立儒道之学和西方菩提树下悟道成佛的几位伟人的脸上出现过，它们显示的是同一的对宇宙人生超凡深刻地洞察和关注，而世界亦因它们的出现而丰富而发生了极大的变化。而现在，在金轮峰顶上这位智珠在握而雄心勃勃欲合三教而为一的哲人神情里，更蕴含着一种坚定的信念：他相信，出世而欲传救世方的他，必将以他的思想和通几学说，将人类导入一个崭新的精神境界……

数月后，已是隆冬时分。周岐冒着风雨上了五老峰，于九云屏借庐中见到了阔别多年的方以智。

他自崇祯十七年与方以智分别，此后再也未能聚首。数月前，闻知方以智历尽患难北归，他惊喜之余又为其处境担忧。他知道方以智名声太大，要想安身故里恐非易事。听说方以智暂寄庐山，恰好他与江西蔡抚军相善，遂求其举荐方以智主持白鹿洞书院。以方以智之学识声望，主持一个著名书院自是合适，蔡抚军当下即同意了。他今日冒雪冲寒上山，除欲见好友之外便是急于要把这个消息告诉方以智。

然而方以智却不愿接受是荐，说即使讲学也未必能脱嫌，再者以他的治学主张目前恐不适合主持像白鹿洞这样正统儒学的书院。

周岐对方以智后面的意思不大明白。在他之前与方以智长次二子中德中通一道先上庐山的方文，对他道："农父你还不晓得：密之欲融东西，合三教，通百家，而创大一统之说，他之胸臆思想非常人可度解，眼下主持书院确非适宜。你来看看他的新著便会知道。”

周岐见案头上摆着一部书稿，署名《东西均》。他揭过前面的《东西均记》数页，由《东西均开章》部分翻阅下去，愈看愈觉敬畏心凛，心中油然泛起一种高山仰止的感觉。粗览之下，他虽还不大明了有些文意含蕴，但已感受到了一个非凡的大智慧者那俯仰天地弥纶千古的广阔胸襟和雄伟气魄。看着看着，不由得自主诵读起来：

我以十二折半为炉，七十二为鞴，三百六十五为薄，环万八百为公案，金刚智为昆吾斧，劈众均以为薪，以毋自欺为空中之火，逢场烹饪，煮材适用，应供而化出，东西互济，反因对治，而坐收无为之治，无我，无无我，圜三化四，不居一名。可以陶五色之素器，烧节乐之大埙，可以应无商之圜钟，变无徵之四旦；造象无定，声饮归元。知文殊中无中、边之中，又不凝常用子华庭皇之中。是名全均，是名无均，是名真均……蒙老望知者，万世犹旦暮。愚本无知，不望知也，苍苍先知之矣。三更日出，有大呼者曰：‘是何东西！’，此即万世旦暮之霹雳也……

方文道：“农父你明白了吧？方以智在这借庐中开炉，以代错激扬之方，取中外古今学说之均为药材，已炼成救世的全均之药。仲尼以仁礼之说被后世尊为大成，依我看，千载以降，唯方以智方可谓是真集古今之大成者！”

周岐叹道：“世谓吾弟是真忠臣、真孝子、真才人，为海内奇士英杰，又岂知吾弟更是千古难得一见的洗心退藏于密的圣贤智者！”

方以智看着他们，道：“你们也勿要谬许。儒释道虽千年并存相杂，相依为用，三教合一之说也由来甚久，近世理学心学禅学更以三教同源同宗同心理而论其相合相通，谓是源一流分。然事实三教源分东西且久，难使人轻信。故欲创大成之说，须使人既知源一流分，又知源分流一如百川归海，明白源为流之源，流则源之源，互为因果，进而探求使此流合而为源之源的根本在哪儿，然后方明白教无所谓三，乃一而三，三而一也。譬如大宅，虽有堂奥楼阁之分，其实一也，门径相殊，而通相为用。但此标新立异之说，明辨固不易，使人理解更难。世人多病于执古胶今，而不悟日新之道。故人若读我此著，智者知其乃非东非西、亦东亦西之东西，而不解者怕不如我书中所言要惊呼是何东西，视之为狂言呓语呢！”

第十九章　忠臣孝子

春雨绵绵，春寒料峭。

在白鹿山庄方家人的感觉里，那滴滴答答的绵绵春雨，就似他们那悲痛伤心的泪水，总也流不尽——腊底回到故乡与家人团聚尚未逾月的方以智，又为官府所逼而不得不离开家乡和亲人。

还在正月里，白鹿山庄便接二连三来了造访者，都是奉操抚都御史李日芃之命前来做说客，劝喻方以智出仕为清廷效力。在俱被方以智拒绝后，李日芃干脆着属吏送来官服袍帽，趣促方以智入城。

方以智怒而斥之。随即只身入皖城，去见清操抚李日芃，表明心志：

“贫衲此来，既是谢公美意，也欲使公明了贫衲心志：贫衲既已出家，又岂会再恋尘世功名富贵？公若坚逼不放，贫衲无可奈何，唯捐命于此！”

彼为永历大学士，既不肯与朝廷合作，李日芃是不会容其安隐于乡里的。

“以先生之才识不能用世，真是太可惜了！但人各有志，先生既然诚心皈依佛门，本抚自不能勉强。闻说先生出家后尚未拜师受戒，本抚为你指点一位。南京大天界寺觉浪和尚，是修为高深之大禅师，先生可投其门下受教。”

这是逼方以智离开故里，彻底斩断尘缘出家。

回乡前，方以智也预料到地方不会轻易放过自己，但毕竟对此后做个志节遗民隐居养亲还抱着一线希望。可现在这个希望，却被当局彻底粉碎！悲愤回到家中，他拜辞在父亲姑母跟前，不禁伤痛欲绝，泪水长流。

方孔炤自归乡后，因痛愤国丧与儿孙离散，复加上季子方其义因伤国变早卒，精神受到极大打击，常处于一种恍惚怔忡状态中，严重时如痴若呆。但此刻于哀伤涕零之际，神智却很清楚。

“儿啊，你不要太伤心自责。古语道：覆巢之下，岂有完卵？国丧无家，吾一家人能存活于乱世已是不易，又岂望能朝暮团聚？更何况吾儿不忘国恩，秉承祖训，守志抗节，求大义而舍小家，是千秋忠烈之士，为父岂会责备于你？自古忠孝难以两全，吾儿莫要悲伤，家中有贤媳主持，你且放心去吧……”

……

南京中华门外，有一座低矮山岗，遍植修篁的山坡上，随处可见一种璀璨美丽可供把玩观赏的石子，因其多是被雨水冲刷露出地面，人便称之为“雨花石”，山岗也因之得名“雨花岗”。岗上有寺庙曰“建初寺”，又名“高座寺”，乃大天界寺之别业。寺旁万竹丛中，有一处白墙黑瓦的舍院，环境清幽，名为看竹轩。悲别家乡亲人的方以智，投南京天界后，按照其师觉浪上人的嘱咐，便闭关于此。

大天界寺住持觉浪禅师，戒秉博山嗣法曹洞，曾主持过浮山华严寺，与吴应宾相善。清兵南下后，他曾因反清嫌疑而于太平被逮入狱，可见他虽为僧，却是僧中之气节者。此次方以智于生死危难后来投，他见是故人子嗣，又敬其志节，欣然收于门下。剃度受戒后，即让其来看竹轩闭关。之所以这般处置，是因方以智这时又受到清官员的举荐逼迫。

原来方以智刚至南京，故旧刘阮仙便尾踪追及，奉三省大僚马某之命劝方以智出仕。他为使方以智回心转意，一直随方以智来到天界，磨粘劝说不肯去。觉浪知道后，对刘道："人各有缘，拉得去是你的手段，站得定是他脚跟。"又让方以智当面表态。

方以智沉默片刻，吟诗以答：

金刚玉剑三尺水，断鳌截浪掀天起。
五历镬汤淬百次，挥截万里到桑梓。
煴火熏煎髑髅髓，家常炉炭寒冰气。
须弥山在左右趾，毫发不动有如此。

刘阮仙听了，知其意决难改，此后遂不再劝。然而事情到此并未结束。刘尚未去，又来了一个人，也想把方以智从寺庙"拉出去"。这人便是因一首《圆圆曲》而著名的诗人吴伟业。

吴伟业是昔日方以智同朝为官的旧识，与方其义素日关系也不错。仗此渊源，已仕清朝官秘书院侍讲的他，亦奉两江总督马国柱之命，来劝说方以智仕清。为表明自己的态度，以免官府纠缠不断，方以智对吴伟业的劝说不仅直言相拒，更作诗以表誓不出仕之心。其诗道：

闻声自笑学龙蛇，二十年中苦乱麻。
久看图书如贝叶，却从刀箭出莲花。
五湖浪里难求梦，三径归来可是家。
惟祝东篱甘露满，没弦琴上是生涯。

吴伟业看了此诗，甚觉赧然没趣，讪讪辞去——方以智诗中既以菊节自励，而五、六句也有隐讽之意。吴伟业以明臣而后仕清，不仅人多讥讽其失节，其内心也不无疚惭，故平日对这方面最是敏感。他与方以智本是关系不错的旧友，经此之后甚有隔阂，交情已绝。

吴伟业去后，觉浪仍不放心，怕再有说客来，遂命方以智至看竹轩闭关以避。

闻听儿子一至天界就闭关，家中的老父亲特寄信以诫："当明明善，勿泥枯壁。"明善是学者以治学贡献而予方以智曾祖的私谥。方孔炤这是要求儿子勿因出家迷失儒者本性，而应继承发扬家风家学。这对心意消沉的方以智起了当头棒喝的警醒作用。不过，他也不全赞同父亲意见，因为他这个出世"废人"欲传的救世之方，既非是"枯壁之禅，也不止"当明明善"，他要用一个融合百家贯通三教而集大成的思想去拯救、导引和改造世人的心灵思想。所以，他请家中将父亲的《周易时论》寄来，以备研究。

自孔子传《易》后，汉代以降，《易》所蕴含的充满智慧的哲理和方法，日益为历代学者文人所重视。而在方以智看来，《易》表现着中华文化对宇宙天地和社会人事的变化发展最高层次地把握和思考，当他欲建立一个超越千古的集儒释道之大成的理论体系时，《易》也自然成为与质测一样的重要基础。而他父亲的易学理论发现，更是他通几学说的灵魂。他要通过对它的深入研究，修改增写自己的另一部通几著作《易馀》，将《东西均》中限于著作体例篇幅而未能展开的一些重要理论观点，尤其是作为基础灵魂的易学理论思想，给予具体和进一步地阐述。

僧人闭关，是严肃重要之事，能否凭其高深之佛觉禅修，不好检验，但起码要严守一个"闭"字，不同外界接触。然而看竹轩的方以智，却开门迎客，自住进来后便旧友新朋往来不绝。

与叩关相访的好友周岐、冒襄诗韵唱和；对故人之子陈维崧、陈心简、吴孟坚、刘廷銮等深情勉励；授学江宁士人黄虞稷，为张鹿征作《断截红尘图》，赠词于石溪髡残；与师友余飏、侯方域等诗书相问；隐居附近的旧友张自烈，隔三岔五便来访谈。而方以智身边，除省亲的子女外，尚有两人常侍于侧：一是故友戴重之子戴移孝，师事问学。一是蒋东英，昔为诸生时客游京师，得方以智赏识招置门下，馈赠多金，且云他日以妻子相托。其人一直感念不置，闻恩公出家于此，尽出资力朝夕供养，随侍如弟子。

高座寺的僧众，见方以智将看竹轩弄得如同他俗世的家一样，不免讶异。当面不敢说道，背后嘀咕议论无可和尚六根未断，俗情未了，不像个出家人。

彼尚不知：当张名振、张煌言率抗清明军入长江遥祭孝陵声动江南时，闻讯的方以智曾心情激动，遥望远方彻夜不眠。而为了钱澄之带来的一段故事，他更神态失常，简直没有一点出家人样。

报恩寺一位老僧，听说钱澄之是桐城人，遂对他说了当年方以智为救父怀血疏，于朝门外叩头呼号，感动崇祯帝，叹曰求忠臣必于孝子之门，下令释放方孔炤之事。这老僧正是其时的近侍太监，彼还清楚记得当日皇帝的一切言行神情，详叙给钱澄之听。澄之至看竹轩，也细为转告。

事隔十数年，方以智至此才知父亲当时能死里逃生之原委。感念之下，不由得痛哭失声，伏地向着北边，九叩头以谢故主知遇深恩。这时刻，他已全然忘却了他是出家人，心中充溢的只是浪潮般翻涌的故主故国情思。

而此时，外面的世界正发生着一些令人瞩目的事件和变化：明将张名振再度率部入长江克镇江，威逼南京；与之相呼应，郑成功率部克漳州，李定国陷广东高明，东南一带抗清斗争又掀起一个高潮。面对这样的形势，清朝政府采取文武兼施的策略，一面加紧武力镇剿，一面再次下诏征举山林隐逸，以示满汉同仁而收拢人心，故前明官员又纷有复出仕清者，令看竹轩中的方以智为之痛心不已。

他扭转不了这种现实，只能劝诫身边关系密切的亲友。谏妹夫曹台岳诗云：

口衔木到海中轻，休与飘篷论死生。
千里风知黄鹄梦，一丝发见白头情。
栴檀发火终归烬，榔栗逢人不可横。
落日红轮还自转，莫随野马向西迎。

而他自己更以气节自励，冷眼傲世，连续写了多首梅花诗以寄情志：

万代皆伤此日寒，枯肠冰冷墨痕干。
人间属和千篇易，世外传真一笔难。
还是深山还太古，不知大地不平安。
逢场眼见繁华尽，翻笑雕虫兴未阑。

雪窖弥天特地寒，草根骨立饿加餐。
连年劫火今留种，正月繁霜傲不难。
酒向东篱偏问菊，骚传南楚只言兰。
春秋虽让经冬志，千古随人一色看。

扑鼻撩天未算狂，烟侵石鼎恨沉香。

将过箫市歌双调，谁到名园痛一场。
宫舍尽逢三日别，宫詹无复六朝装。
不如荒寺颓墙下，犹保黄梅熟可尝。
……

1655年秋，一个噩耗传至看竹轩：方孔炤于家乡白鹿山庄卧病一日而逝，时年六十五岁。方以智接到丧信，蹶踊哀号，不顾僧者身份，破关回桐城奔丧。

治丧期间，他一从俗礼，斩衰成服。十一月，遵遗命葬父柩于东乡横埠之合明山，并以孝子身份栾庐墓侧，如他的祖父父亲当年一样。

父亲的去世，对方以智打击很大。他觉得他不但没有尽到一个人子的责任和孝道，侍奉老亲颐养天年，让年迈的老父长期为他担惊受怕伤心痛苦以致郁愤而殁，一想到这些，他便痛恨不已！“以十余年之锋头鵽衲，得依故里之匡庐，多生障深，封刀度刃，铁门附近，安我环中。谁料成破关奔丧之终天绝地乎！罪重须弥，何能忏悔！尽大地是一滴血，无回避处。呜呼痛哉！”一腔悲愤，哭于诗中：

刀锋溅血枉还家，劫火烧空大白车。
砍断邓林为竹林，搅干瀛海是衰麻。
孤臣毕命驱荒草，穷子惊魂恨法华！
踊地擘天号不出，依然收入黑袈裟。

到了冬至日，他又去浮山给母亲上坟。自崇祯十四年冬那次还乡以后，他就再也没能回浮山，每逢母亲忌日，只有遥拜洒泪心祭。

他在孩子们的陪同下来到离墓不远的地方，眼泪便已止不住地流出。而当他跪在那里，哀哀地为母亲烧着纸钱时，从前往事，母亲的疼爱，母亲逝世后三十多年的一切情形，霎时一齐兜上心来，强烈地撞击着他的情感：天高海深而无法回报的父母养育之恩，国破家残的悲剧，还有个人不堪回首的遭遇以及妻小家人的苦难，使他再也控制不住，伏在墓前放声恸哭：

三十三年漂断萍，蹋干海底哭家庭。
南游北望悲曾子，东土西方只孝经。
冷火传薪忧若醉，券堂稽颡梦初醒。
幸知金谷岩前乳，连理重浇甘露瓶。

同穴香烟誓合烧，丹丘衡涧举幡招。
粉身国土收双泪，赤手家门手一瓢。
稿诵圆壶伤变调，箧存画扇感今朝。
覆衣受用寒风惯，明月芦花任独飘。

泪痕未干，他又去金谷岩下，为外祖父卜宅。外祖父当年逝世，因正值邑中变乱，便暂厝于鲲池，继又迁厝于浮山金谷岩下。他在金谷岩下的九曲涧旁、背依“狮子头”的地方选定了一处墓地，将外祖及迁来的外祖母胡宜人之棺一齐下葬。是日上午，天下起了雪，他于雪中会葬外祖父母，追忆往昔，心中又是一番哀痛……

次年春，他的精神稍有恢复，便着手重编父亲的《周易时论》。此书对方以智易学观的形成有直接而重要的影响，他这次重编，既是为完成父亲的遗愿使其流行于世以寄托哀思，也欲藉之完成他对汉宋以来的易学尤其是像数易学作一次系统的总结，使《时论》作为方氏一门易学的代表而树帜于易林。

由于工作量非常大，他请好友钱澄之来帮忙，而几个孩子也都参加了具体的制图、校订、抄录和编次工作。受家风的熏陶影响，他们对易学都有一定的兴趣和了解。现在协助父亲重编《时论》，对他们来说无疑是一个极好的学习机会。然而人各有天赋，对易学的领悟自不一样。一次方以智讲河图洛书，衍数其变化给孩子们看，次日仲子中通便据之以变化而作数十图献于父亲面前。方以智知道这个儿子对数有特殊的天赋，遂着意传授易学于中通，勉励其努力研究象数。

中通弟兄三人在治学上并继父业，各有所长，后皆有所成就。独中通因为天赋和父亲刻意的指导，牢记父亲通几贵于质测的训言，悉心研究易之象数和数理，发明勾股出《河图》、加减乘除出《洛书》，又参考西学之算术，以笔、筹珠、尺算诸法，穷差别于《九章算术》，于清顺治十八年（1661）撰成算术专著《数度衍》，为中华数学的发展做出了卓越的贡献，成为继南朝祖冲之后又一位杰出的数学家。

庐墓期间，方以智很少外出，足履至多也只偶至白鹿山庄以及浮山数处。但第三年的秋季，他却偕钱澄之悄然远足，去了一趟金陵。

他为何远去金陵呢？原来此时他的友人冒襄于金陵正举行一场特殊的讲会。此讲会之所以特殊，那是因为参与者皆为事先邀约，且被邀之人绝大多数皆是当年复社诸人的后嗣，如陈贞慧之子陈维崧、戴重之子戴移孝、吴应箕之子吴孟坚、梅朗中之子梅庚、沈寿民之子沈斑、周岐之子周暄等。此时举行这样的讲会，自是大有深意而绝非是再延当年遗风。方氏诸子皆去与会，方中通在诗中略点了这讲会的意义："盟心不比西园集，结客还问北海情。"无疑，这讲会起码是为了政治结盟，共坚遗民之志，因为参会者尽是不同清朝合作的遗民志士。但除了结盟之外还有没有其他的目的呢？方以智于未至南京前寄冒襄的诗中言道："漫说白毫藏兔窟，各教黄口弄狮絃。一场翻尽关山曲，痛杀人间不许传。"可见内中尚大有玄机。由诗中意思也可知，这场讲会大约正是方、冒等人共商而发起的，只是由未曾仕明的冒襄公开出面而已……

秋去冬来。几场风雪过后，已是岁末年关。

除夕之夜，在万家团聚辞旧迎新的时刻，荒寂的合明山仍有几个凄凉的身影，那便是庐墓的方以智与几个孩子及门人戴移孝在此度岁。

寒风呜呜，推起阵阵松涛，山下远处不时隐隐传来人家的爆竹声。孤零的草庐中，摇曳的灯光映照着几个年青人的脸，神色惨然而沉重；在他们凝视着草庐外的目光里，流露着深深的关切和焦虑：自打上灯后吃过简单的年饭，他们所深深敬爱着的那个人，便一个人徘徊在亡亲的墓前沉思不已，不要他们任何人相陪。

他们知道：过年后即将除丧，父亲（老师）一腔孺慕，哀哀不舍离先人之寝宅；他们也知道：当此之际，父亲（老师）定是沉浸在绵绵的悲思之中而不能自已。只是，他们不知道他此时具体在想些什么……

屹立在黑夜和寒风中的方以智在想些什么呢？即将告别先人寝宅的他，此时闪腾于脑海中的尽是他诸多先人长辈的忠行志节：他的先祖不事二主而投江自沉的忠烈，他的曾祖祖父的忠孝立身、理学砺世，他的父亲荷承家风家学匡世报国，还有他的伯仲二姑可歌可泣的忠贞之节……他的先人尊长们无不禀凛凛大义耿耿志节，无愧天地家国和世人！可不肖如他，却在刀口为生的苦难中，磨蚀了精神志气，在暴虐统治的迫害下一蹶不振，成了一个托迹空门而无所作为的废人，学不能以济世，行不能为家国复仇，实愧对天下，愧对列祖先人……

他含着眼泪回到草庐里，伸纸挥笔，泣然为书，写下《慕述》长诗——从他的五世祖方法直到家中的长辈亲人，各叙其志节功德，表达他对他们的追慕和崇敬。“屡世景圭，罪我废人”，“家风律律，忽忘折肱”，他决不能做一个将来无颜去见列祖列宗的不肖子孙，他向他的祖先们，也向着山下的世界发誓：

他方以智，从此要振作起来，“退藏于密，水火中行”！

第二十章　密游江西

明永历十二年（1658）初秋季节，江西建昌府南城县境内的荷叶山中。

荷叶山在县城西南七十里处。山中住户原是些土生土长的山民，清兵南下后，也有些外面人迁入而居——乱世岁月，大约皆是避难而来，也不稀奇。可最近这里的有些山民却发现，不知何时这儿来了一位面容清癯、鬓须微斑的和尚。山中有一处南城名士徐芳昔日读书的草庐，和尚便独自栖身那里。

这和尚从哪里来？来干什么？无人知道。人们只见他或晚汲晨刍或沿山道出归之身影。僧人不去寺庙里过活，却隐居于这山间草庵，自然让人感到蹊跷。但山里的乡民淳朴，也知世道艰难，人多有苦衷，见那和尚待人和善，虽觉奇怪，却不多议。

和尚在草庐一待好几个月，也没有离去之意。直到有一日，草庐主人之兄徐英偶从此经过，见有僧人居其中，甚是惊异，自然要询问一下。和尚答称游方至此，暂借栖身。徐英细观那和尚，见其虽然清瘦枯容、破衲裹身，但举止神态间却隐透着一股掩饰不住的儒雅气质，情知这和尚有来历。诧疑之际，意欲探个究竟。

俩人攀谈间，和尚虽言语随和，却不露半点口风，让徐英无从捉摸。他无奈而又不甘心，忽然瞥见桌上有一把纸扇，心念一动即告取相看。扇子是随身之物，士子文人总爱在上面留下点书画雅迹。他猜想不差，那扇面上果然题有几行潇洒飘逸的行草，书法不凡。惊喜之下观赏，忽然觉得那字体颇为眼熟。微一思索，不由得激动地喊出声来："这是桐城方密之的手迹呀！"

原来他弟弟徐芳昔日与方以智是乡试及进士同年，交情甚笃，多有书文来往。徐英从兄弟处不但了解方以智的情况，且因喜爱其书法而多有观赏揣摩，故他虽与方以智未见过面，却早已熟识其书。这时见了扇书，一下子便认了出来。和尚怔怔地看着他，颇觉意外。

徐英既识出字，随即联想到眼前和尚口音年龄身份诸般特征，心中已有七八成断定此人便是方以智，因为他曾听说方以智出家之事。惊喜之下，不顾唐突，上前捉臂相诘。和尚见为他看破，不好再掩饰，大笑爽承，并说是为访他的兄弟徐芳而来。

他千里来访，而自己的弟弟却早在他来之前便已行脚远出，显见二人并未曾相约。且其若单为访友，既不遇也当会离去，没必要独自隐匿这山中长达数月之久。故徐英听了方以智的说法，心里也只是将信将疑。

方以智为何大老远地来到江西南城？原因当然不是他对徐英所声称的。

他是春季离开桐城家乡的。三年服阕，他本可以留在故里安度余生，而他却没有这样选择。

他虽因正式出家且为当局疑忌而不能还俗，却还有一个既合实际又兼顾家庭的很好选择：依照师父觉浪的嘱托，主持浮山华严寺。他对之也曾动过心，因为留在故里，既是夙愿，也可以照顾家庭，给痛苦伤悲的亲人们一些安慰。可临了，他还是在痛苦的抉择中，放弃了这个想法——这非是他的无情，而是因为在他的思想天平上，还有着比个人的家庭与骨肉情感分量更重的东西在主宰着他的精神意志：那是念念难忘且日益强烈的反清图复意念。

他的思想里，以往虽因各个时期形势情形不同而有过复杂痛苦的矛盾斗争，但救亡图复的意念却是从未有改变：忠孝家风，几世深受国恩，作为大明孤臣孽子的他，无论如何也割舍不了与故国的情感联系；而夷夏之别的民族意识，也使他对于国土沦丧、异族统治切肤痛心。这种非同一般意义的忠国情怀与丧国耻痛，深刻在他的心底，注定了他个人的命运。十多年来，不论为逋客、为孤旅、为刀环上人、为羁囚，乃至为苦僧，他的选择表现莫不与之相关联。有所托而逃禅的他，在挺过最初那巨大打击的痛苦后，并没有像一些以逃禅而示不与清廷合作的人那样从此耽于空寂，而是很快以无比坚忍的精神姿态，倾力于治学和著述思考中。这虽是学者的积习和往昔经世情怀的延续，但背后却也另有深刻机心：他希望用他的三教归易、突出中华文化道统的思想统一人心，教诲人们不忘民族传统和根本，从文化上与那野蛮残暴的清朝统治相对抗。为着这片不能明言的苦心孤诣，他甚至将他在庐山所著的著作也题了一个含义隐深的名字：《东西均》。东西可指代日月，日月旋转而复明；东西又可指代东土和西方、华夏与外夷，统一它们的，仍将是伟大的中华文化之均！

然而，随着时间推移和一些情事的影响，他愈来愈感到难以自宁于书卷纸墨间。癸巳之春归省白鹿山庄，听说前些年父亲时常遥望南方，涕泪交盈地吟诵陆放翁《示儿》诗时，他深感惭愧：乱世中的他，虽忠孝之节可表，却没有积极投身于轰轰烈烈的抗清复明斗争。后来到了高座寺看竹轩，对面遥遥相望的是木末亭和正学祠，他那不事二主以身殉节的先祖方法也祀于祠中。朝夕面对着它们，先祖的忠烈风范一次次地鞭策着他的心灵，使他再也难做到安于枯室治学而对外界发生的一切无动于衷。其后又听钱澄之道说当年崇祯帝感叹忠孝的往事，更给他以极大刺激，他当时伏地九叩痛哭既为感恩亦是觉得愧对先帝——当此山河沦陷民族危亡之际，他作为曾受先帝恩遇的大明臣子、作为以忠孝传家的方家子孙，岂能仅止于气节自守和文化思想的反抗？他应该利用自己的影响，以更实际的行动来反抗满夷入侵统治，为恢复汉室江山尽一份心力。

他的身份使他无法自由活动，而且他也知官府并没有完全放松对他的注意，所以他只有派他的孩子们奔走活动，开展一些秘密的组织串连策应。其中重要的一次，便是次子方中通的楚地之行。

他父亲当年巡抚湖广，苦心筹划，镇守有方，在僚属部下及缙绅中甚有威望。后来方以智隐居粤西时，父亲旧部的有些将领还曾希望拥戴他出山统揽军务。因此背景，他令中通远赴楚地，寻访当年旧识有气节者，组织抗清力量以策应东南明军的收复行动。中通不负所望，是行颇有收获，归来后在诗中还记道：“楚国逢遗逸，人人感至今。云沾王父泽，聊尉老亲心。”

这次期盼中的楚地起事活动，后来因组织不力和人心不齐而流产，使他在上游策应入长江的明军的计划落空。这使他认识到加强组织策划和联络心志相同而坚定的反清力量的重要性。故丁酉之秋，他不仅一手策划了金陵的诸子盟会，且亲自赶去，与冒襄、钱澄之和钱谦益等共为谋划。他是清当局所戒备之人，这种亲自出面不顾嫌疑的做法，固体现他的重视，也反映出他这时为反清图复而不计利害的决心，这种态度变化，与父亲去世带给他的精神影响也有关联。

他父亲年岁并不高，才花甲出头，其抱疾早衰主要是因长期痛愤国丧和两个儿子一早逝一被迫为僧的悲惨遭遇所致，而其病故更直接与伤恸独子万死归来却又被迫离乡遁世相关。这对深感罪孽深重的方以智来说，是国仇之外又加上了一重家恨！反清意念更加坚定。他多年欲避政治是非，一个重要原因便是顾虑白发在堂。如今父亲去世，少了顾忌的他再无犹豫，欲为反清复明不惜牺牲一切！正如其《墓述》所誓："退藏于密，水火中行"！前者是期以思想导世，而后者正是要为复明事业赴汤蹈火的坚定宣告！

抱着这样心志意念，舍弃家庭和相对安定的生活，远出开展长期的秘密活动，便成为他必然的选择。而江西则是他权衡斟酌后确定的目标之地：江西不仅是他师门曹洞宗发源地，能给他的活动以便利掩护，地理位置也非常适合重要——其绵密的山区是开展秘密活动的理想场所，越过赣东武夷山便是东南明军活动的主要地区福建，西、南接湘粤可与西南抗清明军联系，而北出楚则可向中原发展。

一旦决定，他便不再迟疑，天气刚转暖时，便做一些离乡的准备。家中的姑母和妻子自是很伤心，但为了成全他的志节，也未怎样阻止反对。一些亲友如孙晋、周歧、马之瑛、钱澄之、吴道新和姚文然等知他将西上，皆来话别。

马之瑛是方以智儿女亲家，方以智二女，长适李皋子宗纪，次女便嫁给了马士瑛之子马教思。吴道新既是吴应宾之侄，又是方大镇外甥，崇祯时任工部主事，国变后归隐不出。姚文然则是方以智二姑夫姚孙棨之弟姚孙斐之子，崇祯十六年进士，顺治三年以安庆巡抚李犹龙荐再出仕，后以兵科都给事中乞养归。

春花烂漫时，他溯江而上抵庐山。他对庐山有一种特殊的情愫，六年前岭外归来，他便在这里逗留了一段时间，一边写作，一边等待家乡的消息；眼下他又暂寄于此，希望借助庐山的清静环境，细致思考一下今后的活动。

他清楚当前的抗清复明运动已处于极艰难的境地：面对已几乎完全占据中国领土的清朝统治及其强大的军事力量，困据滇中的永历政权及其分散在西南东南一带的抗清明军，日益显得危困穷蹇势单力弱，其余各地的反清活动在严酷的环境下多已被迫转入暗中。在这种形势下，他觉得靠一两次明军行动很快扭转局势已不大现实。要将抗清复明的事业和斗争坚持下去并取得最终的胜利，必须改变活动策略和方式，暗中组织积蓄反清力量，走长期斗争的道路。可是，在清政权的严密统治下又怎样才能组织发展起相当的反抗力量呢？他暂停于匡庐，苦苦思考的便是这个极重要的问题。

适于这时，他接到了师傅觉浪的寄书。觉浪的书信从字面上看，似乎是期望方以智为振兴佛教事业和曹洞宗风而有所作为。但方以智读来，不仅另有一番感悟，觉得师父“彼卧薪尝胆，破釜沉舟为何事”之语中尚含有深意（因为觉浪明知他非为信仰出家，出家后也是身在山门心在世，并未洗心向禅）；且也从“于无门创开不测之门”“别展逆流手眼”等师言中获得极大启发，为多时苦思的问题找到了一个解决的办法。是的，他要根据形势的需要，改变以往仅止于秘密串联策划的方法，借鉴仿效宗教发展门徒扩张势力以及历史上民间聚义起事的经验做法，以反清复明为号召，建立主要面向下层穷苦百姓和江湖义士、依靠成员自身发展而逐步壮大的秘密帮会组织。这个组织平日隐秘活动，一旦需要即可在各地揭竿而起，成为恢复的重要力量，就如史上黄巾红巾大起义一样。

他为这个想法兴奋不已，觉得这是一个既合乎形势变化又能坚持长期斗争的正确策略。运用这个策略，眼前能保护一批坚定的反清志士，尽快积蓄扩大反清的力量；更重要的是，有了这样秘密发展的组织，即使以后公开的抗清活动败亡，它也能为反清复明的大业保存下星星火种——而这些扑不灭的火种，终究会燃成燎原之势，将清朝的野蛮暴虐统治烧个灰烬！他坚信必会如此：汉家山河岂容胡虏长期侵占？

确立了新的斗争方略，他离开庐山直趋建昌府，着手秘密组织的创建。明弘治八年（1495），宪宗第六子益端王朱祐槟之藩建昌府治南城，此后其子孙一直嗣衍于此。建立反清复明的正式组织，有明王室成员参与和作为领袖，会具有更大的号召力和影响力，他来南城正是想联络末代益王以共商大计，因为他知道乱后益王并未降清或被杀。

清兵南下掠江西时，时在建昌的江西布政史夏万亨、分巡道王养正、知府王域、推官刘允浩等，共奉益王朱由本起兵建昌。朱由本因不懂军事，将战守机宜委于永宁王朱由穗与罗川王朱由核。后兵败城陷，夏万亨等皆被执遇难，益王永宁王亡遁。这事件方以智早听说过，觉得以益王的抗清态度正可奉为他欲创建的秘密组织领袖。而建昌不仅紧邻闽地，他师父觉浪昔日曾驻锡南城，藉之能掩护他的活动开展，所以他在反复斟酌后，将建昌选定为他今后建立组织和开展活动之地。他匿于荷叶山中数月，一方面是暗地打听益王永宁王的下落，另一方面正是为着组织的创建在作各方面的筹划准备。

荷叶山离城数十里，地处偏僻，他又是一个陌生人，不易为人所知。不想偏巧徐英进山，将他认出。这一来，他没有理由再继续留在山中，只好与徐英一道离开。

南城东关有一古寺，寺名景云。天气渐冷的时候，在徐芳家盘桓了一段时间的方以智来到景云寺。这里的方丈僧人闻其来历，皆盼他锡杖久住，但方以智住了一段时间却去了资圣寺。资圣寺规模比景云大，香火旺盛，寺里的僧众同景云寺一样，也希望这位很有身份影响的药地和尚——方以智数年前曾得图章一枚上镌“药地”二字，入江西后他便以之为法号——能留下来，城里乡绅也挽留他。可方以智待了一阵又辞去，而这次他干脆离开了南城，转至邻县新城。

新城在府治东南面。县东兴乡石峡，有寺名寿昌，曾是觉浪上人一度驻锡之地，现在的方丈亦是觉浪的门徒，与方以智是同门法兄弟。方以智入新城后来到寿昌寺，在这里过了冬天。以佛家渊源来讲，他完全可以从此驻杖于此，然而入春后，他与之前在南城一样，又谢绝众人劝请离去。

他的这般表现，给别人的印象似乎是喜爱游禅，实则在他是不得不如此：为了创建发展秘密组织的需要，他必须要借这游禅之名，四处去考察人物地理环境等各方面情况。他也晓得这样会令人们产生一些疑惑，却无法顾及——草创之初，有许多基础重大的工作尚未定夺落实，这个时候他怎么能够静守于某处而不外出？而他这一次离开寿昌，竟作了一次远游：去了赣州宁都活动，并在那里与易堂九子相交结。

易堂九子是以宁都人魏禧为核心的一个围绕操节学问相砥砺的小团体，包括魏禧三兄弟及彭士望、林时益、李腾交、丘维屏、彭任、曾灿共九人，国丧后俱以遗民坚处，躬耕自食。方以智此时远来宁都自有重要目的——寻访抗清兵败后传说遁隐于此的永宁王——但像易堂九子这样的人物，对于时下的他来说也是很注意而欲交结的对象，所以他到宁都后很快于金精山翠微峰陆续与易堂九子相会。

他是海内名望人物，易堂诸子对其屈尊来访自是欣喜。而方以智于接触中发觉：诸子不仅才学出众品行高洁，且念念思复故国，凛然一片忠义。他对他们很是激赏，以“直谅”相许，称赞“易堂真气，天下罕二”。盘桓期间，他既与诸子研讨学问，又予其志行颇多教诲鼓励，使诸子敬服之余极为感慨。魏禧后来叹曰：“与木大师交，能使才人见之自失，愚者见之自喜。其学识品格，固于人如春风化育，而睹其行思，使人更有犹龙之况！”

魏禧之叹表明了他对方以智的崇敬，但他以犹龙言喻，又反映了此时方以智给人的一种特别印象与感觉：神龙见首不见尾，令人景仰之余又觉神秘。这并不奇怪，因为方以智在以自己的杰出影响别人的同时，又因守密的需要，不能尽显自己的庐山面目，言语行止多有闪烁掩饰。即使面对易堂九子这样的对象，不到条件成熟他也不能过分透露自己的思想心曲，更不能轻易暴露自己的秘密与身份。为了隐秘起见，他这时甚至连称号也时常改换：他初入江西时，以“药地”为号，近日复据浮山墨历岩自号“墨历”，易堂诸人听成“木立”，他也默认不纠，且后来干脆用于他所创立的秘密组织三点会（后称天地会）中，以致多少年后，称为“木立”的神秘人物，还一直出现在天地会的记载和传说中。

从宁都回新城后，他按照之前已有所考虑的选择，将距县北十五里处的廪山寺确定为今后的驻锡之地。这里巨峰耸峙，群山连绵，少有人踪，寺院荒凉衰落，更无香火。方以智觉得越是这样的环境，越适合他活动的需要，而廪山寺也属曹洞基业，与他表示欲为中兴此宗而努力的名义也相符。

不过他虽住杖廪山，却未安身寺中，而是在徐芳等几位故交新友的相助下另起炉灶，于廪山塔院旧址新建精舍以栖——这种做法，对外有自恃身份之意，内里还是为方便掩饰他的身份。

但廪山这个“家”也是相对而言的，因为此后他仍时时游移于新城南城各处，一岁甚或数易其居，而追随在他身旁的，除了一些从学从游者外，人们也时常看见他几个儿子的身影——自他到新城后不久，其三子便先后露面于此，他们或随侍乃父之侧，或劳仆于外，其所为何者，那只有他们父子几人知晓了……

第二十一章　青原风骚

一片疏密有致的桃树林，沿着清澈的溪水，蜿蜒伸展里许。林边溪畔，偶可见三两人家。人行经其间，但见水树相映，芳草鲜美，啼鸟阵阵，总会不自觉地忆起晋人陶渊明那篇著名的《桃花源记》来。故当地人也便将此处称作“桃源”，只不过这片桃林深处没有那避秦的村舍，只有白墙灰瓦的古刹一座。

这古刹年代久远，原名法华庵，去秋因换了住持，新钟挂版，便改名汋林。汋林位居泰和县北，因离县城十数里，以往香客游人并不多，只是每年三月间桃花盛开烂漫之际，一些文人雅士携樽来游，庵里才热闹些。然而自改名后，情形便见改变，来汋林的人日渐多了起来。不仅四方乡绅居士常常光临，就连邑内其他寺院的僧人也多有至汋林问法求道者，首山亦庵的当家僧中千和尚更拜在汋林新住持的门下受法。渐渐地，许多人都知道了本县汋林来了位很有名气的法号弘智又被人称作无公药公的住持，也知道这位住持大禅师与本县名士萧孟昉关系很深，禅师不仅是因他之请才来的汋林，而且他也时至汋林殷勤探望，隔三岔五便送来一些食蔬用具，对禅师极是恭敬关照。

汋林的变化，全是因了弘智禅师的到来，故院内的僧人对新住持既感激又敬佩。后来又隐约知道了禅师俗名方以智，出家前曾是才望海内的大人物，受过大学士之封，内心更为崇敬。虽然禅师对禅院的事务不大过问，平日只爱读书作文吟诗绘画，喜与访客谈论仲尼老庄，不算正统的佛门人物，但这都没有关系，只要有他在，汋林就一定会很兴旺。他们的心里担心：汋林非名庵大寺，小庙供不下大菩萨，禅师说不定哪一天会离去。

这担心的事儿，果然在一年后便发生了。秋天，方丈去了一趟青原山，归来后虽没有说什么，但僧人们却从他的门人处得知禅师或将他去。

方以智此次缘何去青原，又如何有移锡之说，说起来，与他的好友施闰章相关。

施闰章于顺治十八年（1661）秋分守湖西。康熙元年春，他去吉安巡事，公务之余，去游青原山中禅宗七祖说法地净居寺，得知方以智驻锡新城，上年冬还来此为法故方丈笑峰定塔基。他与方以智分别十年，甚是想念，即使人带信邀晤。其时方以智因出游频繁杖履四方，招致“群议竞起”，处境堪忧。得施闰章之邀后，遂于秋天离开建昌入湖西。

施闰章是才学风雅之士，虽在官却注重倡导兴学。分守湖西袁、临、吉三州后，常依各地条件组织讲学。青原山净居寺旁，旧有一处士子聚会讲学的传心堂，这年秋天他至吉安，便组织文人士子于此讲会。这种风雅之事，他自然要邀方以智这样名闻天下的大家参与以增影响。

方以智到时，施闰章与州县令守教官等早已等候在那里，此外还有一些地方名宿。让方以智感到惊喜的是，他竟意外地见到了昔年的乡试房师余飏。

余飏鼎革后归隐福建莆田故里，征举不出课子读书。此次游赣至吉州，为施闰章所知，余是宿学前辈，所著《春秋存俟》，被人誉之为“本朝（明）三大家之一”，施闰章便邀请他担任这次讲会的主席。

次日讲会之期，来赴讲会者挤满了讲堂，几无虚席。这些人有的是莘莘学子，有的是宿儒名士，也还有些官吏乡绅，多数是为问学求教而来，但也不乏看热闹者——因此类讲会只是为出席者提供一个自由演讲与辩论的场所，并无任何限制，气氛情形活泼有趣，向来很吸引人。

讲会开始，主席余飏作了简短的开场白，约言讲会之宗旨，之后讲会便正式展开。一些有准备者陆续发言，说书论文歌诗，各显其能，不一而足。他人则提出不同的意见，相互质疑辩驳，甚或争得面红耳赤。旁听者则议论纷纷，或击节赞叹附和，或摇首嗤声反对。

这种场合，既反映演讲辩驳者的学力和辩才，也考验讲会主持尤其是权威点评者的学识影响——讲会中或有争议或辨而不清的问题，都需要他们解疑释难，让人心服。这日传心堂中担当此任的便是余飏师生二人。

方以智以僧人身份与会，自一开始便引起了与会者的惊奇注意：出家人参与俗世的讲会，实是罕见。待大会组织者施闰章用极其崇敬的口吻介绍方以智时，人们才知道眼前的老僧原是昔日名满天下的才杰奇人，不禁于惊讶感叹的复杂情绪中泛起敬畏期待之意。但方以智成名早，多数著作此时也尚未刊行，许多人并不知其学术成就究竟如何，故于期待中也不免有一观究竟之意。

众人的心理，方以智自很清楚。他虽无争名好胜之心，但既然来了，也不欲令大众失望。多年以前他就已把思想导引当作自己义不容辞的责任：晚明心说之弊导致人们弃实尚虚，败风误国；眼前山河沦丧异族统治，人心颓变而混乱。这些都警示和要求用新的思想来纠正统一世人认识的重要，眼前这样的机会，他又岂会不善加利用？故随着讲会持续，争论激烈，意见分歧越来越难以统一，施闰章等人提议由他发言点评时，先前一直默坐倾听的他便不再作壁上观。

他先就讲学中一些争论分歧疑义较大的经史文字音韵等方面的问题，一一点评解答。他是博学多艺之人，又是考据大家，与会者提出的那些或难解或有争议的问题，于他不过是驾轻就熟的常识，答案随手拈来，或引经据典以证，或以精辟之见为解，别人争辩多时纠缠不清的问题，到他这里，不过三言两语，便有了令人豁然的答案与意见。一番点评结束，与会者无不敬佩他的学养深厚。好学者不愿放过这难得的机会，纷纷就平日治修中一些重要问题向他请教——

问：陆象山、张子韶学禅扫文字，然乎？

答：陆象山亦指束书不观、游谈无根之病。张子韶曰：久不以古今灌溉胸次，试引镜自照，面目必可憎，对人亦语言无味。二先生甚言书之不可束也。世议以为落空，非矣。

问：穷理格物而一旦贯通，是谓有先后与内外？

答：致知在格物，何内之而顾外之欤！在之者，无先无后之谓也。知致则意亦无意，物格则知即无知，因触而通，格合内外，则心物泯矣。心物不二，心一物也，天地一物也，天下国家一物也，物格、直统、治平、参赞，而诵诗读书，穷理博学，俱在其中。但云今日格一物，明日格一物，以为入门，则胶柱矣。

问：先儒有“知先行后”，又有“知行合一”，谁是正解？

答：分知行，非知知行者也；合知行，亦非知知行者也。曰知贯知行，而自为代错乎？一不住一，而自为两端，则无不分合合分，无二无一者也。

问：德行学问，本体功夫，何者为重？

答：德行、学问一本也，而专门偏重，自成两路，不到化境，自然相訾，且亦听之。读书安分，是真修行，是真解脱。尽古今是本体，则尽古今是功夫。天在地中，性在学问中。寡天无地，乃死天也。

问：请论虚实。

答：末流好放逸而嫌实务，借空言以恣莽荡，将游手公输矣。古德叮咛，真实即是真空。竿头进步，犹有事在。致虚非逃虚，务实非滞实。穿过虚实，粉须弥，干沃焦！

问：请言学术异同。

答：或指无体之体，或言定质之体，或言有用之用，或言无用之用，或言高超，或言超高，或言定分，或言尽分，或言性分自得，或言功业学问。言各自异，而不可相废也，偏废则皆病矣。衣冠文物与鳏独穷民各有教养。崇高不碍富贵，而炼药极感贫贱。况贫贱之分数多乎？匹夫不可夺志，法界随地创成，通其变，容乃公，本相忘也。

问：德有本而学有要，三教并立，百家纷呈，何窥天人之道？

答：舍一无万，舍万无一。三才事物，确有实际，知其故乃能不惑，而善用之。世间所目不过道德、经济、文章，而切言之，为生死性命。《易》以象数端几征性中天命之秩序，非文辞理语情识机锋之所能增减造作也。率其秩序，因物还物，生死还生死，我不动心，总一大物理而已。夫为物不二，至诚无息者，公因也。宇宙上下，动静内外，昼夜、生死、顿渐、有无，凡两端无不代明错行，相反而相因者。公因在反因中，两折三翻，交轮合一，无我备物，孰能逃此范围哉！即费是隐，知微之显，神不可知，在可知中。

……

在他解答时，会场之人无不凝神听讲，当他讲话结束，会场内不由得响起了一片深深赞叹与热烈的掌声。他的渊博和学养，他的真知灼见，尤其是他那独特而深刻的以易统三教百家归万于一而揭示的，宇宙三才是二是一、代明错行、盛衰各变的思想，征服了几乎所有的人，让他们感到了从未有过的思想震撼和治学启发！这些人年龄身份才学识见各自不同，故并不是所有人都能深刻理解方以智的思想观点，也不一定都完全认可赞同，但有一个感觉与认识却是统一的：他们明白，在他们面前的这位已遁迹方外的皓首老人，乃是当今文坛学林中真正的泰山北斗，是一代卓越非凡的思想宗师！

讲会结束后，方以智正陪余飏闲话，有一位中年官员来拜访他，执礼极恭，言语神情间也很激动。

方以智在会场中见过他，知是吉安县令于藻。但之前与其并不熟识，不免有些诧异。及至对方自报家门，方知竟是三十多年前的友人于奕正之子！他也不由得激动起来，二十多年前与其父伴游山水诗文唱酬的往事又浮现眼前，眼睛不由得湿润了。

因父亲的推崇，且父亲殁旅后事也得其帮助，于藻对这位从未谋面的父执素存敬仰感激之心。自知晓方以智的情形后，便存了尽力照应之心，一番叙谈后，便请方以智来青原山主持净居寺法席。并为此找了很好的理由：净居寺是曹洞重基，需要方以智这样的高僧主持；此外，他亦可不时前来问学受教。

对于藻的提议，方以智也颇有些心动。

他虽然是有所托而逃禅，但向来就不是一个真正意义上的僧人，对宗教事务谈不上多少感情兴趣，甚至内心里还有相当程度地抵触反感，任何寺庙对他而言不过是个栖身之所，并无太大分别——但净居寺相对来说却是个例外，因为它是曹洞祖庭之地。他如果主持净居寺，努力使之振兴，可聊以报答师门。而这青原山水不仅秀美怡情，且与历史上著名人物颜真卿、文天祥相关联（文为山起名，颜为寺题字）而这两个人皆是他从人格上认同崇敬的忠臣豪杰，栖身青原于他有精神心灵的慰藉。

但心动归心动，他最终还是以身体不好恐有负期望，谢绝了于藻的提请。他还不想离开泰和，那里有他尚在开展的工作和越来越倚重而不舍离开的萧孟昉。

原来方以智离开新城后，又游禅不定一段时间。他的生活极其清苦，每日只是一点粗茶淡饭，又时常奔波在外且愁怀不减，不过五十多岁的人，却鬓须全白形容苍老。泰和萧家与方家是世交，萧孟昉敬重方以智而以兄师事之，如何能忍视其继续在他处累苦？遂数次恳请，坚邀方以智住杖泰和。

为了让方以智在泰和过得舒适些，萧孟昉不仅斥资新建了汋林禅堂，将庵中作了普遍修缮，更时至照应打理，诸事不要方以智操心。故在泰和的一年多时间，是方以智入赣以来最安定舒适的一段日子。而萧孟昉对方以智的敬爱忠诚，尚不止此。在猜到方以智在从事不寻常的秘密活动后，他不仅没有疑忌畏惧，反更关心敬重，多方予以支持。所有这些都令方以智深为感动，觉得像孟昉这样的豪侠重义之士，不仅难遇，也深可信赖。他如果去净居寺，不但彼会难过担心，自己也如失肱臂。故他对于藻之请，虽动心却未接受。

但于藻也是执着之人。在方以智回汋林后，他又数次带信敦请，令方以智踌躇难决。然而过不多久，情况的变化，令他在去留上不得不迅速作出决定。

一日，萧孟昉匆匆来见方以智，神情颇为忧急。他近日听到一种流言蜚语，谓方以智与张煌言在东南的出兵有牵涉，遂立即赶来相告。

康熙三年（1664），退守海中的明兵部尚书张煌言，在经过较长时间的准备后，于沿海地区再次起事，与清兵激战于东南。但终因势弱力薄而兵败，张煌言被俘不屈，英勇就义。与明军一直保持联系的方以智，确为这次行动作了大量的策划努力，不仅布置他的组织成员开展四方联络，搜集消息情报，准备策应，他自己也在一年多的时间里奔波各处忙碌不停，以致流言加身。

方以智知事态严重，为防备万一，他决定接受于藻之请，离开泰和去青原净居寺。在那里有于藻的保护，流言恶语便轻易伤害不了他，而他入主曹洞重地，在一定的意义上也能堵谗陷者之口。

仲冬时，他在儿子中通及一干门人的陪同下，赴青原主净居寺法席。这日适逢冬至，在拜扫七祖塔后，这位新方丈集合僧众，上堂开示，表白自己来青原的缘故："山僧本欲幽栖岩窦，隐遁过时，只为先师有个未了公案，出来为他了却。"理由冠冕堂皇，僧众皆知他是觉浪高足、前任方丈笑峰和尚的法弟，辈分很高，自然信服，却不知个中自有曲折。但他们确也希望这位新来的住持，能禀大法力使净居寺旺盛起来。

似乎老天也了解僧众心意，替他们增强对新方丈的信心：在方以智来青原山后的那几日，本已冷的天气却突然暖和起来，接着寺内便出现了一件令人难以置信之事：千年前曹洞开山者七祖行思倒插的一颗枯荆，竟忽然萌生出三枝新芽来。十一月的时令阳衰阴盛，枯荆竟发新枝，这岂非是新方丈的受命之征，预示着净居寺将要兴旺的吉兆吗？

情形果然如僧众所期，净居寺的情况自此便日见改善而兴旺起来。

在经济事务方面有了很大变化。一方面，新方丈不准门徒四出觅财，督促并亲自带领僧众事农生产；另一方面，他利用个人的影响，不断获得仰慕者的自愿捐施，数年间，不仅添置了寺产山田，扩大了经济来源，还先后修起了归云阁、药树堂、晚对轩等建筑，使净居寺规模气象大盛于昔。

与此同时，新方丈也为扫除弊病振兴宗风作了努力并取得了成效。

禅宗南宗在六祖慧能之后，因主张不同门庭设施有异分为沩仰、临济、曹洞、云门、法眼五宗，即一花五叶。这五宗既为争主宗地位，也因主张不同，相互矛盾，时常争吵不休。青原曹洞的这位新宗师对这种现象甚是厌恶，他从大局出发，采取了调和息净的态度，说大家应是“垂足流胸好兄弟”，因为大道本圆，五宗本同一源，实在不应分什么门户彼此而内讧，尤其是在禅宗已趋衰微的此时，更应五宗同合，携手共渡难关，改革那些过时难以使人相信的禅教思想和方法：

正恁么时，还有佛祖玄妙么？还行棒、行喝么？还立炤、立用、立权、立实么？直下荐取，嗟过星飞。若劳顿伫，白云万里。少不得痛折一场，掷出刀斧。

挥着这柄改革的大斧，他反对僧众只知背诵一些禅语录，说几句机锋之语捣鬼弄玄，号召僧徒不要参佛祖禅棒喝禅，只参自己禅和真实禅，从无自欺的正路入，脚踏实地求正知见。他更以之为基础，运用他丰厚的文化底蕴和会通三教的思想和方法，以儒说禅，以道释禅，更以易说禅而最终以禅归易。如此独特的禅学，唯他才能成就，而它无疑是对没落衰退中的禅佛教的新发展，同时也以重大的转折宣告了中国古代禅佛教的终结。

禅宗本就是“人间宗教”，而方以智的禅学禅道更贴近人生社会，尤与中国传统文化紧密结合，充斥着儒道的思想精华与智慧，因而他的禅学禅论不仅易为僧徒信众所接受，对文人士大夫也极具亲和吸引力，前来净居寺受法问禅者日趋频繁。这种情形也反过来增强了青原这位大宗师的自信，他豪情万丈地宣告：

论此一拳一掌，不惟掀翻凡夫生死，打破二乘但空，喝倒外道自然，直饶从上诸佛菩萨，俱不许他坐在不生不死极乐国里，都要来青原门下，拖犁拽耙，搬石运土，不容偷安！

僧徒信徒们听着这位掌门大师的豪言壮语，除了热血沸腾的振奋，便只有深深地崇敬，无人觉得有丝毫过分，因为他们不仅被征服，还看到了“青愿一粒米”的神奇，看到了曹洞祖庭的日益兴旺的不凡气象。

因为方以智，所以青原净居寺进入了有史以来最鼎盛时期，而他个人的声名影响也愈加隆显。四面八方慕名来访者络绎不绝，文人士大夫有过吉安者，鲜有不至青原造访。他们或听禅闻道于法堂，或问学论艺于禅室，或吟唱于山林亭间，方以智的清操亮节和深得中和之道，待人如春风化雨之气质，令人们钦敬亲切。而他那无所不能无所不精的才艺，尤其是渊博的学问与深邃的思想，不单使造访者叹服心折，甚至往往为之茫然而丧其所自恃，愿拜其门下而求学问道者不知凡几。

闽人李世熊博学多识，坚贞气节，闻方以智之名，入青原山相访，与之促谈半月，崇敬无比。借与方中通《数度衍》作序，表达了他对方以智的无比敬仰赞颂，而其正可代表时人的普遍看法与评论：

世所称方桐城者，方密之先生也。先生合忠臣、孝子、才人而一人矣。性命之学，三才物理之学，声音文字之学，与夫一技一艺，莫不穷其源，造其极，诚古今第一奇男子，名甲天下！

在一片深深的景仰崇拜之中，方以智在人们心目中和文坛禅林的地位已达极致：人或目之为莲社慧远，或称其为三教宗主，甚至更以神仙天人而尊叹之：和尚天上人，乃肯与人间事。

第二十二章　归去来兮

康熙六年（1667）暮春的一天，青原山中的方以智收到了一封信函，那是分别七年的魏禧所寄。信中责方以智“迩者道誉日盛，内怀忧谗畏讥之心，外遭士大夫群衲之推奉，于是接纳不得不广，干谒不得不与，辞受不得不宽，形迹所居，志气渐移……”

方以智与魏禧谊亦师亦友，了解魏禧为人。当初他们于宁都初相识时，他便以直谅推许魏禧及易堂诸子。现在魏禧闻知他在青原交游广泛，以为他“志气渐移”，寄书直言诘责规谏，也属必然之举。但另一方面，他对此又很难释怀。因为话虽从魏禧口中出，却反映了时下一般不知内情者对他的看法议论，让他感到了一种不为人所理解，而又难与人言的委屈与痛苦。

他自逃禅后，世人对他的行为表现看法议论很多，且多有不理解和误会者，他对之只能应以“冷暖一瓢水，何用旁人知”的态度，尤其是在立心播撒反清复明的火种、创建秘密的帮会组织后，他更是难以顾忌别人对他的看法议论如何。为了活动的需要，他必须去广泛接触各类人士，有时为了工作掩护，有时为了更多地了解各方面的消息情况，有时则是身不由得己地应付周旋，以往是如此，现在在青原也是如此。而且他交往虽广，却很重视对方人品心性。若是趋时干进之徒，绝不屑于结纳，与他关系较好的一些官吏，如近年结识的湖西分守道副使周体观、吉安知府郭景昌以及南城县令苗蕃、永新县令黎愧曾等，皆是风雅好学重道勤政之良吏，甚或是内心里对前朝故国也颇感怀的有心人。即使是范围更广的乡绅士人，他也因其人品高下而分待之，所热情延接深交者无不是清孤不屈的遗民志士。他的这般隐情苦衷，既不能明言，也不易分辨，人们但见他不分僧俗，儒宦皆与之结纳应酬。若非相知深者，又如何不心有误会而有所责？

面对世人的议论甚至指责，他唯有忍辱吞声，用毁誉随人、功过是非留于后人评说的思想来安慰自己。然而，在读书人的心中，个人名节的意义毕竟重大，往往比生命还重要，他正是生平极重名节之人，故长期面对外界的舆论指责，他很难做到无动于衷。随着时间推移和年龄的增长，这种压力越来越大，越来越觉得难以承受，想到自己为着忠贞大节和复明理想，忍受着常人所不能忍之苦难，过着常人所不能过的凄苦生活，到头来竟还为人所议论目指，清誉有毁，令他深为心酸痛苦。

心境如此，故魏禧的诘责之信，也就如在创口上撒盐，其难过痛苦自不待言。而痛定之后，他觉得再也不能漠视这个问题：魏禧是友人，误解尚不能消除，要使天下更多的人不误会他，他就必须使自己的情形有个较大的改变。

他想起了去年另一个友人徐芳的来信。徐芳也是针对他的现状而提意见的，不过是从另外一个角度："……故弟以为道兄将来所处，尚宜审择。夫出而劳孰与退而逸，且道兄今日又有宜深山不宜高座者，此可意喻，不可以言传也。……今道兄之人，固懒残守衡之人；而此日之时，又曹溪韬衣之时，然且峨然高座，使天下指而目之，可乎哉？"

他在建昌府受人议论最烈，徐芳与他接触甚密，不但看出他的心事，也了解他的一些隐秘，所以一直替他担心。这来信也是忧虑他因再被人谤议而有危险，劝他及早归隐深山。从他的处境来说，徐芳的意见是很重要且切中要害的，他曾认真思考过，也同密友及亲家孙晋有过大致的讨论。

孙晋国变后坚卧不出。作为大明的遗臣，他于复明也时刻难忘，故方以智不仅与他情感深厚，家事多有拜托，秘密活动也共其参与。孙晋不久前负命使粤，归来时经过青原。他对秘密组织的情况很了解，知其已处于正常的发展之中，而作为领袖的方以智又因其特殊身份，在组织内的情形是“在堂不坐堂”，即除非重大事项需要，平时一般不与组织发生联系不参与组织的活动。所以他觉得方以智此时可以考虑避隐，而最好的退路便是由他撮成家乡地方官府乡绅出面，邀请方以智回故里主持浮山寺，这样于僧俗两道皆好交代，也不被人怀疑。

方以智赞同孙晋的意见，只是当时并未确定下来。但现在魏禧的来信从另一个方面促使他下了归隐的决心。决心虽下，他却没有急着实行——说实在的，他之所以不可能说走就走，是因为在他还乡之前，有许多事也还需要时间准备安排。

闰四月里，方以智在次子方中通的陪同下，带着若干僧徒出青原山，东赴福建。途中他专程折道新城，在天峰寺招晤在新城授徒讲学的魏禧。他敬重魏禧之气节为人，不愿这样的友人因误会而致间隙和遗憾。

这日夜晚人静，他与魏禧秉烛谈心，向这位诤友隐吐心曲，略示了自己的秘密，同时亦鼓励魏禧今后能为反清复明的大业多做一份努力。魏禧至此方恍然，一时惭愧感动莫名，泪湿双睛，看着这位比自己大十三岁的前辈异人，他的心中充满无限的崇敬之情。其时他正病喉痛，已数日罢讲席，此刻却忽然不觉，神采飞扬声如洪钟，对着他敬爱的师长，胸中千言万语勃然不能自遏，总也说不完，鸡鸣不觉。这一回彻夜长谈，俩人不惟胸中块垒尽去，更已成肝胆相照之同志密友。

别魏禧后，方以智一行顶烈日，越武夷，一路风尘暑热来到福州鼓山大海边。这般炎天酷暑千里迢迢到海边来干什么？方以智的名义是为了同门笠庵大成遗愿而扫永觉和尚塔。永觉亦是他的同门，顺治丁酉入灭，门人奉全身塔于鼓山之西畲。这个理由恐怕连寺里的僧众们也不完全相信，但方以智也只能以这个说法来替自己的真实活动做遮掩——实则这里不仅有他秘密组织的基地，也是向日他同海上明军的联络之处，他在这里很有一些事务要处理。为了不令僧众尤其是外界怀疑，便借身体不适滞留了一暑。

这期间，他自己在福州一带活动，秘密约见组织中人，商谈事务，为他离开江西回乡作安排。而方中通则与父亲分手，负命去了粤中。这不免也会启人疑窦：其父既身体不好，儿子为何不侍奉其侧而远去？然这于方氏父子也是无奈何之事，因粤中也有重要事务需中通去处理。

直到秋凉，诸事料理得差不多，方以智才离开鼓山去莆田拜望老师余飏。为避免非议，余飏命其子余佺与黄石通天寺僧人非渠一道至三山，迎请他去莆田通天寺。这非渠昔日在青原从方以智受法，此来迎师，顺理成章。

身为曹洞宗师，方以智既至通天寺，自要升堂与僧众居士谈谈经，说说法。走完了这过场，又不免要与前来拜访者叙谈。

他名声远扬，附近乡绅隐逸知他在此，俱来拜访求教。与这些人相处他既舒适又愉快，将那高僧的身份搁在一边儿，只是与他们谈学论道，中心不离他的三才变化天地薪火及代行错明之论，这是他近年来与人谈论常挂在嘴边的话题：天地为火，人为薪；火用薪光，薪传火而又以火传，薪有穷火无尽而光明永存。天地不言而运动，东西代行而错明，不二不一，一在二中。

表面上看，这是发扬传统而谈天人之道，宣扬他的公因反因通几之论，但其中却寓含着无忘中华道统薪火相传努力复明之深意。只是他这用心隐藏得既巧又深，会心者虽不难品出弦外之音，但也不致授人以柄，带来危险。他不能不这样小心谨慎，巧妙包裹，因为基本稳定了统治的清廷，为了阻扼反清复明思想的传播，已开始在思想文化上加强了对汉族士大夫文人的打击和禁锢，一般人平日不要说不敢有公开的反清言论，就是言辞文字中稍有涉嫌反清复明意思，也极易被罪。康熙二年(1662)，浙江湖州便发生了因一部《明史》而酿成的文字狱大案，被株连死刑者多达两百多人。而方以智自己，以前也差一点因文字而罹不测。

他在莆田待了半个月，除了寺中活动及与拜访者盘桓外，大部分时间自是与余飏及其家人在一起。这通天寺本是余家先人于宋时所建，至明末已毁，余飏任县令时复又重建，故方以智栖此也差不多如住在余家一样，得与老师朝夕聚会。

前两年他们在青原重逢，时间既短环境也不许可，未能畅聚细谈，都不免为憾。此时在通天寺中，师生幽室相对，世变沧桑及个人遭际心事无不深谈细叙。余飏既是忠节之士，在这样的师长面前，方以智不仅没有隐瞒自己的反清努力，也同老师细谈了自己对世事时局的看法。他认为武装抗清斗争目前虽处于低谷，但天下大势并不稳定，不仅各地尚存有一定的抗清力量，即降顺清廷的将领官吏中，不忘故国不甘满人统治的也大有人在，而西南东南的吴三桂等三藩从种种迹象和消息反映也似有不稳之态，故图复大业仍不乏希望机会。当此之际，应努力鼓舞那些坚贞不屈的志节者士气，准备积蓄力量，以待时机到来。这需要更多的识见敢为之士齐心协力共同奋斗，而他自己唯有以愚公移山之志，努力鼓舞薪火，操履死而后已，痴愿死而不已！他希望老师能与他一道为此而贡献心力，还建议老师将两个儿子一留侍一令外出游历，以了解各地的地形扼塞、士马强弱，一旦时机到来，处分经略取之眼中手中，可以猝办而成事。

余飏本是有心之人，对门生的看法建议深以为然。他对方以智的一些行止作为早就有所猜测，如今说明了，心中对其忠贞之节英雄气概极是叹佩。然而此时的门生让他骄傲得意的地方又岂仅如此？当他隔两日从方以智那里得知其另一个宏愿时，他于惊喜激动中更感到莫大的欣慰与荣光。

那是俩人谈论方以智目前的处境和打算时所引起的话题。方以智告诉老师他准备回桐城故乡去，说孩子们已将浮山此藏轩重修作为他的安钵之所，后建三世影堂，中祀诸佛。说到这里，他对老师道："儿辈所经营者，是当名'报亲庵'，夫子盍为序之？"

余飏闻语觉得不当，道："亲可报乎晨昏，温清曲士之所谓礼也；扬名立身，志士之所谓行也；明发怀人，临渊履薄，良士之所蹶蹶而靡宁也。至不得已而捐肢体，蹈名谊，或以别路孤行，或以异类晦躬，其于启手启足之道别有所托，而战竞则一也。若是以为报亲，亲可报乎？子其何说以处此？"

方以智道："吾将聚千圣之薪，烧三世之鼎，炮之以阳符，咀之以神药，弥缝之象数，妙叶之以中和，裁成之以公因反因，范围之以贞二用一，时当午运，秩序大集，使天下万世晓然于环中之旨、三一之宗，谓方氏之学继濂洛关闽而兴，集昙聃归涂之成，克尽子职，所以报也。夫子以为如何？"

以他的理论和创造，最终建立裁量三世、烹炮百家、融合三教，使天下万世从此晓然宇宙人生的本原、生成发展变化之秩序法则的方氏大成之学自不待疑，而以之导世救世，乃是万世不朽之功，又岂仅是报亲可论也！

余飏闻言激动不已，不由得肃然起敬。

他对这位小自己八岁的门生，向来是引以为天纵英才而极其重视的。而此次与方以智晤谈，他在一次次震撼中无比兴奋欣慰地认识到，变革的时代虽没有使这个门生成为国之栋梁，但灾难的岁月将其磨炼为“一柄善刀还自励，欲挥残日上高春”的英雄豪杰，且使其成就了另一番不朽事业，成为可追比往昔圣贤的伟大哲人。这番认识，对其思想产生了很大的影响。此后，他也大谈天地薪火之恩，表述他对天地人生道理的新感悟，同时接受方以智的建议，送长子余伶入粤游历，期为反清复明贡献力量。

当方以智离开莆田时，余飏与诸士人一直将他送出三十里外，犹念念不忍舍其去，足见方以智此行在当地造成的影响和人们对他的崇敬。方以智明白，众人对他的热情和崇敬中，包含着极深沉的不甘异族统治的民族意识和情绪，及对故国的怀念，他在这里的言论，唤醒激发了人们埋藏在心底的这种情感意念，而他在人们的心中也成了某种象征，这令他觉得十分欣慰。分别时，他口占一诗，与众人共勉：万里终须别，千秋各自尊。分手休言梦，当知薪火恩。

黄花遍地之时，方以智到了建宁府，并在建安永安禅寺与老友钱澄之相会。钱澄之在方以智创建秘密组织后，义无反顾地参加了进来，近几年为组织发展做了大量的工作，负命入闽活动已近三年。方以智既来，与其相会自是必然，

分别数载再聚首，俩人都十分欣喜激动。自少年时成为志趣相投的好友，历经数十年风雨洗礼，不仅友情弥笃逾恒，且此时俱在为反清图

复的目标并肩战斗，他们的关系已远远超出了单纯的友人知己同志所有的情感范围，那是一种兼有手足之情、朋友之谊、知己之心和同志之义的复合，承载着彼此对对方的生死不渝，患难与共。

寺院的精舍内十分幽静。两位老友亲密交谈，叙述各自情况，交换着对当前及今后一些工作的看法意见。言及方以智的去留，澄之的态度十分坚决，要老友不可再事犹豫尽早归隐。他十分清楚老友处境的艰危，最让他为之感到害怕担心的是，在方以智的周围，似乎总有一个鬼魅般的幽灵在暗中窥视着——自方以智度岭北归以后，不论在哪里总有针对他的流言恶语在传布，他和孙晋等人都认为那绝不是一般的猜疑议论，而是背地里有人用心险恶欲加构害。明枪易躲，暗箭难防，这是对方以智最大的威胁。他道："兄长，不怕一万，就怕万一，这些年来你虽然极力谨慎遮掩，但难保会在哪里留下痕迹破绽而为人所侦，带来危险！一旦出事，对组织是无可弥补之损失，更会给家中带来巨大的灾难，你岂能忍见那样的情形发生？兄须早定主意尽速归隐，以免不测。"

面对钱澄之的劝告，方以智心中甚为感慨。为了改变令他无奈而痛苦的生活状态，为了名节清誉，更为了亲人们的安危——这其实也是他日夕为之忧惧之事，他何尝不想能早一点脱离危险利害而归隐？但为各种因素所左右着的他，欲遂愿却并非易事。

他对钱澄之叹道："这事可定而难即行之，只能慢慢准备。岁月沧桑，今吾二人俱已老矣，此生更能得几会？平生未为弟画，今趁此暇，当为你泼墨，他日留个纪念。"他感念老友情意深重，而自己又随时会有不测之虞，遂作画以赠。

唤门徒准备好纸墨，略作构想，极其用心地画了一幅《寒林学易图》。并题诗于上。澄之于一旁观望，但见画中溪光山色，苍然满眼，枯树茅亭，有二翁据床拥褐谈易。其寓意很明显，表达了方以智欲归隐故里与老友相伴读书治学的愿望。然而，他的赠画之举以及他所谓“此生更得几会”之语，却又透露了他内心犹豫未定欲归难归的矛盾与感伤，澄之思忖之下不由得暗叹。

但这幅画，澄之却未得到。建宁通判严云官来拜访方以智，见画爱慕，以计借去而不还。方以智无可如何，只得重为澄之作了十余帧山水小画，并表示此后将捐弃笔砚不再为图。

其时已是冬十月，天气渐转寒凉，但密谈之后的方以智、钱澄之还是去了武夷山。在别人眼里，那不过是为着要游武夷山风光以及在石屏扫东苑祖师塔。其实他们真正的目的，是去深山中拜访联系一些隐居的反清遗民志士。这之后，两位老友才依依惜别。

方以智归青原后，虽时常与人说起欲归故里，但总不见行动。其时在家乡，他的儿子们已于浮山此藏轩故址兴建了报亲庵，作为其父归养之地，而地方上，皖抚张朝珍表态欢迎方以智回故里弘扬佛教，桐城知县胡必选两次致函请邀。同时桐城和怀宁两县乡绅及浮山华严寺僧人也分别联名邀请他回乡主持浮山华严寺。

这些，已为方以智归里铺平了道路。可出人意料，方以智却托口青原寺务未了身体不好，地方挽留等一再推延，挨在青原不肯回。直到次年家乡催得紧了，遣书敦促，他才不得不稍有行动，先是派僧徒去浮山种茶，后令门徒山足兴斧赴浮山代监华严院。

兴斧赴皖时，他嘱咐兴斧努力完成他的两个心愿：一是建浮山藏经阁；二是修《浮山志》。这两个心愿，反映了他对故里浮山的眷念和深情。但打发门徒回去了却心愿这件事本身，又显示了他在归乡问题上的态度犹豫甚至暧昧。究竟是什么原因使其如此呢？

他不能立即回去的理由很多，也有些实际，但实在说来皆不过是借口托词，其背后的真实原因只有一个：他对他的组织还放心不下，而组织内一些核心人物也不愿他离开江西。

他创建的秘密组织三点会，经过十年努力，已有了很大发展。但这个组织在创建伊始，为着吸引更多的人投身秘密的反清斗争，不仅确立了组织内所有成员均是平等的兄弟关系，且采取了不统一领导而由各地根据情况分散自主发展的组织体制，各个地方分支有很大的独立性。这种办法和体制，对于保证秘密组织迅速发展起到了很大的作用，但也有明显的缺陷不足：一方面，各地的事务，尤其是新出现的问题，除了极重要的关乎全局的大事外，皆只能依靠本处的首领临机处置，自行决断；另一方面，组织的高层领导对各地的情况如何，也很难及时准确了解掌握。这种情形，正是令平日不随组织成员活动的方以智放心不下的重要原因。此外，江西尤其是福建广东沿海一带是秘密组织的重要基地，又受郑成功、张煌言等长期抗清的影响，这几个地方的组织发展不仅迅速，势力也最强。他上次去福建，除了了解海上明军的动静及当地组织情况，也欲就他回乡之事征求一下意见，可得到的反映却是普遍不大赞成。

他在组织内的身份地位既特殊而又超然。在组织创建之始，他便抱着只做一个反清复明的组织者和思想传播者的想法，而不参与组织的活动。当初制定不实行严格紧密的上下领导关系，而由各地自主发展的原则，既是实际形势的需要，也与他的这种只做播种者的思想相关——自然，这种考虑也有因他的身份太引人注意，而无法随组织成员从事活动的实际原因。因此除了重大事情，他并不过问组织平常的事务活动，同时为了秘密安全的需要，他与各地组织的联系也皆是通过使者进行，在整个秘密组织内，除了少数核心人物及最初创建时由他亲自发展的成员外，人们皆不知道他这位领袖的真实身份，这使他在组织内的地位情形既崇高而又神秘超然。正因这种情形，他才可萌动归乡之念，因为不管他人在哪里，对组织的正常活动并不影响。对他的组织成员而言，他不仅是组织的创建者，而且是其精神领袖和灵魂式人物——这个组织是在他的革命思想指导下建立的，组织的宗旨、纲领、制度，纪律要求等都是他一手制定的——而且，在组织的领导层中，他的智慧才略也无人能比，为所有人一致承认和崇敬，因他使用“木立”作为自己的代号，组织内便形成了一句成为暗语的口号：“木立斗世知天下”，足见他在组织成员心目中的地位和影响。所以尽管各地自主性很大，总部也有其他领导人，但遇有重大事情，还是尽量先报告他，听取他的意见后再决定。情形如此，组织内的高层便不愿他离开江西，说他若归返皖地，有大事急事无法及时汇报得到指示。这使希望归乡的他，迁延至现在仍处在犹豫难决之中……

两三年的时光就在这欲归未归的矛盾之中，又匆匆过去。这期间方以智除了让他的门人郭林、吴云、胡映日和方兆兖等开始编纂《青原志略》，显露出他是在为离开青原北归作一点准备外，他在其他方面的情况仍一如既往未有变化，除了应付禅务，还是与来往的士子文人以及一些友人讲学论道，唱酬不断。期间，他甚至还屡次带信，招旧友王夫之来青原。

王夫之当年离开永历政权后，隐居于湖南故里潜心著述。方以智对这位睽违多年的朋友一直很挂念，因为王夫之的志节才识给他留下了很深的印象。近年得知王夫之的消息后，便数次去信相招，希望将自己治学心得传授于彼，他觉得以王夫之之学识智慧定能体悟他的思想精髓，将其发扬光大。但令他遗憾的是，王夫之以人各有心而坚辞，终未至青原。

以方以智之学识名望，世人欲入其门下而从学者甚多，他现时的门人学生即有数十之众。然则王夫之却为何坚辞不愿呢？原因在二人于治学上的思想差异。

王夫之对方以智一直非常敬重，人品志节自不用说，就是其学识智慧也深为王夫之所敬佩，尤其是方以智中年前后重视钻研而独有建树的质测之学，他对之十分推崇，认为它“诚学思兼致之实功”，是格物穷理之正解。但是，在更高更深层次的理论上，他虽然也很赞赏方以智的某些思想观点，如揭示宇宙万物运动变化的对待统一关系的公因反因说，但整体上对方以智以一种开放的文化姿态，折中古今中外、会通三教百家而寻求揭示世界人生的本原及秩序法则的做法和思想，他是既不理解也不赞成的。他虽没有像有些腐儒那样将方以智融通三教的思想学说看成是不合儒家传统的“异端”，但却轻视其意义，同时认为弊端很大，“兼不得时必两失”。如此立场认识不同，他当然不愿去青原从学了。他在予方以智的诗中道：“洪炉滴水试烹煎，穷措生涯有火传。哀雁频分弦上怨，冻蜂长恨纸中天。知恩不浅难忘此，别调相看更輾然。旧识五湖霜月好，寒梅春在野塘边。”既表达了他对方以智关怀眷顾的感激，也表明了他与方以智思想学术的分歧。

王夫之终未能至青原，两位分别十数年的旧友未能像过去在武冈和桂林时那样晤谈，对方以智来说固然有憾，而王夫之也失去对其更深了解的机会：他未能拜读方以智出世后的所有著作，不清楚方以智那博大精深思想体系的精义及其全部的价值和意义；他更不知在他看来只是“逃禅洁己”的方以智此时仍在为反清图复而呕心沥血卓有建树地奋斗着。尽管如此，他在思想上治学上还是受到方以智的某些影响，并对方以智一直怀着深深的敬意和感念……

第二十三章 惶恐殉难

三月的春浮园，一场风雨过后，落英遍地。

一群持械的捕差兵卒便踏着这凋萎的花瓣，闯进园来，喝散游人，封锁道口，人马直扑首山亦庵。随后的时间里，园内各处的房舍建筑都逐一遭到了仔细的搜查。直到夜晚，园内四处还可见晃动的灯光人影，不时传来叱喝声以及使人心凛的蹄声……

春浮园中究竟发生了什么事？人们在得知消息后，震惊之余，纷纷揣测，情知事件极不寻常。果然，不过数日，事件的大致原委便在泰和传开了：原青原山净居寺住持、最近退养于春浮园亦庵的无可禅师，被人告发于粤西，指其参与反清谋逆活动，羽檄至赣，符下追摄而至春浮。不过听说捕卒搜遍了春浮园，并未逮到禅师本人，只是将其两个适至此地侍亲的公子方中德、方中履拘押。

反清是何等大罪？一旦坐实认定，其后果之惨烈可怕，让人想想都会不寒而栗！人们普遍替禅师父子担心害怕，捏着一把冷汗——其时清军入主中原尚不过二十来年，不说是一些忠于前明心怀故国之人，即使一般百姓也因民族意识，多有不甘清朝统治，暗里同情反清人士者，何况无可禅师又是为许多人所熟悉尊敬的。故不少人人前虽不敢言，私下里却祈望官府抓不住禅师，父子能逃过劫难，或许时日久了，案子会拖个不了了之……似乎是契合着人们的善良愿望，其后听说差卒们在春浮园中折腾了几天终无所获，只是押着方氏兄弟离开了泰和。随着日子一天天过去，眼看已逾三月，也未传来禅师被逮消息，许多人由之相信：禅师已远走高飞，遁隐他乡了。

令人们想不到的是，方以智其实还在泰和春浮园内，只不过是隐藏在一个秘密的住所。此刻，独自趺坐在那里的他，正神色凝重的沉思着……

他是今年正月过后迁居泰和的。在那之前，由于桐城故里乡绅的再三敦请，他已无法再予推辞，乃于上年十一月将青原寺事务交于法弟叶妙掌管，自己准备过一段时间返乡。萧孟昉年底前去青原探视，既不舍方以智离去，又见其身体不大好需要调理，遂接至春浮园中的亦庵静养。他还和中千和尚商议，将环境优幽的陶庵濯楼修缮给他居住，不料在濯楼修成已经准备迁居的前三天，粤难却发作了。

粤难事发突然，方以智能躲过搜捕，自是事先得到了消息。原来，因他一直主持青原净居寺，退休只是最近之事，故赣省喻令地方协助缉捕的文书先下庐陵县。知县于藻见到捕文，大吃一惊。他岂能坐视方以智被捕而不救？遂一面稳住上差，一面密派心腹家人火速赶至泰和送信。他的意思是希望方以智在不清楚粤案具体情形的情况下，暂时避过抓捕，之后再图援救。得到于藻之信，萧孟昉也坚决主张方以智先躲藏起来。萧氏是远近闻名的巨富之家，为防不测，府宅中修有极隐秘的密室，孟昉便将方以智藏匿其中，对外则宣称游方去了。

自捕卒进春浮园抓人，方以智的一些门人因畏牵连皆委避他去，唯中千和萧孟昉不畏祸连危险，誓死追随相救。而萧孟昉更于危难之前，里外一身肩承：除了应付强差横卒，强颜取悦以安其躁，使其不逼刑问在押的方氏兄弟；又多方活动，在督抚臬司衙门以及道府各层打点人情，分说辩冤，以图为方以智开脱。这些努力，虽不能改变根本情势，却给案件的暂时缓冲产生了一定的作用，使在案发最初的一段时间里，官府并没有紧追严查，方以智才得以藏于春浮园中数旬之久。

在江山易主、异族统治和人心风气渐移的年代里，萧孟昉侠肝义胆挺身而出忘其身家性命的救友之举，固令人们暗中敬叹不已，却也不免为其担心。密室之中的方以智更是为之忧惧不安。每当孟昉来见他禀告外面情形之时，这种不安的心情便加深了一分。

他的密友们，包括于藻、萧孟昉、中千等人在内，虽也知粤案凶险异常，却都还存有一丝侥幸，希望粤案对他的牵扯不太严重，甚或只是一些捕风捉影而没有明证的空泛指告，那样日后尚可通过斡旋活动以求开脱。只有方以智自己心里明白：粤案既发，他是不可能幸免的。

多年来，为反清复明的大业，为创建发展秘密组织，他顾及身份的不便而无法四方活动，以致舆论不断疑议纷然。如果不是因为他的声望影响，加之官方一批朋友关系的保护化解，可能早就东窗事发了。但他内心早有预感，知道早晚有一天，自己终会暴露出事。他虽行为隐秘，但由于活动太多，保不住百密一疏，会在哪里留下痕迹和纰漏而为人所侦知。这种感觉近年来益发明显，不时涌泛心头，以致成为影响他决定去留的一个不为人知的重要原因。他思念故乡和亲人，但又怕在家乡出事，给亲友们带来更直接更沉痛的打击。此外，江西的各种环境条件，于他一旦出事后紧急处理事务也要有利。他很清楚，一旦出事，他就会身陷缧绁，绝无生还之机。而今粤难既发，他必须要赶在失去自由之前，考虑好因自己出事而给组织带来的影响与应对之策，对一些重要事项作好安排，把他因难带来的损害降低到最小程度，使他花费十数年的心血创建的寄托着反清复明大业希望的秘密组织，在他身后仍能生存发展下去，否则他死不瞑目！故粤难事发之初，他还是接受了萧孟昉的避匿安排。

然而，自躲进萧家密室那天起，他就不断后悔自己的决定，深恐因为保护营救自己而给萧孟昉及其家人带来可怕的牵连灾祸。他自己虽早已不将生死放在心上，但他怎可牵累别人，尤其是孟昉这样的侠义之士？隐匿数十日，身后之事已有了安排处理，眼下应是自己离开萧家的时候了……

这一日，萧孟昉进入密室，见方以智正专心凝神于绘事。他走近观看，见和案几上已完成的画一样，皆是山水之作——最近几天，方以智一直在抱病作画，他见了甚为诧异，也不知方以智此时怎还有作画心情又为谁而作？

过得半晌，方以智绘毕，题写了“辛亥首夏弘智负疴又为亭林居士写”一行字款。至此，萧孟昉方知是为昆山顾炎武而作。

顾炎武其人不仅饱学，且志行高洁。清兵南下时曾于家乡组织义兵抗清，此时在山西河北一带奔走活动。萧孟昉前两日头一次见方以智于难中作画，已觉其不寻常，这时见方以智所绘众多山水是馈赠顾炎武，联想二人表面身份虽有不同，实则声气相类，忠节不二，皆是坚定的反清志士。且近年也一直有联络，忽然省悟方以智是以山水喻河山，嘱勉顾炎武毋忘耻恨，励志图复。

果然，方以智指着那些画对萧孟昉说：“这个山水册子，你日后帮我寄给亭林先生，就说故人对他期望殷殷，北边之事，多有拜托……”似乎是遥想友人在北方的活动情形，复又叹道：“亭林是难得的忠贞才识之士，我与他心意与共，虽南北分处，却常为神驰……惜乎此刻不能再把臂深谈了！”

显然，方以智是希望顾炎武在北方积极联络反清志士，发展反清力量。萧孟昉见他此时尚一心只挂念恢复大计，心中感佩至极。

方以智又取过一包封裹好的东西，交给萧孟昉。他望着孟昉，神色极其凝重地说道："这包文件，关系千万人的性命和将来的大业，你要谨慎收藏好，用性命保护它，不能有半点闪失！日后交给中通，若是中通亦有不测，你即将它付之于丙。切记！切记！"

萧孟昉见他郑重托付后事，知他已决定离去，早在几天前方以智便表露了自去投案的意思。他强忍着悲痛道："世兄所嘱之事，弟自当谨遵不误。但弟仍恳望兄长三思。鞑子一日抓不到兄长，便不能定罪，此后便还有解脱之望；即便日后无法解脱，便一直藏在这里，鞑子也奈何不了。可兄一旦投桎，刑严律酷，恐怕……恐怕……"想到可怕的后果，哽咽难言，眼泪已夺眶而出。

方以智见状，眼中也不觉湿润，此时此刻，他如何不知孟昉之心情？但他不能改变心意，倘若他继续滞留于此，万一祸连孟昉及其家人，那他真是百死莫赎了！他对萧孟昉道："孟昉，你不要难过，人生自古谁无死呢？余年过花甲，不为夭寿。坚志受难，不为虚度。此去即是一死，又复有何憾？吾意已决，汝勿要再劝阻！你去安排一下，我今晚便去庐陵。"

萧孟昉知难再劝，掩面唏嘘而去。

翌日上午，方以智自诣于吉安县衙，随被收监。知县于藻、吉安知府郭景昌等素日与之交好者，眼见其为阶下囚，却格于官守无法相救，莫不心伤。案情重大，府县不敢稍缓，方以智不久即被押往南昌。

方以智案发粤地，理当解粤，却为何押解南昌呢？原来他不仅被告与粤西反清案子有涉，且在江西建昌地区从事谋逆活动，那是他在南城新城时的事，可见告发者窥视已久。案既涉及江西，刑部文下，江西当局自不能不提审。时当暑热，方以智是上了年纪之人，又因车劳顿，甫抵南昌便病倒。而差不多同时，他的次子方中通也在家乡桐城第二次被捕（中通第一次被执在三月二十七日，因宗亲好友出面营救而得释，但隔不多日又被重投进狱中）。

为营救方以智父子，他的同志和亲友们展开了多方面的斡旋活动。上至北京刑部、下至粤皖赣三省督抚臬司衙门及相关道府县。这其中，除了像萧孟昉、于藻、施闰章等现时关系密切之好友外，昔日的友人周亮工等也在活动相救。周亮工仕清后曾任福建按察使、户部右侍郎，此时致仕游于吴越间，得知方以智涉案被执的消息后，利用他以往的官场关系，四处替方以智父子疏通分说。亲友之外，甚至有一些非亲故者也因感佩方以智的品节而伸义援之手。南昌人黎元宽志趣淡泊，入清不仕，其与方以智并无深交，只是平日相互惺惜敬重，此时闻方以智病于狱中，遂慨然邀同精擅岐黄之术的夏以锋进士，为方以智保释就医，虽未果而义行可叹。

方以智本是海内名望之人，此时又得多方关说通情，且案子又发于粤省，各种原因所致，故皖赣两省执法大僚如两江总督麻勒吉，皖抚张朝珍，江抚董卫国以及安徽臬司佟国桢、江右署臬司贾如兰等人，对涉案的方氏父子皆暗有宽脱之意。不单方中通在桐城狱中未被严逼，即南昌被审的方氏父子，先是方中德、方中履被保释，既而因建昌太守黄爵，新城县令周天德尽力为方以智在建昌新城时的活动辩护洗脱，江西当局从自身利害考虑，不愿在自己的辖区有谋逆活动，遂否定方以智在江西有不轨之举，只是将其解粤归案了事。

五月下旬，数名差役押解方以智离开南昌，在西郊市汊登艇水路赴粤。随行的有方以智少子中履，侄儿中发，还有孙子方正珠。方中履自被释后一直在父亲身边照料。方正珠是中通之子，中通在狱中知父亲要度岭入粤，虑其弟身体不好，特命正珠来代他随侍；而中发则是闻讯后自家乡赶来省侍世父并在市汊追及解艇的。

本来像方以智这样重要案犯，是不允许家人同行的，但一来方以智有病在身，确需人照料。二来南昌道台周体观素日与方以智相善，行前嘱咐解吏一路多予关照，故解押的差人肯与方便。上艇之后，还给方以智去了桎梏，诸事也并不为难，只是怕耽搁行期，上司见罪，途中不容多停滞。

时值盛夏酷暑，骄阳似火，四处热浪翻腾，水面之上的舟艇此时如被烘烤着的蒸笼，闷热异常。这种环境，除了船家，其他一众之人皆觉难适难忍。勉强挨过天把，便陆续有人中暑生病起来。方以智祖孙几人，开始时为了抗热，方以智画雪景以思寒凉，教孩子们赋诗以转移注意力。这种精神应对之法，起先也还有点作用，可时间长了终究抵不住暑热的攻袭，首先是方中履，因向来就身单体薄而致病。中发要兄长下艇觅地疗养，由他代而入粤，方中履坚决不同意。幸得其父精医，差役也算关照，及时针药之后，有了好转。但隔得数日，方以智自己也病倒了。押解小吏责任在身见状着慌，遂泊艇吉安禀告当地府县。

知府郭景昌、知县于藻见方以智病状，甚为忧伤，一面延医疗治，一面急详文上司请求保医。南昌道台体观不畏嫌议，出面竭力斡旋，使江西地方奏咨北京刑部及粤省当局，准方以智被保就医于吉安。

在方以智疗养期间，萧孟昉中千和尚皆来照料，于藻郭景昌等人也时来探看。见方以智病体渐有起色，众人皆觉宽慰。但想到案情重大，救援无方，又不由得悲伤难过。反倒是方以智自己还坦然冷静，不显悲伤之态。他中年以后，屡遇大难，早已参透生死关节。此时自知难免，对自己处境如何并不在意。此时最大的挂念，就是如何使他的同志和亲人尤其是一直被关狱中的次子中通脱解危难。

他的几个孩子中，中通以聪慧才识突出，尤为他所器重。他不仅在治学上对中通抱有很大期望，也将中通视为自己反清复明事业的继承者。长期以来，他的秘密活动，多是由中通出面代为执行开展的。在他创立秘密反清组织后，中通不仅实际负责两广地区的组织事务，且经常作为他的代言联络者奔波于各地，对各地的分支设立、人事活动等情况最为了解熟悉，甚至在某些具体的方面比如联络据点和人员上，组织内唯中通一人掌握最清楚。可以说，一旦他出事，能与各地联系上的也只有中通，这就是他在萧家密室中为何将机密文件指定交给中通的原因所在。突发的危难面前，中通的安危实已关系着他呕心沥血创建的秘密组织今后的兴亡。故他在南昌狱中得知中通第二次被逮后极为痛忧，虽然无法寄书信明示，他还是以生平的最后两首诗，混过了狱吏的检查，向儿子暗示透露重要信息与他的期望——

此日尊经阁，应知负荷薪。臂休惭九折，易不厌三陈。
藏壁有深意，举幡难脱身。闭门堪立地，毋只恨家贫。

半生数度衍，不肯自言占。难学隐身叶，懒垂饷口帘。
苦瓜偏结蒂，橄榄漫夸甜。阁上摊黄卷，残灯也上炎。

他告诉被关在桐城县学尊经阁的儿子，“藏壁有深意，举幡难脱身”，虽然同志亲友们竭力想营救他，但他自己知道，他是不可能幸免的，他所以在开始隐藏了一段时间，是有深意的，那是要处置身后之事。他希望儿子在突发的事件面前要以大局为重，以变应变，顽强地活下去，继承他未竟的事业，荷薪传火，奋斗不息！

他知道儿子会明白他的意思用心的。不想中通有自己的想法，并没有按照他的意思去应对：当周亮工为使方中通脱嫌，与安徽臬司佟国桢、安庆知府姚朗商议好，遣吏属嘱中通更改以前供词，增“久绝往来”字语，以示与父亲活动无关系时，中通固执孝念痛哭以辞，宁愿同父共生死。方中通这样做，实是将自己置于一个随时可能被坐罪处刑的危险境地，这让他深为忧虑不安，成为纠缠他的一块心病，它比那身体上的病情折磨让他更为痛苦。为着反清的大业和他的组织的安危命运，无论如何，他都要保住儿子的性命，护得亲人同志们的平安！他清楚，粤案的告发者并没有抓住中通他们的确凿证据，孩子们只是因为时常在他身侧和外出活动而被怀疑牵连，只要他这个“主谋”消失不在，告发者也好，官方也好，其怀疑也永远只能是怀疑。而中通和涉案的同志最终便有解脱之机，他所有的亲人也能避过劫难。当他的病体逐渐康复后，朋友们来望他时，见他并无悲色且闲谈从容，却不知他早已暗定了主意。

八月秋凉后，他让侄儿归乡去。中发哀求不允，只得痛哭拜辞。他叮嘱侄儿此后勤奋耕读治事，毋忘儒业，代他好好孝侍大母——方以智的继母金氏，一直生活于白鹿山庄，由方中发夫妇照料。此时，情知是与亲人永诀，面对伏地痛哭的侄儿，他也不由得悲痛难抑眼泪纵横，左右之人皆为之伤而泣下。

十月初，当局文书催解，方以智被押往岭南。此次同行的，除了方中履、方正珠叔侄外，还有萧孟昉和中千和尚。萧孟昉是要送别一程，而中千则是坚持要侍师入粤，与师共生死……

舟艇在急流浪尖上颠簸摇荡着，穿谷掠野，顺势而下，速度显见比先前加快，原来此时已进入万安县内水势险急的惶恐十八滩。

惶恐滩古名黄公滩，宋人苏东坡以惶恐谐黄公入诗曰：“山忆喜欢劳远梦，地名惶恐泣孤臣。”后来著名抗元将领文天祥感苏轼泣孤臣之意，曾作《过零丁洋》诗道：“辛苦遭逢起一经，干戈寥落四周星。山河破碎风飘絮，身世浮沉雨打萍。惶恐滩头说惶恐，零丁洋里叹零丁。人生自古谁无死，留取丹心照汗青。”孤臣忠节，抗元不屈，一片丹心可照日月。自此惶恐滩名天下皆知，而惶恐滩亦成为孤臣孽子心中之圣地。

惶恐滩中，不仅水流湍急，且怪石暗礁众多，稍不留神撞上，就会船毁人亡，故再有经验的船工经此，也凛凛心惕，不敢有丝毫大意。这艘解艇上的船家也自不例外。舵工，水手齐出，扳浆打篙，全力以赴。每至紧要处，听着外面的吆喝声，舱内的差役一干人等莫不提心吊胆，独方以智神色平静地默视着窗外，毫不为动。

这日下午，舟艇从一段激流乱石中闯出，来至一片水势平缓地带。方以智忽然出舱，吩咐船家在弯水静流的野渚泊艇，说是明日再走。船家紧张忙碌半天，心力俱疲，见说歇息乐为遵从。押差被颠簸折腾觉着疲累，也无异议。之后，船工打火升炊准备晚饭。

冬天日短，众人吃了饭，天便已黑了下来。荒浦冷夜，又兼疲累，船上众人很快陆续睡去。当初七的一弯上弦月在天空中发着昏暗的光，照着这野渚边的解艇时，只有方以智父子和中千三人尚在闲谈些往事人物和儒禅学问。方以智平日因环境不允，绝口不提前尘往事，此刻却兴致很高，缅怀亲友浮想联翩，或激奋或悲伤，不加控制。方中履陪伴父亲时间长，清楚父亲粤难后话很少，此时见父亲娓娓而谈，不免诧异。谈论治学时，父亲又将粤难前研究易学的一部心得手稿从包裹里翻出来交给他，让他日后研习。方中履虽未深思父亲的举动，但接过手稿时，望着油灯下父亲苍老憔悴的面容，心中无端泛起一股不祥的感觉。

正月还在青原山中时，一只猛虎不知怎的奔出山林，径闯进寺内大殿，将韦陀塑像的腿咬折而去。事后僧众私下议论，皆觉是不祥征兆，方中履也隐感不安。此后不久果然粤难发作，令他深怀忧惧，日夕担心父亲安危。此时当他隐觉父亲的言行有点反常时，下意识地就有了忐忑不安的心理反应。只是这种感觉是瞬间即逝，缥缈而不实在，他也没有怎样放在心上。后来父亲又嘱他以后要多钻研医道，说是既可济人又利于调理自己，并说自己当年就是因为祖父生病才学医的。这些话，他也只当作慈父的关爱而未细思，或者他根本就不愿意朝其他的方面去想。

夜渐渐深了，四周一片黑暗，忽然又滴滴答答地下起了细雨，江风吹来，寒凉深深。方以智吩咐中履中千自睡，不必陪他，以免着凉。俩人皆知他常常失眠睡不着，也未坚持，各自歇下。方以智望着爱子和忠心耿耿的门徒睡去，脸上渐浮起一片悲凄之色：他将要永远离开他们，今夜此地，便是他为自己选择安排的殉难之时，完节之处！

他早已暗蓄死志，抱自殉之心。他明白：清廷是决不会放过他这样的“谋逆者”的，而他也绝不愿再去对薄虏廷以求苟生。甲申之变，他逃生南归是为留有用之身，兴兵北伐；二十年前他有所托而逃禅，是情系白发，心志未了。但今时今日，他已死而无憾，死得其所矣！他要用他个人的生命，换得组织的安全和儿孙的平安；他更要用他的殉难死节，完全他对大明故国的忠贞，唤醒天下更多的汉人反抗清朝统治的民族意识，激励他们的斗争勇气和决心……他要死得凄美、悲壮，尽节在这孤臣泣血的惶恐滩，让世人知道他方以智为何而生，为何而死！

船舱外，风雨声阵阵传来。那声音如泣如诉，悲凄而热烈，仿佛是伤叹哀挽他的遭际，又似乎是对他的殷勤召唤……是的，是到他离开这个世界的时候了，那照明的孤灯已渐为昏暗，油将燃尽，更深漏残了。

他悄然下铺，瞥见了睡在身旁的方中履那憔悴瘦弱的面孔：这孩子多年随自己流离他乡，一直生活于忧患之中，少有欢乐。那一瞬间，他的心中无限酸楚——他这一生最愧对的就是他的家人，他不但没有尽到自己的责任，没有给他们以依靠安慰，反而让他们一直生活在凄惨无依之中，到头来还将他们牵累于巨大的灾难里……但愿有来生，他一定要好好地报答补偿他们！

他缓缓地，一步一步走出艇舱。外面，是浓浓的夜和无边的黑暗，还有飘摇的风雨。默然凝视中，他似乎从那江面的雨幕中，看到了一片光亮，看见了许多亲切而熟悉的身影和面孔：那里有他的许多亲人，还有史可法、陈子龙、翟式耜等一干好友，甚至他的故主崇祯、永历帝……他们向他投来悲肃而又热切召唤的目光。于是，他坚定地迎着他们，向着波涛跃去……

闪电划破了天空，远远地，天际传来一声沉闷的雷声，风雨更狂、更大……

康熙壬子冬。

在一个寒风凄凄的月夜，方中履叔侄数人护着灵柩抵至枞阳江口。生不能回死则归，在外飘零十余载，方以智终于回到了养育他的故乡，只是已看不见他苦苦思念的家乡山水和亲人，听不见那江水之滨一阵阵凄哀的呼唤：魂兮归来，返故居些！

就在这个夜晚，亲友中一个著名的诗人潘江听着水边那一声声凄楚悲哀的招魂声，哀思绵绵，心潮难抑，不由得长歌当哭：

刀剑轮边路，崎岖悟往因。纪年陶甲子，再世屈庚寅。

何必百身赎，才完一代人。他时谷音集，未可附遗民。

露肘南奔日，灰心老释昙。辞官甘郑五，报主哭孙三。

薇蕨斋时采，陵园定里参。骑箕逢断事，清德复何惭。

岭峤已间关，匡庐复再攀。无非忻死日，宁夏复生还。

半生皈曹洞，千秋配叠山。悬崖今撒手，正气在人间。

锦袍前代梦，缁衲六时寒。梵筴云常护，军持水自漫。

竹关盘脚坐，茅屋钵头安。只有虞渊旧，朝朝掩泪看。
浮尘放眼空，一任转飘蓬。天末怜苏过，中原泣放翁。
缁披终古白，经写一腔红。九死存皮骨，销磨患海中。
灯余藏活火，壁上挂枯藤。三世国恩厚，廿年禅慧增。
佛门旌孝子，理窟传高僧。不用分儒释，都参最上乘。
洗钵斋钟罢，微言演法华。剧如词戒绮，却喜坐拈花。
清入诗脾透，玄堪秘藏加。天龙好呵护，莫遣付洹沙。
风波经百折，怕说宰官身。泪热人天夜，心灰劫火尘。
随时安粥饭，不断是君亲。若问西归日，扶桑转法轮。
冷眼看棋局，情知心事违。维摩原善病，懒瓒本忘饥。
药地壶芦大，炮庄薪火微。刹竿犹未倒，冰雪裹禅衣。
万念俱空后，丹青偶尔为。竟无干净土，只有向南枝。
木石伤精卫，烟花忆子规。闲图归山水，残剩亦堪悲。
心共莲花净，身如贝叶轻。梦中无不可，时至即须行。
苦节人甘让，高名天乐成。善生还善死，何必羡无生！

是冬，方以智被安葬于浮山北麓曲尺岭下的枭花冈母茔西侧。这是他生前的遗愿。一个远行的游子，在把他一生的年华热血和智慧奉献给了他热爱而又悲悯着的世界后，疲倦了的他，恋恋回到故里，依偎慈母而长眠。当圹埪成茔、纸灰飞舞、亲友伤恸之际，在山那边，华严寺里的钟声，也一声声响起，哀婉，凝重，如叹如颂，久久地回荡在大地上……

跋

贴近大地的呼吸

钱叶全

8 年前，我在主编《枞阳历史文化名人》时，在书的附页策划了 60 个文化项目。当时有人以为空穴来风或异想天开。这些项目有什么意义？能够实现吗？实际上，作为文联主编这本书确实不具备文化项目的策划职能，但我还是坚持把这“异想天开”的 60 个文化项目附录了上去。我知道，一本书要走很远的路，枞阳文化精神的表达绝不能停留在一本书上，而更重要的是在政府肩上，在枞阳民众的唤醒上，在枞阳山水大地的空间表达上。

空间表达是一个陌生的词汇。相对于文学的表达，空间表达是一种城市语言。进绍兴城，有一句口号——沿着课本游绍兴，鲁迅先生在课本中的文章是文学的表达，而我们能够走进去的鲁迅故居就是绍兴城市的空间表达。从文学表达到空间表达，有本质的跨越，文学表达是历史传承，空间表达则是创新传承。我们从读进去的历史与走进去的历史得到的信息是不一样的。随着枞阳的对外开放，枞阳对外的精神表达不能仅仅停留在一套丛书上，而要关注人的脚步。人们来枞阳感受什么样的文化？是“静态”的历史文化，还是“动态”的历史文化？是面向过去的文化，还是面向未来的文化？其实很简单，人们在枞阳作短暂的停留，不是进入枞阳厚重的历史隧道，而是自身生命的体验。在枞阳优美的山水中，生命有一次感动，文化有一次碰撞，信息有一次交流，足够。所以编一套丛书，不要期望人家在枞阳轻快的脚步中背上厚重历史文化的包袱，枞阳呈现给客人的应该永远是大美山水、和谐乡村、淳美乡风和在山水之间的微笑。这才是枞阳，才是枞阳的原生态。但枞阳又是一个历史文化厚重的城市，有着鲜明的地域文化精神，在枞阳的历史、现实和未来中，文化精神有着持续的生命力，隐寓于枞阳生生不息的文脉中。城市的空间表达就必须完成这种职能的转换，让枞阳山水充满着历史脉动，从而实现枞阳文化精神的对外传播。荣格认为，历史的积淀是一种集体潜意识，通过表达可以上升为集体精神，这种精神凝聚着地域文化的心理能量，不仅承接历史，更重要的是唤醒现实和照耀未来。

本套丛书梳理了枞阳文化的十个系统（当然不止这些），历史文化居多，如《枞阳历史名人传略》《方以智传》《钱澄之传》《枞阳文选》《枞阳诗选》等。选编这些历史文化入丛书，主要考虑枞阳历史走向的一个纵向坐标，在这个坐标轴上，“人杰地灵”，以枞阳历史名人为特色，枞阳大地自古以来创造了极具地域文化个性的灿烂文化。如：方以智，代表了明清中国科学文化的高峰；钱澄之，代表了以诗记史中国明清诗歌的高峰；方苞、刘大櫆、姚鼐，代表了“桐城派”文化的高峰；吴汝纶，代表了中国近代教育转型改革实践的高峰；朱光潜，代表了中国美学开创者的高峰等。诞生在枞阳大地上的这些历史人物，他们的文化成就远远超越了地域文化局限，而成为中国和世界的文化巨人。因此，我们选编这些历史人物，不是狭隘的地域文化观，而是丰富和发展中华文明、中国文化，在时代的坐标点上，诠释“诗人之窟、文章之府、气节之乡”与长江文明的关系，与中国文化的关系。在空间表达上，长江是中华文明的摇篮，枞阳文明与长江文明一脉相承，枞阳浩如烟海的人杰与长江之滨的这块土地存在文化上的源流关系。枞阳是中国文化的重要发源地和创新地。“勉成国器”，吴汝纶伟大的教育思想揭示了枞阳人的文化胸怀。

空间表达的另一层含义就是“地灵”。姚鼐曾语：“独浮屠之俊雄，自梁陈以来，不出二三百里，肩背交而声相应和也，其徒遍天下，奉之为宗。”浮屠，即枞阳浮山，即以浮山为文化圈的枞阳长江流域。现在的地域概念是，县域面积 1808.1 平方千米，吴头楚尾，长江流经县域 84 千米，境内四大湖泊水系，均与长江相通。汉武帝在枞阳射蛟置枞阳县，2100 年文明史，江水东流，枞阳文化生生不息。而浮山就是一座典型的文化山，位白荡湖之滨，与江水相通，历代名人高僧纷至沓来，留下大量摩崖石刻，出现“浮屠之俊雄”，使枞阳文化自唐以来交流日盛推动“人杰”汹涌。而“地灵”的另一个方面就是枞阳特有的地域环境和地域习俗，经过多年历史积淀，形成枞阳特有的文化基因，进入枞阳人血脉，如《枞阳非遗》《枞阳民俗》等，在“耕读传家”的文化背景下，枞阳人为什么重气节，枞阳人为什么重血性，枞阳人为什么重读书，在枞阳的地理环境包括饮食习惯、语言结构、风土人情中都会找到答案。尽管整理不全面，但揭示了“人杰地灵”的人文地理关系。这是枞阳人真正的家园，也是枞阳人深刻的乡愁。我们眷念这片大地，是因为我们与母亲的呼吸贴得太近。

“枞阳文化丛书”得到顺利编纂，作为主编，我诚挚感谢钱王刚、王乐群、陈靖等十位分册主编的赤子情怀和心血奉献，感谢县委、县政府在枞阳发展的重要节点上高瞻远瞩的文化视野和丛书组委会的决策落实。应该说，这是枞阳的盛事，是枞阳人乡愁的表达，是枞阳文化人的骄傲和自豪。

但我们深知，创新是文化的生命。“丛书”提供的资源能不能上升为枞阳文化精神，转化为枞阳城市的空间语言，任重而道远。旗山公园汉武阁竣工时，《枞阳杂志》发了一篇评论《望长江》，写下这样一段话：“枞阳发展的历史和未来都告诉我们，枞阳发展的成就来源于放眼世界的包容和开放；枞阳发展的未来也一定是世界的枞阳和枞阳的世界。”汉武阁正是这样一双为枞阳人打开全球化视野的眼睛。文化不仅是继承，更重要的在于创新。

2016年春，江风浩荡。我的身后是枞阳乡村的阡陌和炊烟。大地温暖，母亲仍在劳作。

（作者系县文联主席、“枞阳文化丛书”主编）